孙玉荣

周贺微◎著

知识产权法

案例·规则·法理

知识产权出版社

全国百佳图书出版单位

——北京——

图书在版编目（CIP）数据

知识产权法：案例·规则·法理/孙玉荣，周贺微著. —北京：知识产权出版社，2021.12

ISBN 978-7-5130-7793-4

Ⅰ. ①知… Ⅱ. ①孙… ②周… Ⅲ. ①知识产权法—文集 Ⅳ. ①D913.04-53

中国版本图书馆 CIP 数据核字（2021）第 209861 号

责任编辑：刘　睿　刘　江　　　　　　责任校对：王　岩

封面设计：杨杨工作室·张冀　　　　　责任印制：刘译文

知识产权法
——案例·规则·法理

孙玉荣　周贺微　著

出版发行：**知识产权出版社** 有限责任公司	网　　址：http://www.ipph.cn
社　　址：北京市海淀区气象路 50 号院	邮　　编：100081
责编电话：010-82000860 转 8344	责编邮箱：liujiang@cnipr.com
发行电话：010-82000860 转 8101/8102	发行传真：010-82000893/82005070/82000270
印　　刷：天津嘉恒印务有限公司	经　　销：各大网上书店、新华书店及相关专业书店
开　　本：720mm×1000mm　1/16	印　　张：19.25
版　　次：2021 年 12 月第 1 版	印　　次：2021 年 12 月第 1 次印刷
字　　数：308 千字	定　　价：96.00 元

ISBN 978-7-5130-7793-4

前　言

　　2021 年 6 月 1 日，第三次修正的《中华人民共和国著作权法》和第四次修正的《中华人民共和国专利法》正式开始实施。我国知识产权法正处于发展转型期，对典型案例进行研讨和精析不仅具有实践意义，更具有理论意义。

　　本书汇集著作权、商标权、专利权和商业秘密等知识产权领域具有典型意义的案例，进行深入解析，既有理论深度，又能紧密结合司法实践进行实务研究。著作权法精选的案例围绕体育赛事节目著作权保护、短视频著作权问题、人工智能生成内容的著作权保护、同人作品及网络游戏领域的著作权法前沿热点问题而展开；商标法精选的案例主要聚焦于商标注册领域的商标行政纠纷、商标侵权的判断、商标侵权损害赔偿以及公益诉讼等；专利法和商业秘密领域的典型案例主要聚焦于专利无效、专利侵权、商业秘密侵权及赔偿等问题。

　　本书特点主要体现在：聚焦于知识产权法前沿热点问题并对知识产权法理论和发展具有重要价值的典型案例，内容丰富，体例完整。本书既有对典型案例的裁决过程的梳理和焦点问题的深入解析，又在案例评析后附有法理探究，对知识产权法基本概念和具体理论问题进行详细阐述，从法理的角度进行深入研讨，为了促进读者对相关内容的全局把握，还提供了延伸案例和参考资料方便进一步阅读，相关案例中涉及的外国商业主体则始终贯彻平等保护知识产权的理念，体现出知识产权全球化的时代特色。全书保持了案例精析的统一方向，为读者提供连贯的知识体系架构，凝聚了作者多年来的深入思考。本书具体分工如下：孙玉荣负责本书著作权编及第七章第三节、第四节，除此之外的商标权部分和专利权及商业秘密部分由周贺微负责撰写。孙玉荣教授负责全书策划和统稿，特别感谢对外经济贸易大学法学院李心航和北京工业大学 2019 级法律硕士研究生李贤、李嘉鑫对本书著作权编和商标权惩罚性赔偿案例部分的辛勤付出，鉴于已在书中予以注释并一一具体列明其各自所做的贡献，故在此不再赘述。时代在发展，知识产权法学理论和实践也在飞速进步，期待通过本书能够使读者有一定的收获，也让我们共同期待我国知识产权事业能够有更多优秀的年轻人才脱颖而出。

作为北京工业大学研究生创新教育系列著作，本书的写作和资料选取截止于 2021 年 5 月 28 日。由于时间有限，篇幅所限，本书可能会有些遗漏和浅尝辄止之处，书中如有观点不妥当或不正确之处，请各位读者、学界同人批评指正，以便再版时予以修订。

知识产权出版社刘江博士为本书编辑出版付出了辛勤的汗水，谨在此致以诚挚的谢意。

作　者
2021 年 5 月 30 日于北京

目　录

第一编　著作权

第一章　体育赛事节目著作权保护 ……………………………… 3

一、典型案例 ………………………………………………… 3

二、法理探究 ……………………………………………… 15

三、延伸阅读案例 ………………………………………… 21

参考阅读资料 ……………………………………………… 24

第二章　网络游戏著作权保护问题 …………………………… 25

一、典型案例 ……………………………………………… 25

二、法理探究 ……………………………………………… 35

三、延伸阅读案例 ………………………………………… 46

参考阅读资料 ……………………………………………… 48

第三章　人工智能生成内容的著作权保护 …………………… 49

一、典型案例 ……………………………………………… 49

二、法理探究 ……………………………………………… 59

三、延伸阅读 ……………………………………………… 67

参考阅读资料 ……………………………………………… 69

第四章　短视频著作权保护问题 ……………………………… 71

一、典型案例 ……………………………………………… 71

二、法理探究 ……………………………………………… 81

三、延伸阅读案例 ………………………………………… 88

参考阅读资料 ……………………………………………… 90

第五章　同人作品著作权侵权问题 ……………………… 92

一、典型案例 ……………………………………………… 92

二、法理探究 ……………………………………………… 97

三、延伸阅读案例 ………………………………………… 111

参考阅读资料 ……………………………………………… 113

第二编　商标权

第六章　商标的注册 ……………………………………… 117

第一节　立体商标注册 …………………………………… 117

一、典型案例 ……………………………………………… 117

二、法理探究 ……………………………………………… 123

三、延伸阅读案例 ………………………………………… 129

参考阅读资料 ……………………………………………… 131

第二节　特殊位置单一颜色商标 ………………………… 132

一、典型案例 ……………………………………………… 132

二、法理探究 ……………………………………………… 135

三、延伸阅读案例 ………………………………………… 141

参考阅读资料 ……………………………………………… 142

第三节　其他不良影响的判断 …………………………… 143

一、典型案例 ……………………………………………… 143

二、法理探究 ……………………………………………… 149

三、延伸阅读案例 ………………………………………… 155

参考阅读资料 ……………………………………………… 158

第七章　商标权的保护 ………………………………… 160

第一节　涉外定牌加工中商标侵权的判定 ……………… 160

一、典型案例 ……………………………………………… 160

二、法理探究 ………………………………………… 165

三、延伸阅读案例 …………………………………… 173

参考阅读资料 ………………………………………… 179

第二节　销售假冒注册商标的商品公益诉讼 ………… 180

一、典型案例 ………………………………………… 180

二、法理探究 ………………………………………… 184

三、延伸阅读案例 …………………………………… 190

参考阅读资料 ………………………………………… 191

第三节　商标侵权的赔偿 ……………………………… 192

一、典型案例 ………………………………………… 192

二、法理探究 ………………………………………… 201

三、延伸阅读案例 …………………………………… 206

参考阅读资料 ………………………………………… 207

第四节　商标和域名的冲突 …………………………… 209

一、典型案例 ………………………………………… 209

二、法理探究 ………………………………………… 214

三、延伸阅读案例 …………………………………… 220

参考阅读资料 ………………………………………… 223

第三编　专利权、商业秘密

第八章　专利的无效 …………………………………… 227

第一节　发明专利无效 ………………………………… 227

一、典型案例 ………………………………………… 227

二、法理探究 ………………………………………… 232

三、延伸阅读案例 …………………………………… 238

参考阅读资料 ………………………………………… 239

第二节　外观设计专利无效 …………………………… 240

一、典型案例 ………………………………………… 240

二、法理探究 ………………………………………… 244

三、延伸阅读 …………………………………………………… 250

参考阅读资料 ………………………………………………… 251

第九章　专利侵权判定与赔偿 …………………………… 252

一、典型案例 ………………………………………………… 252

二、法理探究 ………………………………………………… 261

三、延伸阅读案例 …………………………………………… 269

参考阅读资料 ………………………………………………… 270

第十章　商业秘密侵权 …………………………………… 272

一、典型案例 ………………………………………………… 272

二、法理探究 ………………………………………………… 289

三、延伸阅读案例 …………………………………………… 296

参考阅读资料 ………………………………………………… 298

第一编

著作权

第一章 体育赛事节目著作权保护

一、典型案例

（一）北京新浪公司诉天盈九州公司著作权侵权及不正当竞争纠纷案

1. 案情介绍❶

北京新浪互联信息服务有限公司诉北京天盈九州网络技术有限公司侵犯著作权及不正当竞争纠纷案受到社会各界关注，被称为我国"体育赛事直播第一案"。

北京新浪互联信息服务有限公司（以下简称"新浪公司"）在 2012 年 3 月与中超联赛有限责任公司（以下简称"中超公司"）签订协议，并于同年 12 月得到中超公司的授权，在合同期内享有在门户网站领域独占转播、传播、播放中超联赛及其所有视频，包括但不限于比赛直播、录播、点播、延播。天盈九州网络技术有限公司（以下简称"天盈九州公司"）为凤凰网的网站所有者，负责该网站的运营。2013 年 8 月 1 日，凤凰网在

---

❶ 参见北京市朝阳区人民法院（2014）朝民（知）初字第 40334 号民事判决书、北京知识产权法院（2015）京知民终字第 1818 号民事判决书。

其网站中超频道的显著位置标注并提供"山东鲁能 VS 广东富力"和"申鑫 VS 舜天"两场比赛的直播。用户进入栏目中的"体育视频直播室",即可观看两场比赛,同时配有回看、特写,场内、场外,全场、局部的画面,以及全场解说。2014 年 7 月 31 日,中超公司发表的《声明书》指明,作为中国足球协会授权拥有中超联赛所有商务资源的独家代理商和授权公司,中超公司特此证明新浪公司为门户领域中超赛事(2012 年 3 月 1 日至 2014 年 3 月 1 日)独家传播、播放权拥有者,中超公司并未授权和许可凤凰网及其他任何单位以与第三方合作的方式,利用己方或非己方域名的合作直播或播放合作直播间、传播平台的形式播放中超联赛视频。

新浪公司以著作权侵权以及不正当竞争为由,将天盈九州公司诉至法院。原告诉称,天盈九州公司未经合法授权,在凤凰网设置中超频道,非法转播中超联赛直播视频,严重侵犯新浪公司的独占权利,擅自将电视台正在直播的中超比赛的电视信号通过信息网络同步向公众进行转播的行为侵犯了新浪公司享有的以类似摄制电影方式创作的涉案体育赛事节目的作品著作权。同时指出,凤凰网的行为违背了竞争秩序和商业道德,构成不正当竞争。原告请求法院判令天盈九州公司立即停止侵犯新浪公司拥有的中超联赛视频的独占传播、播放权,停止对体育赛事转播权及其授权领域正当公平竞争秩序和商业模式的破坏,停止以显著规避授权限制为目的,在凤凰网上用与第三方进行所谓"体育视频直播室"合作方式达到门户网站上直播中超赛事视频效果的行为,停止向用户做引人误解的虚假表示,对视频播放服务的来源做引人误解的虚假宣传,赔偿新浪公司经济损失 1000 万元,并在其经营的凤凰网首页及《中国电视报》发表声明,消除侵权及不正当竞争行为造成的不良影响。

天盈九州公司辩称原告诉求不明,其起诉于法无据,足球赛事不是我国著作权法保护对象,对体育赛事享有权利并不必然对体育赛事节目享有权利;新浪公司未获得作者授权,且其获得的授权有重大瑕疵,因此新浪公司并不是本案的适格主体;新浪公司起诉的被告不正确,主张的赔偿数额缺乏依据。

2. 法院裁判

一审法院经审理后认为，天盈九州公司与乐视公司以合作方式转播涉案体育赛事节目的行为，侵犯了新浪公司对涉案体育赛事转播画面作品享有的著作权。涉案的转播行为不属于我国《著作权法》所确定的信息网络传播权的范畴，但属于"应当由著作权人享有的其他权利"，应受我国《著作权法》的保护。因此，对新浪公司主张被告侵犯其著作权并据此要求天盈九州公司停止侵权、赔偿经济损失及消除影响的诉讼请求，予以支持。

针对新浪公司提起的不正当竞争诉讼，一审法院认为，新浪公司作为赛事转播授权一方，其权利受到的侵害，可通过《著作权法》的保护得到救济，无须再以反不正当竞争法进行救济。因此，对新浪公司提起的不正当竞争行为的诉请，一审法院不予支持。

2015 年 6 月 30 日，北京市朝阳区人民法院作出一审判决，认定天盈九州公司侵犯了新浪公司对涉案体育赛事直播画面享有的著作权，判令被告停止播放中超联赛 2012～2014 年两个赛季期间的比赛，赔偿新浪公司经济损失 50 万元，并在其凤凰网首页连续 7 日登载声明，驳回新浪公司其他诉讼请求。

一审判决后被告天盈九州公司对判决结果表示不服，向北京知识产权法院提出上诉，称一审法院存在程序违法情形且适用法律错误，判定的赔偿数额过高，缺乏合理依据。据此，请求二审法院撤销一审判决并驳回新浪公司全部诉讼请求。2016 年 8 月 18 日，北京知识产权法院公开开庭审理此案，并于 2018 年 3 月 30 日作出终审判决，推翻了一审法院对于体育赛事直播画面构成作品的认定，认为天盈九州公司的行为不构成对新浪公司著作权的侵犯，据此，撤销一审判决，驳回新浪公司的全部诉讼请求。

新浪公司不服北京知识产权法院（2015）京知民终字第 1818 号民事判决，向北京市高级人民法院申请再审。2020 年 8 月 24 日，北京市高级人民法院公开开庭审理了此案，并于 2020 年 9 月 23 日作出终审判决，认定涉案中超赛事节目构成类电影作品，新浪公司关于涉案赛事节目构成类电影作品的再审主张成立，判决撤销北京知识产权法院作出的二审判决，维持北京市朝阳区人民法院（2014）朝民（知）初字第 40334 号民事判决。

3. 焦点分析

本案的争议点主要聚焦于以下三个方面：一是针对一审判决中权利来源的认定；二是体育赛事直播画面的作品属性认定；三是网络实时转播行为的法律调整。

（1）争议焦点之一：依据协会章程是否可以认定权利来源。

在本案中，体育赛事活动的组织方中国足球协会根据《国际足联章程》和《中国足球协会章程》来证明自己是原始权利人，而原告新浪公司通过证明从中国足球协会的代理人处获得了网络转播的专有许可。对此，一审法院予以认定，"根据相关章程，中国足球协会当然地拥有各项足球赛事的权利；其权利包括……视听和广播录制、复制和播放版权，多媒体版权……"一审法院在此基础上，依据中国足协出具的授权书，认定中超公司对中超联赛的电视广播互联网等渠道的版权，同时依据中超公司向新浪公司出具的授权书，继而认定新浪公司对于在门户网站转播和播放中超联赛视频的独占专有权利。"可以确认涉案赛事的转播，显而易见属于范围内的相应权利；亦说明新浪互联公司对涉案赛事转播享有权利"。❶

一审法院对于涉案体育赛事直播画面权利来源的认定在学界引起不小的争议。著作权属于绝对权，体育赛事的组织者作为民事主体，无权创设这一法定权利，中国足协不能仅依据自身章程来获得包括狭义著作权和邻接权等法定权利。足球协会的章程只能对加入该协会的会员产生约束力，此种约束效力也仅限于合同法意义上的约束力，并不能对未加入该协会的第三人产生约束力。❷ 在此案中，新浪公司和天盈九州公司都不是中国足球协会的会员，法院依据国际足联和中国足协章程认定涉案体育赛事直播画面的权利来源显然值得商榷。

---

❶ 北京市朝阳区人民法院（2014）朝民（知）初字第 40334 号民事判决书。
❷ 王迁. 论体育赛事现场直播画面的著作权保护——兼评"凤凰网赛事转播案"［J］. 法律科学（西北政法大学学报），2016（1）.

（2）争议焦点之二：体育赛事直播画面的作品属性认定。

新浪公司认为，涉案的两场体育赛事直播节目构成以类似摄制电影的方法创作的作品。两场体育赛事均有直播团队参与其中，从导演的选择，摄像师和编导对每个画面的选择都有主观性，直播策划及导播方案、镜头应用、创作手段等各个方面均体现了较高的独创性。体育赛事节目作为纪实作品，和电影类别中的纪实电影的艺术表现手法一样，没有演员、脚本。

天盈九州公司则认为，中超比赛是由足球运动员的自发运动形成的，不是智力成果；体育赛事画面形成的决定因素不在于编导，而在于足球体育赛事本身，不具备独创性。任何一场比赛都是唯一的、不可复制的，涉案证据不能证明上述两场比赛是作品。

新浪公司在一审起诉书中主张涉案体育赛事节目构成作品应受到我国著作权法的保护，而在其后的二审程序中新浪公司进一步明确其主张的是涉案体育赛事公用信号所承载的连续画面构成《著作权法》第3条第6项规定的"电影作品和以类似摄制电影的方法创作的作品"。一审法院认为涉案体育赛事直播画面具有独创性，应当认定为作品。但对其属于哪一具体作品类型，判决中并未明确。我国《著作权法实施条例》对于作品的概念的规定采取了先定义后列举的方式，先将作品定义为"文学、艺术和科学领域内具有独创性并能以某种有形形式复制的智力成果"，而后对包括文字作品、口述作品、音乐作品、戏剧作品等13种类型的作品进行列举。而其中"电影作品和以类似摄制电影的方法创作的作品，是指摄制在一定介质上，由一系列有伴音或者无伴音的画面组成，并且借助适当装置放映或者以其他方式传播的作品"。❶ 因此，二审法院认为电影作品至少应该满足固定和独创性的要求。

首先是固定的要求。根据我国《著作权法实施条例》的规定，电影作品应被摄制在一定介质上。二审法院认为，"摄制在一定介质上"要求电影作品应已经稳定地固定在有形载体上，即需要满足"固定"的要求，本案中，涉案体育赛事直播画面并未被稳定地固定在有形载体上，因而不满足电影作品中的固定的要求。再审法院认为上述解释过度限缩了电影类作

---

❶ 参见《中华人民共和国著作权法实施条例》第4条。

品的内涵和外延，依据不足，予以纠正。北京市高级人民法院认为："摄制在一定的介质上"要求的规范意义在于摄制者能够证明作品的存在，并据以对作品进行复制传播。同时，《著作权法实施条例》第2条有关作品的定义仅规定"能以某种有形形式复制"，即作品具有"可复制性"即可，并未将"固定"或"稳定地固定"作为作品的构成要件。因此，"摄制在一定介质上"并不能等同于"固定"或"稳定地固定"。即便将"摄制在一定介质上"视为构成电影类作品的特殊要求，根据《现代汉语词典》对"介质"的解释，"一种物质存在于另一种物质内部时，后者就是前者的介质；而物质是独立存在于人的意识之外的客观存在"。❶考虑到信息存储传播技术的进步，信息存储更加快捷、存储介质更加多元，对"介质"也应作广义解释。"固定"的要求来源于美国等版权体系国家，我国是否也要把已固定作为作品的构成要件呢？我国《著作权法》（2010）规定的是"能以某种有形形式复制"，即作品的构成要件之一是"可复制性"而不是"固定性"。我国《著作权法》并未要求作品必须具有"固定性"才能受到保护。那种认为我国《著作权法实施条例》第4条对作品类型的定义中规定了电影作品须摄制在一定介质上，所以就要以"已固定"作为电影作品构成要件的说法是站不住脚的。❷

其次是独创性的要求。独创性是构成作品的要件中最为关键的。就中超体育赛事直播画面而言，在素材的选择和拍摄方面，由于体育赛事直播画面的摄制通常具有统一的制作标准，观众对于体育赛事特定画面的观看需求，以及拍摄团队常用的拍摄方式及技巧，这些因素都限制了拍摄团队在素材拍摄上可能具有的个性选择空间，使素材的拍摄方面很难体现较高的个性化差异，但是观众所看到的画面与赛事现场既不完全一致，也非完全同步，赛事转播画面的形成过程，除了对赛事的拍摄录制，还加入了精彩瞬间回看、球员动作特写、场外观众、全局和局部的画面，以及全场点评、解说和采访。对拍摄画面的选择及编排方面还是有可能体现独创性

---

❶ 北京市高级人民法院（2020）京民再128号民事判决书。

❷ 熊文聪. 论"已经固定"不是电影作品的可版权要件 [J]. 山东科技大学学报（社会科学版），2019（2）.

的。导演可以根据不同的机位传回的画面进行选择和编排，尤其是慢动作和比赛集锦，是体现导演独创性劳动的部分，直播导演可以从全场比赛的画面中进行选取组成集锦，具有较大的个性化选择空间，能够达到较高的独创性程度。二审判决中，北京知识产权法院以独创性程度的高低作为区分电影作品与录像制品的标准，认定被告的行为未构成对新浪公司的著作权侵权。❶ 再审法院对此观点作出纠正。北京市高级人民法院认为：准确界定著作权法对电影类作品的独创性要求，应正确运用法律解释方法，既要考虑法律条文的字面含义，也要立足法律规范的体系和立法演变，从整体上解释相关法律条文的含义；既要符合立法目的，又要适应现实需求。对于作品的独创性判断，只能定性其独创性之有无，而无法定量其独创性之高低。从体系解释的角度，电影类作品与录像制品的划分标准应为独创性之有无，而非独创性之高低。结合我国著作权法的内在逻辑以及行业发展规律来看，对体育赛事节目不应苛以过高的独创性要求。从素材的选择、拍摄、对拍摄画面的选择及编排三个方面看，体育赛事节目体现出的独创性符合类电作品的要求。❷

（3）争议焦点之三：网络实时转播行为的法律调整。

网络实时转播行为属于传播行为的一种，我国《著作权法》（2020）中与传播行为直接有关的条文是第9条第11项广播权、第12项信息网络传播权和第47条规定的广播组织权，对体育赛事节目的网络实时转播行为是否属于我国《著作权法》所规制的行为？

信息网络传播权是指以有线或者无线方式向公众提供作品，使公众可以在其个人选定的时间和地点获得作品的权利，适用信息网络传播权调整的传播行为应具有交互式特点，公众可以自由选择时间和地点获取作品。而体育赛事的网络直播行为显然不具有此特点，网络用户只能在指定时间段收看直播内容，故网络实时转播行为不属于信息网络传播权的调整范围。

《著作权法》（2010）第10条规定的广播权是指以无线方式公开广播或者传播作品，以有线传播或者转播的方式向公众传播广播的作品，以及

---

❶　参见北京知识产权法院（2015）京知民终字第1818号民事判决书。

❷　来小鹏. 论体育赛事节目的独创性［J］. 山东科技大学学报（社会科学版），2019（4）：49.

通过扩音器或者其他传送符号、声音、图像的类似工具向公众传播广播的作品的权利。依据该规定，广播权调整的广播行为分为三种：其一，无线广播；其二，以无线或有线方式转播；其三，公开播放接收到的广播。一审法院虽认定被告的行为构成对新浪公司著作权的侵犯，但也只能将其归入"应当由著作权人享有的其他权利"，这其实也是在当时立法状态下的不得已而为之。现行《著作权法》对广播权进行了重新定义，扩张了其调整范围，"以有线或者无线方式公开传播或者转播作品"显然包括网络实时转播行为，故修改后的广播权可以规制网络电视台通过互联网进行的"网播"。

近年来，体育赛事节目所引发的著作权纠纷频频发生，除本案外，还出现了包括北京体奥动力诉上海全土豆网络科技公司网络侵权案、央视国际网络有限公司诉世纪龙信息网络有限公司侵犯著作权纠纷案、央视国际网络有限公司诉华夏城视网络电视股份公司著作权侵权及不正当竞争案等典型案例，而且出现了同案不同判的现象，可见在体育赛事节目的作品属性及保护模式问题上我国知识产权法学理论界和司法实务界存在较大分歧。随着我国体育直播产业的蓬勃发展和日益增长的产值，体育产业逐渐成为国民经济的重要产业，但与此同时，网络直播的盗播行为也日益猖獗，对体育赛事节目投资方的利益造成严重侵害，对我国体育产业的发展也造成负面影响。由此可见，体育赛事直播节目的著作权保护是非常重要且急需解决的现实难题，这关系到体育传播产业的健康有序发展和良好市场竞争秩序的维护以及文化体育事业的繁荣。

（二）央视国际公司诉暴风公司侵害著作权纠纷案

1. 案情介绍 ❶

原告央视国际网络有限公司（以下简称"央视国际公司"）诉称：经

---

❶ 案情简介及法院裁决参见北京市石景山区人民法院（2015）石民（知）初字第 752 号民事判决书、北京知识产权法院（2015）京知民终字第 1055 号民事判决书。

国际足联和中央电视台（以下简称"央视"）的授权，原告在中国大陆地区独家享有通过信息网络，在线播放由央视制作、播出的"2014 巴西世界杯"赛事电视节目（以下简称"涉案电视节目"）的权利。在赛事期间，被告未经授权许可，利用其运营的"暴风影音"网站及该公司研发的"暴风影音 5"播放器客户端软件，通过互联网络直接向公众提供"2014 巴西世界杯"赛事电视节目短视频（以下简称"涉案电视节目短视频"）的在线播放服务。被告还在"暴风影音"网站首页设立名为"2014 世界杯"的专题页面，在"暴风影音 5"播放器客户端软件的醒目位置设立"世界杯剧场"栏目，对涉案电视节目短视频进行推荐和展示。原告认为，涉案电视节目短视频的作品性质为以类似摄制电影的方法创作的作品，而被告未经授权许可擅自对涉案电视节目剪辑并制作成涉案电视节目短视频而提供在线播放的行为，严重侵害了原告依法独占享有的通过信息网络向公众提供涉案电视节目的权利，故诉至法院，请求判令被告赔偿经济损失及合理支出共计 400 万元并承担本案全部诉讼费用。

2. 法院裁判

北京市石景山区人民法院经审理认为，涉案赛事节目的独创性没有达到我国《著作权法》中以类似摄制电影方法创作的作品的要求，应当认定为录像制品，判决暴风公司赔偿央视国际公司各项经济损失共计 672 400 元，驳回了央视国际公司的其他诉讼请求。

央视国际公司和暴风公司均不服一审法院作出的判决，并向北京知识产权法院提出上诉。

北京知识产权法院经审理查明：央视国际公司与两家案外公司签订的《2014 年第二十届国际足联世界杯互联网播出播放分许可协议》中显示，2014 年巴西世界杯赛事节目以非独家授权方式在网站、手机及 APP 等播放终端上进行的互联网点播费用数额均为 4000 万元，该授权涉及的是 64 场整场比赛、开幕式及闭幕式，授权内容使用期限是 2014 年 6 月 12 日至 2014 年 8 月 12 日，且点播内容需在协议授权赛事整场比赛直播结束 90 分钟后上线点播。法院认为，涉案赛事节目在独创性高度上无法满足我国《著作权法》中对以类似摄制电影的方法创作的作品的要求，不构成以类似摄制电影的方法创作的作品，涉案节目的性质属于录像制品。一审法院判决的赔偿数额过低，无法弥补原告央视国际公司的经济损失，因此撤销了一审法院作出的判决，对央视国际公司提出的 400 万元赔偿予以全额支持。❶

央视国际公司不服二审判决，向北京市高级人民法院申请再审。2020年 8 月 24 日北京市高级人民法院公开开庭审理此案，并于同年 9 月 23 日作出终审判决：维持北京知识产权法院（2015）京知民终字第 1055 号民事判决。

北京市高级人民法院支持了央视国际公司关于涉案赛事节目构成以类似摄制电影的方法创作的作品的再审主张，认定涉案赛事节目构成我国著作权法保护的类电影作品，而不属于录像制品。虽然北京市高级人民法院对二审法院关于涉案赛事节目构成录像制品的认定结论予以纠正，但是鉴于二审法院在认定涉案赛事节目构成录像制品的基础上，认定暴风公司的涉案行为侵害了央视国际公司对涉案赛事节目所享有的信息网络传播权，并支持了央视国际公司要求暴风公司赔偿损失的全部诉讼请求，故仅对二审判决相关事实认定、法律适用方面的错误予以纠正，对其判决结果仍予维持。❷

3. 焦点分析

综合分析本案一审、二审法院和北京市高级人民法院所作出的判决结果，笔者认为其核心焦点问题仍在于体育赛事节目的作品属性问题。在分析体育赛事节目的法律性质之前，需要对相关概念进行梳理。体育赛事是指在裁判员的主持下，按照统一的规则要求，组织与实施的运动员个体或运动队之间的竞技较量活动，世界杯、奥运会、美国职业篮球联赛（NBA）、世界一级方程式赛车等都是世界范围内规模和影响力较大的体育赛事。体育赛事的过程和结果是客观发生的，参加体育比赛的运动员水平不同以及种种不确定性造成了比赛的过程和结果是唯一且不可复制的，没有两场完全相同的比赛，因此体育赛事不是作品，不能成为著作权法保护

---

❶ 北京知识产权法院（2015）京知民终字第 1055 号民事判决书。
❷ 北京市高级人民法院（2020）京民再 127 号民事判决书。

的客体，但这并不影响体育赛事节目的作品属性认定问题。体育赛事和体育赛事节目以及体育赛事直播画面的概念不同。

近年来，关于体育赛事节目的纠纷频发。权利人多主张体育赛事节目构成作品，请求法院给予狭义的著作权保护。在司法实践中，法院对于体育赛事节目的性质认定结果不同。在北京市朝阳区人民法院审理的新浪公司诉天盈公司侵害信息网络传播权纠纷及不正当竞争一案中，一审法院认为涉案体育赛事节目构成著作权法意义上的作品；❶ 北京市第一中级人民法院审理的央视国际公司诉我爱聊公司侵害著作权纠纷和不正当竞争一案中，法院经过审理认为体育赛事节目并非以展示文学艺术或者科学的美感作为目标，所以不构成著作权法意义上的作品，而是认定原被告双方构成竞争关系，认定被告行为属于不正当竞争。❷

本案中，一审、二审法院都将涉案体育赛事节目认定为录像制品。本案与新浪公司诉天盈九州著作权侵权案的区别在于，暴风公司的被诉行为是互联网点播行为，其发生在涉案赛事直播结束后，二审法院认为涉案每场比赛均已被稳定地固定在物质载体上，因而满足电影作品的固定的要求，涉案体育赛事节目是否构成类电影作品的关键是其独创性的体现。再审法院认为，从体系解释的角度，电影类作品与录像制品的划分标准应为独创性之有无，而非独创性之高低。所谓作品"具有独创性"，一般是指作品系作者独立完成并能体现作者特有的选择与安排，通常从以下两个方面来进行判断：一是作品是否由作者独立创作完成，即作品应由作者独立构思创作，而非抄袭他人作品；二是作品表达的安排是否体现了作者的选择、判断，即要求作品应当体现作者的智力创造性。

（1）体育赛事节目制作的独创性体现在哪些方面？

一般而言，对于由多个机位拍摄的体育赛事节目，如制作者在机位的设置、镜头切换、画面选择、剪辑等方面能够反映制作者独特的构思，体现制作者的个性选择和安排，具有智力创造性，可认定其符合著作权法规定的独创性要求，在同时符合其他构成要件的情况下，即可认定为类电影

---

❶ 北京市朝阳区人民法院（2014）朝民（知）初字第 40334 号民事判决书。
❷ 北京市第一中级人民法院（2014）一中民终字第 3199 号民事判决书。

作品。北京市高级人民法院认为：其一，赛事节目的画面是由一帧帧连续的画面组成，尽管一场具体的赛事节目整体上只能限于同一场比赛，但由于比赛进程的丰富性、场内外各种情形的不可预知性以及多机位多角度拍摄画面的多样性，使得在具体时点上每一帧画面的形成、选择以及画面的连续编排，仍存在对拍摄对象等素材进行个性化选择的多种可能性；其二，尽管赛事节目的制作一般要遵循信号制作手册的要求、考虑观众需求以及摄影师应具有符合直播水平要求的技术水准，但上述因素并不足以导致赛事节目的制作丧失个性化选择的空间。

（2）关于涉案体育赛事节目内容的独创性判断。

涉案赛事节目是极具观赏性和最具对抗性的足球赛事项目，为适应直播、转播的要求，该类赛事节目的制作充分运用了多种创作手法和技术手段，包括摄制准备、现场拍摄、加工剪辑等步骤都包含主创人员对赛事节目制作的个性化选择与安排。涉案体育赛事节目内容包括比赛现场的画面及声音、字幕、慢动作回放、集锦等，比赛现场的画面由预先设置在比赛现场的多台摄像机从多个机位进行拍摄构成，画面表现包括全场、半场、球门区、多个运动员特写、单个运动员特写等，慢动作回放以及射门集锦穿插其间；为向观众传递比赛的现场感，呈现足球竞技的对抗性、故事性，包含上述表达的涉案赛事节目在制作过程中，大量运用了镜头技巧、蒙太奇手法和剪辑手法，在机位的拍摄角度、镜头的切换、拍摄场景与对象的选择、拍摄画面的选取、剪辑、编排以及画外解说等方面均体现了摄像、编导等创作者的个性选择和安排，故具有独创性，不属于机械录制所形成的有伴音或无伴音的录像制品，符合类电影作品的独创性要求。❶

近年来，有关体育赛事直播节目的著作权纠纷案件不断涌现，但从司法实践和我国理论研究的现状来看，对于体育赛事直播节目的作品属性认定，理论界和实务界都存在很大的分歧，各种观点纷繁复杂，莫衷一是。因此对体育赛事节目所涉及的著作权法律问题进行深入探讨，在理论上和实践中都非常重要。此案非常具有典型意义，判决结果对于体育赛事节目的作品属性认定及保护具有深远影响。

---

❶ 北京市高级人民法院（2020）京民再 127 号民事判决书。

二、法理探究

随着体育产业的持续快速发展及其对我国经济的贡献越来越大，体育产业逐步进入发展黄金期，同时也面临着"盗播"的危害，"成长的烦恼"不少。如何保障体育产业健康有序发展，使其成为国民经济支柱性产业，是当前我国体育事业改革和可持续发展的关键问题。作为体育产业重要无形资产的体育赛事直播许可是决定体育赛事的传播范围和影响力的关键，体育赛事直播引发的著作权纠纷受到了社会各界的广泛关注，成为理论界和实务界备受关注的热点和焦点话题。分析体育赛事节目性质，探讨其是否受著作权保护的前提和首要工作是澄清体育赛事、体育赛事节目、体育赛事直播画面等基本概念，以避免纷争各方各说各话。

1. 体育赛事

体育赛事和体育赛事节目是两个不同概念，必须予以明确区分。体育赛事，即竞技体育比赛活动，如世界杯、奥运会、中超足球联赛、美国职业篮球联赛等，是运动员或运动队之间在裁判员的主持下，按照统一的裁判规则进行的实时竞技比赛活动，它是客观发生的，并没有预先设计的比赛动作、经过和结果，因此具有唯一性和不可复制性，不属于文学、艺术和科学领域内具有独创性并能以某种有形形式复制的智力成果，不是著作权法保护的作品。

2. 体育赛事节目

体育赛事节目是通过拍摄机位的设置、摄像镜头的选择、主持人解说、字幕、回放镜头或特写、采访、编导的参与等方面，对体育赛事活动进行制作加工后的一种客观记录之上的表达和呈现。体育赛事节目传输信号是通过电子手段生成，且加载了赛事节目而构成的载体。体育赛事和体育赛事节目的构成和表现形式及参与主体都不相同，不可将这两个概念混淆。虽然体育赛事不能构成著作权保护的客体，但这并不影响体育赛事节目的作品属性认定问题。

3. 体育赛事直播画面

体育赛事直播画面，是指体育赛事组织方、电视台、其他机构或个人拍摄的并由导播实时编辑加工而成的记录体育比赛或活动过程的影音画面。体育赛事直播画面和体育赛事直播节目是联系紧密但又有区别的两个概念。体育赛事节目比体育赛事直播画面在内容上更加丰富和饱满。体育赛事直播画面是构成体育赛事直播节目的一个最基本也是最重要的要素。有学者认为，每个相对独立的体育赛事直播画面在一般情况下并不能成为著作权法保护的作品。但他并不否认体育赛事直播节目的可版权性，认为其达到了著作权法对于作品的构成要求。❶

这里所说的体育赛事直播画面指的是体育赛事直播节目中的连续画面，即体育赛事直播节目中公用信号❷所承载的连续画面。关于体育赛事直播画面的作品属性问题在我国引发了一场持续而广泛的争议，各级法院对于涉及体育赛事节目的知识产权纠纷案件出现了同案不同判的现象。

体育赛事直播画面是否属于著作权保护的客体？按照现行《著作权法》，回答这个问题的关键是要看它是否属于文学、艺术和科学领域内具有独创性并能以一定形式表现的智力成果。很明显，体育赛事直播画面可归属于文学、艺术和科学领域内的智力成果无可争议。在当今的技术条件下，体育赛事直播节目都是在对节目稳定录制在录像带或硬盘上的同时进行播出的，符合"以一定形式表现"的条件。因此，判断体育赛事直播画面是否具有独创性是其能否构成作品的关键所在。我国《著作权法》2020年修改后仍未能对如何判断"独创性"进行明文规定，因此纷争各方对体育赛事直播画面的作品属性问题无法达成共识，但无论是《著作权法》2020年修改前还是修改后，正反两方在"独立创作完成"这一点上是毫无争议的，都认可体育赛事节目具有一定程度的独创性，只是对于其是否达

---

❶ 丛立先. 体育赛事直播节目的版权属性及其内容 [EB/OL]. (2018－05－25) [2019－12－31]. https://www.sohu.com/a/232968024_221481.

❷ 公用信号是直播行业的通用术语，是由专业的直播团队按照组委会统一的理念及制作标准制作而成，参见北京知识产权法院（2015）京知民终字第1818号民事判决书。

到作品独创性的要求方面有所争论。究竟是以"独创性"的高低还是有无为标准来判定体育赛事直播画面的作品属性？在《著作权法》2020年修改前，主张体育赛事直播画面不能构成作品的专家学者认为，既然我国著作权法秉承大陆法系的传统，分别规定了电影作品和录像制品，那么电影作品当然要具有较高独创性，以此为前提进行法律推理，则体育赛事直播画面未达到电影作品所要求的独创性高度，故不是著作权保护的客体。反对意见则认为体育赛事直播画面只要满足普通作品的最低限度的独创性要求即可，我国著作权法只是要求电影作品是"一系列有伴音或者无伴音的画面"，并没有规定独创性的高度，笔者对此表示赞同，且我国现行《著作权法》2020年最新修改已经将"电影作品和类似摄制电影的方法创作的作品"修改为"视听作品"。我国著作权法虽然继承了大陆法系作者权的衣钵，但同时也吸纳了英美法系实用主义的做法。若是将录像制品与另外两类邻接权客体——版式设计和广播节目信号进行对比，可以发现后者甚至并不具备作品意义上的最低限度的创造性，这是否意味着录像制品也一样可以完全没有任何创造性？由此是否可以得出"独创性的有无"才是区分视听作品和录像制品的标准呢？从比较法的视域来考察，英美法系在设定作品受保护的条件时，对独创性的标准要求较低，美国将体育赛事直播画面作为作品提供保护。《德国著作权法》区分"电影作品和以类似摄制电影的方法创作的作品"与"活动画面"，德国法学界通说认为体育赛事直播画面不能构成电影作品，只能以其第95条规定的"活动画面"予以保护。但同是大陆法系的日本在对于体育赛事直播画面作品属性的认定时，更愿意将其视为作品。虽然《日本著作权法》也对狭义著作权和著作邻接权进行区分，但是日本著作权法仅规定了录音制品作为"唱片制作人"的邻接权客体，并没有将录像制品纳入邻接权的保护对象。有学者认为，我国多年来学界及实务界有关体育赛事节目作品属性的争议根源在于我国著作权法中有关邻接权的规范设置，并建议：要么通过司法途径赋予体育赛事节目以作品的著作权保护（解释论）；要么在利益平衡的基础之上，适当扩充录像制作者的权利内容（立法论），或者直接扬弃录像制品这一概念。❶ 笔者对此表示赞同，"作品"与"制品"确实难以区分，易生混淆。录像制作者权的存在带来的问题比它解决的问题更多。而且在现代版权法中，很少存在分别规定视听作品与录像制品并作区别对待的立法例。

体育赛事直播画面的作品属性认定问题会影响到体育赛事节目的保护模式和路径选择。我国知识产权法学者对此问题进行探讨时焦点多集中于作品的保护模式和邻接权保护模式两种。

我国产业界强烈呼吁将体育赛事节目纳入狭义著作权保护，即作品的保护模式，以"近乎偏执的态度进行着作品性质定义的争取"❷。从权利人的角度来看，这确实是最好的选择。2020 年 11 月 16 日出台的《最高人民法院关于加强著作权和与著作权有关的权利保护的意见》（法发〔2020〕42 号），指出要高度重视互联网、人工智能、大数据等技术发展新需求，依据著作权法准确界定作品类型，把握好作品的认定标准，依法妥善审理体育赛事直播等新类型案件，促进新兴业态规范发展。笔者认为，应当从著作权法立法的根本目的、产业现实的需求和促进体育产业健康发展的需要这几个方面出发，认真思考体育赛事节目的保护模式和路径选择。既然我国著作权法并没有对作品构成要件的独创性作出明确的高度要求，法院也没有必要为作品设置较高的独创性标准，况且何为"较高"在我国著作权法中也无法量化。今后在审理涉及体育赛事直播画面作品属性认定的著作权纠纷案件中，若涉案体育赛事节目符合视听作品构成要件的，完全可以作为作品受到著作权法的保护，这并不存在法律障碍和风险。体育赛事直播画面能否构成作品的标准是独创性的有无，而非独创性的高低。除了上文介绍的北京市高级人民法院 2020 年 9 月 23 日再审判决认定新浪中超赛事直播节目和央视世界杯赛事节目构成类电影作品外，在央视国际网络有限公司诉上海聚力传媒技术有限公司著作权侵权及不正当竞争纠纷案中，上海浦东新区人民法院经审理认为，涉案足球赛事节目作为经过素材

---

❶ 卢海君. 论我国邻接权制度的改进——以"体育赛事节目"的著作权法保护切入 [J]. 知识产权，2020（11）：50－58.

❷ 郭晨辉. 关于体育赛事转播权保护的产业思考（下辑）[EB/OL]. （2019－08－09）[2019－12－26]. http：//www.sohu.com/a/332743778_503725.

选择、机位设置、画面的剪辑、编排等步骤，并融入回放、特效等因素，属于文学艺术领域的"独创性的表达"，且具有可复制性，可以作为类电影作品加以保护。❶ 上海知识产权法院于 2021 年 4 月 20 日作出终审判决，认定一审判决适用法律正确，应予维持。❷

若是将体育赛事节目定性为"录像制品"，根据我国《著作权法》的规定，录像制品制作者对其制作的录像制品仅享有许可他人复制、发行、出租、通过信息网络向公众传播并获得报酬的权利，这一邻接权的保护范围明显要比作品的著作财产权范围狭窄，还无法对网络同步转播等危害较大的侵权行为进行规制。除了欧盟指令等特例之外，目前也没有其他涉及录像制品的国际公约，这会使得我国的体育赛事节目无法通过国际法在其他国家和地区得到保护。

另外一种邻接权保护模式是通过广播组织权对体育赛事节目进行保护。广播组织权的客体是广播组织播放的广播、电视节目还是载有广播电视节目的信号？我国学界对此争议较大。主张"信号说"的学者认为，只有将载有节目的信号作为广播组织权的客体，才能既保护广播组织的利益，又不至于造成法律逻辑的混乱、权利归属机制与授权机制的错位和对公有领域的侵蚀。❸ 而反对"信号说"的学者则认为，信号说不仅与我国现行《著作权法》的规定相左，而其论证逻辑也存在商榷之处。❹ 从我国现行《著作权法》第 47 条的规定来看，广播组织权的客体表述依然含混不清，这一条里的"广播、电视"，与《著作权法》（2010）第 45 条规定的广播组织权客体表述相同，那么这里的"广播、电视"到底是指广播电视节目还是指载有节目的信号，尚需后续立法或司法解释予以确定。广播电视节目和载有节目的信号究竟是两个含义不同的概念，还是可以互相代替？产生争议的根源在于对这两个概念本身缺乏立法或司法上的解释。笔者认为，这里的"广播、电视"应该是指载有广播电视节目的信号。

---

❶　上海市浦东新区人民法院（2017）沪 0115 民初 88829 号民事判决书。

❷　上海知识产权法院（2020）沪 73 民终 581 号民事判决书。

❸　王迁. 广播组织权的客体——兼析"以信号为基础的方法"［J］. 法学研究, 2017（1）: 100.

❹　卢海君. 论广播组织权的客体［J］. 苏州大学学报（法学版）, 2019（4）.

我国现行《著作权法》扩大了广播电台、电视台的广播组织权的控制范围，不仅明确"转播"的形式既包括无线也包括有线，并且将信息网络传播权的内容纳入广播组织权之中，实质上表明广播组织权的保护范围范畴延伸至互联网环境，以技术中立的方式对广播组织权的主体和其享有的转播权扩张，使其主体范围可以涵盖网络广播电台和电视台，并能对网络实时转播行为予以规制。有学者主张，最新修改的《著作权法》实施后，在因体育赛事现场直播未经许可被转播而引发的纠纷中，无须讨论直播时形成的连续画面的独创性，也无须讨论该连续画面是否以"信号"为"介质"，法院都可以适用修改后的广播组织权中的转播权，制止他人通过各种技术手段，包括通过互联网转播电视台的赛事直播，从而实现此次《著作权法》修改广播组织权中转播权条款的目的；如果认定现场直播时产生的连续画面属于视听作品，判决被告侵害了视听作品的著作权，将会架空本次《著作权法》修改中最重要的成果之一——为广播组织以技术中立的方式规定转播权。❶ 这表明，即使在《著作权法》2020 年修改之后，关于体育赛事直播画面的作品属性问题的争论仍然在继续。

笔者认为，从有利于对体育赛事节目的保护和体育及传播产业的健康发展角度出发，应停止对体育赛事直播画面的作品属性的争议，尽快对体育赛事节目的保护模式及其路径选择达成共识，促进产业健康有序发展，才是解题关键。对于符合作品构成要件的体育赛事节目可以用狭义著作权保护模式，即认定为视听作品。现行《著作权法》已经将广播权的调整范围从"无线广播 + 以有线或无线方式转播"扩大为"以有线或无线的方式传播或转播"，这一修改将使普遍存在的网络非交互式传播行为落入广播权的规制范围，直击当前网络直播行业存在的侵权乱象。依据《著作权法》（2010），权利人通常只能以"其他权利"这一兜底条款或不正当竞争为由主张自己的权益，而各地司法机关往往对此持有不同意见，极易造成同案不同判的现象，诉讼结果具有高度不确定性。通过本次修法，无论是体育赛事网络实时转播、网络直播，还是网络定时播放，均可以依法对其

---

❶ 王迁. 体育赛事现场直播画面著作权保护若干问题——评"凤凰网赛事转播案"再审判决［J］. 知识产权，2020（11）：30－49.

进行规制。此次修法关于广播权的重构实际上参考了《WIPO 版权条约》中有关"向公众传播的权利"的规定，意图将各类传播行为囊括进法律调整范畴，消除了广播权与信息网络传播权之间存在的真空地带，切实增强了对著作权人的保护力度。对于不符合作品构成要件的体育赛事节目可以考虑用邻接权予以保护。至于反不正当竞争保护模式对体育赛事节目的保护，是 2020 年《著作权法》修改之前的权宜之计，反不正当竞争扩展保护的限度应该是明确的，不能无限度将反不正当竞争法的扩展保护适用于所有的知识产权领域。在多种法律保护路径并行的情况下，应当选择最有利于行业发展的路径。

三、延伸阅读案例：央视国际公司诉上海聚力公司著作权侵权及不正当竞争纠纷案

1. 案情介绍❶

原告央视国际网络有限公司（以下简称"央视国际"）诉称其在中国大陆地区享有独占通过信息网络，在线播放由中央电视台制作、播出的"2016 欧洲足球锦标赛"赛事电视节目的权利。被告上海聚力传媒技术有限公司（以下简称"聚力公司"）未经许可，在其经营的网站"PPTV 聚力"（www. pptv. com）中，通过信息网络，向公众提供原告享有权利的2016 年欧洲足球锦标赛"法国 VS 罗马尼亚""瑞士 VS 阿尔巴尼亚"两场足球赛事节目的网络实时转播服务。被告还在"PPTV 聚力"网站首页设立"2016 年法国欧洲杯"专题页面，向公众推荐涉案被诉侵权作品，其行为已严重侵害了原告对涉案足球赛事节目的广播权或其他权利。同时，被告的行为亦分流了本属于原告网站的用户流量，构成对原告的不正当竞争。原告提出的诉讼请求是：判令被告赔偿原告经济损失及为维权支出的合理费用 300 万元。

被告聚力公司答辩称：首先，其对涉案足球赛事节目构成著作权法意

---

❶ 上海市浦东新区人民法院（2017）沪 0115 民初 88829 号民事判决书。

义上的作品且属于类电影作品的定性没有异议，但其通过网络实时直播的方式播放涉案作品的行为并未侵害涉案足球赛事节目广播权，该行为涉及的权利应属于《著作权法》第10条第1款第17项规定的"应当由著作权人享有的其他权利"；其次，在被告制作的"智取法兰西"节目中，涉案足球赛事节目以背景屏幕的方式予以呈现，是为了配合节目的录制而对涉案足球赛事节目的适当引用，属于合理使用；再次，被告录制的"智取法兰西"节目以竞猜、答题为主，与原告节目的受众、传播渠道均不同，二者不存在竞争关系，也不会给原告带来损失，不构成对原告的不正当竞争；最后，原告未能提供有效证据证明其获得涉案足球赛事节目所支出的成本，其主张的赔偿金额缺乏相应的证据证明。故请求法院驳回原告的诉讼请求。

2. 争议焦点

（1）涉案被诉行为应由著作权法还是反不正当竞争法予以调整。
（2）涉案足球赛事节目是否构成著作权法意义上的类电影作品。
（3）被告是否构成对原告涉案足球赛事节目著作权的侵害。
（4）被告使用涉案足球赛事节目的行为是否属于合理使用。

3. 法院裁判

上海市浦东新区人民法院于2017年11月9日立案后，对该案进行了公开审理。法院认为：首先，涉案足球赛事节目作为智力成果的一种，不论是将其认定为作品从而通过著作权加以保护，还是认定为录像制品或载有连续画面的信号从而通过邻接权加以保护，涉案足球赛事节目相关纠纷均可以在也应该在著作权法框架内予以解决，并且涉案足球赛事直播节目的保护基于其客体性质属于《著作权法》已作穷尽性规定的领域，不应再由反不正当竞争法提供附加保护。因此，不论是从足球赛事节目的客体性质、市场交易特点还是从履行加入国际条约的义务等方面来看，涉案足球赛事节目均属于著作权法调整的范围，以反不正当竞争法作为解决涉案纠纷的法律依据并不恰当。其次，涉案足球赛事节目是否构成作品的独创性判断应以最低限度的独创性为标准。将独创性的高低作为判断连续画面是否构成作品的标准并无法律依据，且将给权利的保护带来较大的不确定性，故连续画面是否构成作品的标准是独创性的有无而非独创性的高低。涉案足球赛事节目通过多机位的设置、镜头的切换、慢动作的回放、精彩镜头的捕捉、故事的塑造，并加以导播创造性的劳动，充分体现了创作者在其意志支配下的对连续画面的选择、编辑、处理，属于文学艺术领域的"独创性的表达"，且具有可复制性，符合类电影作品固定性的构成要件，可以将其认定为著作权法意义上的类电影作品。被告聚力公司未经原告许可，在其经营的网站"PPTV 聚力"（www.pptv.com）中向公众提供涉案足球赛事节目网络实时转播服务的行为侵害了原告的著作权。该行为既不属于广播权控制的行为，也不属于信息网络传播权控制的行为，而是侵害了央视国际公司对涉案足球赛事节目"应当由著作权人享有的其他权利"。最后，被告制作的涉案"智取法兰西"节目系一种商业行为，其制作该节目是为了营利而非公共利益。在使用方式上，被告以背景大屏幕的方式实时播出了涉案两场足球比赛节目的全部内容，该背景大屏幕位居被告播出节目画面的中央且面积超过整体画面的 1/3，该种使用方式不仅超出适当引用中"合理适度"的要求，也实质性替代了原告向相关公众提供涉案足球赛事节目。被告的该种使用方式与原告对涉案足球赛事节目的正常使用相冲突，同时亦会不合理地损害原告的正当利益，故被告的该种使用方式不符合《著作权法》第 22 条规定的"为介绍、评论某一作品或者说明某一问题，在作品中适当引用他人已经发表的作品"的规定，不构成合理使用，应当承担相应的著作权侵权责任。

综上，上海市浦东新区人民法院于 2020 年 4 月 8 日作出判决如下：被告聚力公司于本判决生效之日起 10 日内赔偿原告央视国际公司经济损失 200 万元和原告为制止侵权行为而支付的合理开支 15 万元，驳回原告央视国际的其他诉讼请求。

被告聚力公司不服上海市浦东新区人民法院（2017）沪 0115 民初 88829 号民事判决，向上海知识产权法院提起上诉。二审法院于 2020 年 11 月 12 日立案，经审理查明，一审判决认定事实清楚，适用法律正确，应予

维持，于 2021 年 4 月 20 日作出终审判决：驳回上诉，维持原判。❶

参考阅读资料

[1] 王迁. 体育赛事现场直播画面著作权保护若干问题——评"凤凰网赛事转播案"再审判决 [J]. 知识产权, 2020 (11).

[2] 王迁. 论体育赛事现场直播画面的著作权保护——兼评"凤凰网赛事转播案" [J]. 法律科学（西北政法大学学报）, 2016 (1).

[3] 王迁. 广播组织权的客体——兼析"以信号为基础的方法" [J]. 法学研究, 2017 (1).

[4] 王迁. 论现场直播的"固定" [J]. 华东政法大学学报, 2019 (3).

[5] 王迁. 著作权法中传播权的体系 [J]. 法学研究, 2021 (2).

[6] 丛立先. 体育赛事直播节目的版权问题析论 [J]. 中国版权, 2015 (4).

[7] 孙玉荣, 李心航. 体育赛事节目著作权保护探究（英文）[J]. 科技与法律（中英文）, 2021 (3).

[8] 孙玉荣, 等. 著作权法前沿热点问题探究 [M]. 北京：知识产权出版社, 2020.

[9] 严波. 现场直播节目版权问题研究 [M]. 北京：法律出版社, 2016.

[10] 卢海君. 论广播组织权的客体 [J]. 苏州大学学报（法学版）, 2019 (4).

[11] 卢海君. 论我国邻接权制度的改进——以"体育赛事节目"的著作权法保护切入 [J]. 知识产权, 2020 (11).

---

❶ 上海知识产权法院（2020）沪 73 民终 581 号民事判决书。

第二章 网络游戏著作权保护问题[*]

一、典型案例

（一）上海耀宇公司诉广州斗鱼公司著作权侵权及不正当竞争纠纷案

1. 案情介绍❶

"DOTA 2"游戏是世界知名的电子竞技类网络游戏，该游戏在中国大陆地区的代理运营商是完美世界（北京）网络技术有限公司（以下简称"完美公司"）。DOTA 2 的亚洲杯赛事即亚洲邀请赛于 2015 年 1 月 5 日至 2 月 9 日举行，受到广大游戏玩家的热捧。2014 年 4 月，原告上海耀宇文化传媒有限公司（以下简称"耀宇公司"）和完美公司签订了有关合作举办 DATA 2 职业联赛、DOTA 2 亚洲杯冠军赛等电竞类赛事的协议。该协议约定：完美公司将合作赛事在中国大陆地区的视频直播/转播权独家授权给原告；原告负责合作赛事的执行及管理统筹工作，并负责在其经营的火猫

---

* 除"延伸阅读案例和参考阅读资料"外，本章内容由李贤撰写初稿，孙玉荣修改后定稿。部分内容发表于《科技与法律》2020 年第 4 期，作者：孙玉荣、李贤。
❶ 案情简介及判决结果均参见上海市浦东新区人民法院（2015）浦民三（知）初字第 191 号民事判决书和上海知识产权法院（2015）沪知民终字第 641 号民事判决书。

TV 网站提供合作赛事的直播、点播服务，还可以进行付费点播。在上述赛事进行期间，原告通过火猫 TV 网站对比赛进行了全程、实时的视频直播，视频内容由计算机软件截取的游戏自带的比赛画面、原告的游戏主播对比赛的解说内容、原告对其游戏直播间及游戏主播拍摄的画面、原告对决赛现场情况拍摄的画面以及原告对比赛制作的音效、字幕、慢镜头回放、灯光照明等组成，观众可以在原告网站上免费观看预选赛和决赛的比赛直播，也可以购买门票到比赛现场观看决赛。

原告耀宇公司诉称：（1）对于上述赛事，原告通过计算机软件截取了游戏自带的比赛画面，在比赛画面中加入了对游戏主播即解说员和直播间的摄像画面、解说内容以及字幕、灯光、照明、音效等内容，并通过慢镜头回放、摄像角度的选择等，独家形成了具有独创性的该赛事直播的音像视频，该音像视频属于受我国著作权法保护的作品。被告广州斗鱼网络科技游戏公司（以下简称"斗鱼公司"）经营的"斗鱼"网站系电子竞技游戏直播网站。被告未经授权，通过其网站全程、实时直播了涉案 DOTA 2 亚洲邀请赛，直播内容为原告制作的上述音像视频（解说内容和拍摄的画面除外），直播时间持续近 1 个月，直播比赛共 80 场，此行为侵犯了原告的信息网络传播权。（2）原告就涉案赛事独家享有的视频转播权系属于原告的合法权益，应当受到我国《反不正当竞争法》的保护，原告有权禁止同业竞争者播出涉案赛事。原、被告之间存在同业竞争关系，被告的上述行为具有主观恶意，既侵害了原告的信息网络传播权，又构成违反诚实信用原则和公认的商业道德的不正当竞争，还构成虚假宣传的不正当竞争。被告在直播时还擅自使用原告的标识，并向游戏主播散播其拥有涉案赛事的版权、有权进行直播等不实消息，其负责人在与原告负责人沟通时还声称其拥有转播涉案赛事的授权等。被告的侵权行为严重分流了原告网站的用户关注度和流量，攫取了原本属于原告的经济利益，影响了原告与广告商、被授权方签约获利的能力，造成原告重大经济损失。因此，请求法院判令：被告立即停止侵权行为、赔偿原告经济损失 800 万元以及维权的合理开支 21.1 万元并在《新民晚报》刊登消除影响的声明。

被告斗鱼公司辩称：（1）原告经授权获得的所谓权利是视频转播权，该权利基于双方协议约定而产生，并非我国法律规定的民事权利，且该权利针对的是亚洲杯比赛，而涉案赛事是亚洲邀请赛，原告未举证证明两者系同一赛事，故原告主张的所谓权利对被告没有任何约束力。（2）原、被告虽在同一时间对同一场比赛进行了直播，但双方网站各自呈现的比赛画面、解说、字幕、音效等完全不同，被告并没有使用原告直播的音像视频内容。涉案 DOTA 2 游戏的客户端具有对外公开的旁观者观战功能，该功能通过软件对同一场比赛截取了十个不同视角的比赛画面供旁观者观看，且不限制比赛画面的流出，被告直播的赛事画面即来源于该功能中的某个观战视角的比赛画面，因视角不同而与原告直播的画面不同。除比赛画面外，被告在直播时还加上了自己的解说、音效等。因此，即使原告享有其主张的所谓权利，被告也没有实施侵权行为或者不正当竞争行为。同时，被告仅提供了涉案赛事的实时网络直播，网络用户并不能够在其个人选定的时间观看到涉案赛事，故被告行为与侵害信息网络传播权无关。被告在直播时在网页上标注原告的标识系对承办涉案赛事的原告的尊重，且被告并未宣传拥有涉案赛事版权等虚假消息，故不构成虚假宣传的不正当竞争。（3）原告承办涉案赛事的费用主要用于举办决赛阶段的赛事，而被告仅播出了预选赛阶段的 8 场比赛，且双方均未从涉案赛事中获得任何盈利，观众数量的多少与网站收益没有关联，故即使被告构成侵权，原告主张的经济损失赔偿金也没有依据。同时，被告在收到法院责令停止播出涉案赛事的民事裁定书后就已停止播出，涉案赛事也早已结束，故即使被告构成侵权，也已不存在判令被告停止侵权的问题。据上，请求判决驳回原告的全部诉讼请求。

2. 法院裁判

2015 年 9 月，上海市浦东新区人民法院就耀宇公司与斗鱼公司著作权权属、侵权纠纷作出一审判决：被告斗鱼公司赔偿原告耀宇公司经济损失和维权合理开支合计 110 万元，并在斗鱼网站的首页显著位置刊登声明，消除对原告耀宇公司实施不正当竞争行为所造成的不良影响。被告不服一审判决，向上海知识产权法院提起上诉，二审法院判决驳回上述，维持原判。

3. 焦点分析

本案争议焦点主要是：（1）被告是否侵害原告的信息网络传播权或者其他著作权；（2）被告是否构成对原告的不正当竞争；（3）侵权构成前提下被告应当承担的民事责任。

根据法院查明的事实，被告对正在进行的涉案赛事进行了实时的视频直播，在直播结束后不提供涉案赛事录播内容的点播观看等服务，网络用户仅能够在被告直播的特定时间段内观看正在进行的涉案赛事，该直播的时间段不受网络用户的控制，网络用户不能够在其个人任意选定的时间观看涉案赛事，故被告直播涉案赛事的行为不落入信息网络传播权的控制范围。因此，无论原告就涉案赛事的直播所形成的音像视频内容是否构成作品，也无论被告的直播内容是否与原告的直播内容相同或者实质性相同，被告的直播行为均与侵害信息网络传播权无关，原告关于被告侵害信息网络传播权的主张不能成立。鉴于原告在审理中表示如果其主张的信息网络传播权与法院认定的其享有的著作权不一致，则按照法院认定的著作权在本案中向被告主张权利，故本案的焦点其实是原告在本案中是否享有信息网络传播权以外的著作权以及被告是否侵害了原告可能享有的著作权，即涉案游戏画面的作品属性问题。法院认定涉案的"比赛画面"并不属于著作权法中规定的作品，因此原告关于被告侵害其信息网络传播权或其他著作权的主张不能成立，但被告直播涉案赛事的行为严重违反了诚实信用原则和公认的商业道德，构成引人误解的虚假宣传，具有主观恶意，直接损害了原告作为涉案赛事举办方、独家视频转播权人享有的市场竞争优势，侵害了原告的商誉、经济利益等合法权益，构成对原告的不正当竞争。❶

笔者认为，因法院认定该案中网络游戏画面不构成著作权法意义上的作品，原告关于被告的直播行为侵害其著作权的主张不能成立，故本案最大焦点在于网络游戏画面的作品属性的问题。

"由于涉案赛事的比赛本身并无剧本之类的事先设计，比赛画面是由参加比赛的双方多位选手按照游戏规则、通过各自操作所形成的动态画

---

❶ 上海市浦东新区人民法院（2015）浦民三（知）初字第 191 号民事判决书。

面，系进行中的比赛情况的一种客观、直观的表现形式，比赛过程具有随机性和不可复制性，比赛结果具有不确定性，故比赛画面并不属于著作权法规定的作品，被告使用涉案赛事比赛画面的行为不构成侵害著作权。"❶从以上判决书的表述可知，法院认为该比赛画面不构成作品的原因主要在于其"并无剧本之类的事先设计"，"具有随机性"，即认为它并非人为事先设计好的情节，不具有独创性。

有关对于该"比赛画面"独创性的认定，笔者认为法院作出该判断的原因在于其混淆了游戏比赛本身和游戏比赛产生的画面。DOTA 这种竞技类电子游戏与体育竞技非常类似，都是选手在相应的规则的约束下，以赢得比赛为目的进行的活动，他们的行为在客观上只是操作技巧和方法的展现，具有随机性，在主观上也没有创作作品意图，故玩家的操作行为不具有独创性，但不能由此否认游戏画面具有独创性。

游戏运行画面虽然是由玩家的操作触发产生的，但它是计算机程序、美术作品、文字作品、音乐作品等预设素材的动态结合。正如审理"王者荣耀案"的广州互联网法院周扬法官所说："从开发过程和内容来看，《王者荣耀》游戏是科学技术发展的产物，逻辑上预设了用户可以选择的多种带有伴音的连续活动影像画面，是开发者思想或者情感的表达，并非实用性的物品或者解决技术问题的技术方案。"❷ DOAT 2 是以《魔兽世界》中的世界观作为设计背景的一款即时战略游戏，其画面内容丰富精彩，可分为角色设定、物品道具、场景地图和游戏模式，其中的众多英雄又因其属性和定位不同而具备各式不同的动作、技能、装备等，可见游戏设计人员对角色形象的创新设计及对画面的排版构思显然倾注了心血，具有一定的独创性。

在本案中，被告斗鱼公司利用网络软件技术，通过 DOTA 2 游戏客户端内置的旁观者观战功能获取比赛画面，用来自己开展直播解说活动，并且刻录了光盘，这足以说明游戏画面是可固定并具有可复制性的。根据我

---

❶ 上海市浦东新区人民法院（2015）浦民三（知）初字第191号民事判决书。

❷ 杜绮祺. 国内首例多人在线竞技类游戏短视频侵权案一审落槌！［EB/OL］.（2020－02－19）［2020－02－19］. https://mp. weixin. qq. com/s/odSgaHkFeX9KzkIywWsKmA.

国著作权法对于"作品"的定义，DOTA 2 比赛的游戏画面作为一种智力成果已经满足了独创性和可复制性的要求，构成著作权法意义上的作品。

至于游戏画面作品的著作权到底归谁的问题，笔者认为玩家的操作行为虽然对于某一具体的游戏画面的形成过程中是不可或缺的重要环节，但其并不存在创作的主观意图，实际上其重复性的操作也不具有著作权法意义上的独创性，不能享有此种作品的著作权。若承认每个游戏用户对游戏画面都享有著作权，不但会导致游戏操作技巧与战术被垄断，而且会使游戏整体画面被切割为无数个新的独立作品，产生成千上万个著作权人，有悖于著作权立法精神。❶ 相反，游戏作品的权利主体相对清楚确定，考虑到游戏作品的开发者为游戏开发作出的贡献，游戏作品的著作权归属为游戏开发商这一点并无太大争议，而游戏画面属于游戏作品这一"综合体"的一部分，其著作权理应也归属为游戏开发者。

（二）广州网易公司诉华多网络公司侵害著作权及不正当竞争纠纷案

1. 案情介绍❷

《梦幻西游 2》是一款风靡数十年的游戏，也是同时在线人数最多的网络游戏，在普通大众和游戏用户中具有广泛的影响力。原告广州网易计算机系统有限公司（以下简称"网易公司"）对该款游戏的计算机软件以及游戏中的文字、音乐、美术作品享有著作权，并已在国家版权局登记。用户在登入《梦幻西游 2》网络游戏过程中，必须点击《服务条款》《玩家守则》等前置说明，其中的相关条款表明，在未经网易公司事先书面许可的情况下，玩家不得通过第三方软件公开全部或部分展示、复制、传播、播放《梦幻西游》的游戏画面，否则网易公司将有权根据其违约情况，采取各种处理措施，包括暂时禁止登录、强制离线、封停账号等，甚至进一

---

❶ 杜绮祺. 国内首例多人在线竞技类游戏短视频侵权案一审落槌！［EB/OL］.（2020 - 02 - 19）［2020 - 02 - 19］. https：//mp. weixin. qq. com/s/odSgaHkFeX9KzkIywWsKmA.

❷ 案情简介及判决结果参见广州知识产权法院（2015）粤知法著民初字第 16 号民事判决书和广东省高级人民法院（2018）粤民终 137 号民事判决书。

步追究其法律责任。

广州网易公司发现，从 2012 年起，被告广州华多网络科技有限公司（以下简称"华多公司"）在其经营的 YY 直播网站和 YY 语音客户端上进行"梦幻西游"游戏内容直播、录播或者转播服务。华多公司召集、签约大量的游戏主播，并提供非法注入游戏客户端的代码程序或者动态屏幕截取的工具给这些游戏主播，供其抓取游戏内容；同时提供 YY 直播网站和 YY 语音客户端平台，供这些游戏主播在该平台上以直播、录播或者转播的方式传播该款游戏内容，还通过出售虚拟道具、发布广告等方式牟取了巨额利益。从华多公司经营的直播平台上对涉案电子游戏运行的显示情形看，直播窗口主要是显示游戏的连续画面，基于用户操作游戏所需，间或显示游戏过程中的功能设置和选择页面，有的还以小图形式在显示屏边角显示主播人员。华多公司的主播在直播过程中，大多数选择部分截屏方式，不截取显示游戏账号部分，不显示玩家信息，在这种情况下，网易公司无法了解主播人员所使用的游戏账号，故而无法对其采取措施使其停止直播游戏内容。实际上，有经验的主播人员还会注册购买多个游戏账号，在一个账号被处罚后更换另一账号进行直播。所以网易公司只能对发现直播的主播采取措施，让其无法使用正在进行直播的游戏账号进入游戏。

网易公司认为，该款游戏运行过程呈现的连续画面属以类似摄制电影创作方法创作的作品，网易公司享有其作品权利。华多公司提供游戏直播的工具和平台，以利益分成的方式召集、签约主播进行该款游戏内容直播，并以此谋利的行为侵害了网易公司的著作权，并且利用网易公司关于该款游戏的市场竞争优势为其带来利益，同时构成不正当竞争，给网易公司带来巨大损失。因此原告网易公司向广州知识产权法院提起诉讼，要求被告华多公司停止侵害著作权行为和不正当竞争的行为，赔偿网易公司经济损失及合理费用 1 亿元并连续 30 日在相关网站首页发布道歉声明，向网易公司赔礼道歉。

2. 法院裁判

2017 年 10 月，广州知识产权法院就网易公司与华多公司侵害著作权及不正当竞争纠纷一案作出一审判决，认定涉案电子游戏运行画面构成类电影作品，且其著作权为原告网易公司所享有。被告华多公司在其网络平台上开设直播窗口、组织主播人员进行涉案电子游戏直播，侵害了网易公司对其游戏画面作为类电影作品享有的"其他权利"，属于《著作权法》（2010）第 47 条第 11 项规定的"其他侵犯著作权的行为"，故判决被告华多公司停止通过信息网络传播电子游戏《梦幻西游》或《梦幻西游 2》的游戏画面，赔偿网易公司经济损失 2000 万元，驳回原告的其他诉讼请求。❶ 对于这一判决结果，网易公司和华多公司均不服，向广东省高级人民法院提起上诉。二审法院判决驳回上述，维持原判。❷

3. 焦点分析

本案主要焦点问题可以归纳为以下四点：（1）涉案游戏连续动态画面是否构成类电影作品及其权利归属；（2）华多公司是否侵权以及如何承担民事责任；（3）被诉游戏直播行为是否属于我国著作权法规定的著作财产权调整范围；（4）被诉游戏直播行为是否属于对网络游戏连续动态画面的合理使用。

由于本案后文的"法理探究"部分将对后两个焦点问题进行详细地深入分析阐述，为避免重复，故在此只对前两个焦点问题进行分析。

（1）焦点问题（1）评析。

①涉案游戏画面构成类电作品。

游戏软件运行时在终端屏幕所呈现的连续动态画面即是能够被客观感知的外在表达。在华多公司经营的 YY 直播平台上，玩家可对游戏画面进行实时的直播、转播或录播加以解说，表明游戏运行画面能够以多种形式进行复制和传播。

在本案中，《梦幻西游 2》中人物是以文学经典《西游记》中的背景和角色为原型，通过设置鲜明的人物形象、紧凑的故事情节和浪漫梦幻的场景地图，玩家可以在推进游戏进程和开发不同任务线的过程中，逐步探索未知的情节。通过游戏画面，游戏创作者给玩家描绘了一个上古时期集

---

❶ 广州知识产权法院（2015）粤知法著民初字第 16 号民事判决书。
❷ 广东省高级人民法院（2018）粤民终 137 号民事判决书。

"人""仙""魔"三界的奇幻玄妙的世界，向玩家传递了自己独特的思想和感情，具备足够高度的独创性。游戏画面的产生取决于玩家的多样化操作，具有很大的随机性，尽管每个玩家对角色、装备、任务等的选择各有不同，其所产生的无数种搭配情形仍然处在游戏开发者预设的范围内，仍属于游戏开发者的创作成果。

玩家在操作游戏时不仅可以观看丰富而精彩的连续画面，聆听伴随全程的背景音乐或者音乐特效，使玩家仿佛置身于这个人为搭建的虚拟世界当中，因此从表达效果来看，游戏整体画面能给予玩家与观看电影类似的沉浸式视听体验。从表达形式的角度来看，涉案游戏画面符合类电作品"由一系列有伴音或者无伴音的画面组成"的特点，笔者赞同广州知识产权法院将游戏整体画面认定为类电作品进行保护的观点。在"王者荣耀案"中，法院也表示，虽然我国《著作权法》（2010）第3条第9项设有"其他作品"这一兜底性条款，但认定"其他作品"需要符合"法律、行政法规规定"这一前提，故法院无权自行设定其他作品类型，而应当选择相对合适的法定作品类型对游戏画面予以保护。而由于《王者荣耀》游戏的连续画面是由用户通过游戏引擎调动游戏资源库呈现出的一系列有伴音或者无伴音的画面，故该游戏的整体画面宜认定为类电作品。❶ 与传统的类电影作品相比，网络游戏整体画面并非"摄制"在某一特定的介质上，这也是游戏画面保护在实务中存在较大争议的原因，但《保护文学和艺术作品伯尔尼公约》中有关类电影作品的定义中并没有对创作手法加以限制，在这个新兴技术层出不穷的互联网时代，本着对知识产权鼓励创新的立法精神的遵循，法院行使一定的自由裁量权，对"类电影作品"的解释加以适当的扩大也未尝不可。

②权利归属。

《著作权法》（2010）第15条规定，"电影作品和以类似摄制电影的方法创作的作品的著作权由制片者享有"，游戏开发商是游戏制作过程中起到统筹作用的人，需要负责前期筹备、协助投资、策划制作和研发运营等

---

❶ 杜绮祺. 国内首例多人在线竞技类游戏短视频侵权案一审落槌！［EB/OL］.（2020 - 02 - 19）［2020 - 02 - 19］. https：//mp. weixin. qq. com/s/odSgaHkFeX9KzkIywWsKmA.

事宜，游戏整体画面是游戏软件运行的过程中产生的，故当游戏整体画面定性为类电作品时，为游戏开发投入了大量精力的网络游戏软件著作权人相当于电影作品中的制片者。在本案中，根据网易公司提供的计算机软件著作权登记证书、认证机构出具的证明、授权文书等证据，可以认定网易公司对《梦幻西游2》的游戏画面享有著作权。

（2）焦点问题（2）评析。

本案中，网易公司以《服务条款》和《玩家守则》等条款声明了任何人在未经网易公司的许可或授权的情况下，不得通过第三方软件公开传播其游戏画面，而华多公司在其经营的信息网络直播平台（YY直播）召集、签约主播进行网络游戏直播，在其游戏画面构成类电作品的情况下，其行为显然侵害了网易公司的著作权。

本案中，网络游戏直播行为属于玩家在直播平台开展的个人直播，玩家在网络直播的过程中长时间、大面积地使用游戏画面，而对于小有名气的主播而言，观看其直播的人数可达数十万，实际造成对游戏画面的公开传播。网络游戏直播的内容虽然是通过信息网络进行传播，但其属于主播向观众"单向"且"定时"的传播行为，观众个人不能在选定的时间获取传播内容，故无法满足"交互式传播"的要件，而游戏直播作为一种公开传播作品的行为，仍可以"应当由著作权人享有的其他权利"加以规制。

此外，根据YY直播系统对于直播模式的设置，直播结束后形成的视频仍会储存在平台中，其他观众通过搜索相关直播回放，不仅能在观看游戏运行画面的同时收听主播的解说内容，还能在画面旁边的弹幕列表中找到实时的互动痕迹，与实时观看直播并没有太大的区别，不仅扩大了游戏画面传播的时间范围，增加其传播量，而且这种传播方式显然符合"交互式传播"的特点。《信息网络传播权保护条例》第2条的规定，"除法律、行政法规另有规定的外，任何组织或者个人将他人的作品、表演、录音录像制品通过信息网络向公众提供，应当取得权利人许可，并支付报酬"，故其"回放"直播画面的行为还侵犯了网易公司的信息网络传播权。

二、法理探究

随着网络游戏行业不断蓬勃发展，网络游戏开发处于井喷的状态。网络游戏主要是指通过网络传输方式实现多个用户同时参与、进行交互娱乐的电子游戏。按照不同的标准，可以将网络游戏区分为不同的种类。按照网络游戏的平台划分，可分为客户端游戏、网页游戏和移动端游戏；从网络游戏的内容来看，又可分为角色扮演类游戏（RPG，Role Playing Game）、多人在线战术竞技类游戏（MOBA，Multiplayer online battle arena）、射击类游戏（STG，Shooing Game）、策略游戏（SLG，Simulation Game）等数十种。无论网络游戏的形式和内容多么丰富，究其本质，网络游戏的核心都是由两部分所组成，即游戏引擎和游戏资源库。所谓"游戏引擎"是指能够控制游戏运行的计算机软件，包括计算机程序及其有关文档。❶ 所谓的"游戏资源库"是指计算机程序能够通过指令支配、调用的各种素材，包括文字作品、美术作品、音乐作品、类电作品等。根据我国《计算机软件保护条例》第 3 条和《著作权法》的相关规定，计算机程序属于计算机软件，是受著作权法保护的作品。而在游戏资源库中，那些文字、美术、音乐、摄影等作品，在能够满足"独创性"要求的条件下，也能够作为独立的著作权客体受到保护，其中不仅包括游戏开发商在研发制作过程中购买他人享有版权的作品，也包括开发者自己创作的作品。

对网络游戏整体而言，有学者提出应当在著作权法中单独确认游戏作品的客体地位。❷ 笔者对此持保留意见，认为这种做法在目前还不具有必要性。对于有些游戏，其主体为程序代码，附有少量的游戏资源素材，此

---

❶ 根据我国《计算机软件保护条例》第 3 条规定，计算机程序是指为了得到某种结果而可以由计算机等具有信息处理能力的装置执行的代码化指令序列，或者可以被自动转换成代码化指令序列的符号化指令序列或者符号化语句序列。文档，是指用来描述程序的内容、组成、设计、功能规格、开发情况、测试结果及使用方法的文字资料和图表等，如程序设计说明书、流程图、用户手册等。

❷ 冯晓青，孟雅丹. 手机游戏著作权保护研究［J］. 中国版权，2014（6）：34 – 37.

时以计算机软件的相关规定进行保护就已足够；有的则相反，游戏中的故事背景、人物关系和情节的设置非常丰富，包含大量视频和音频作品，运行时营造的视听效果与电影作品相类似。如果将这类游戏作品作为一种单独的作品类型加以规定，则难以涵盖其内容和类型的多样化。此外，从域外视角来看，大部分国家或地区也没有将网络游戏规定为一种单独的作品类别。

（一）网络游戏画面的界定与作品属性

1. 网络游戏画面的界定

要厘清网络游戏画面的法律属性首先应当明晰其定义，而有关这一问题在学术界和法律实务界仍存在较大分歧，学者给出了不同的定义。李扬教授认为网络游戏画面是游戏作品著作权人创作游戏作品时预设的构成网络游戏作品内容的画面；❶ 崔国斌教授认为游戏画面是游戏运行时临时呈现的、由游戏资源库中的素材动态组合产生的画面，不同于其中直接固定的内容；❷ 王迁教授则认为游戏连续画面是以代码的形式存在，可被代码化指令序列调用的其他类型作品，并且会随着用户的操作而发生变化。❸

在号称网络游戏直播第一案的"网易诉华多案"中，二审法院在判决书中对游戏连续动态画面和游戏直播画面进行了区分。前者是游戏运行时在终端屏幕上呈现的一系列有伴音或无伴音的游戏画面的集合或整体，与静态、单幅游戏画面相区别，也称"游戏整体画面"。游戏直播画面是对游戏画面进行实时传播所形成的连续动态画面，既包括游戏运行过程中自身呈现的游戏整体画面，也包括在游戏整体画面基础上添加、融合的其他表达。❹ 游戏直播画面中包含元素的多少因直播方式的不同而有所区别，在大型电竞赛事直播画面中，除了参赛选手操作游戏产生的游戏画面，还

---

❶ 李扬. 网络游戏直播中的著作权问题 [J]. 知识产权, 2017 (1)：14 – 24.
❷ 崔国斌. 认真对待游戏著作权 [J]. 知识产权, 2016 (2)：3 – 18.
❸ 王迁. 电子游戏直播的著作权问题研究 [J]. 电子知识产权, 2016 (2)：11 – 18.
❹ 广东省高级人民法院 （2018）粤民终 137 号民事判决书。

包括有关主持人、解说员、现场观众等的拍摄画面及其背景音效的内容。而对于在直播平台上的多数个人直播而言，游戏画面则在直播画面中占据更为核心的地位，除了配上个人解说或评论，在直播画面上显示的便是完整的游戏画面，或是在游戏画面的基础上还添加了实时弹幕和以小窗口展示的个人形象等独创性程度不高的内容。简要地说，网络游戏直播画面是以游戏画面为基础形成的，其内容比网络游戏画面更为丰富。两者的产生过程、作品属性、权利归属和涉及的利益主体等方面均有差异。网络游戏画面是由玩家在终端设备操作游戏使之运行而产生的呈现于终端设备屏幕上的临时的、连续的整体画面，具有以下几个特征。

首先，网络游戏画面不同于计算机程序本身，而是计算机程序运行的结果，并且游戏画面与计算机程序也并不是一一对应的关系，程序员可以通过编写不同的代码达到复制其他游戏画面的目的，这也是网络游戏行业中普遍存在的抄袭现象。

其次，网络游戏画面也不同于包含美术、音频等作品的游戏资源库，而是资源库中的素材在计算机程序指令的控制下进行动态组合形成的呈现在终端屏幕上的连续、动态画面。网络游戏画面具备的两个最主要的特征在于其"连续动态性"和"双向互动性"。❶ 所谓"连续动态性"是指游戏画面并非是各类素材的静态储存和组合，而是呈现在终端设备的屏幕上，随着玩家的不断操作而呈现的"连续动态的图像"。❷ "双向互动性"是强调玩家的参与性，即不同的玩家操作同一游戏甚至同一玩家在不同的时间操作同一个游戏所产生的游戏画面都可能不同，其能直接或间接地反映出玩家心态的不同和操作技能的高低。这一特点，法院在判决书中也有强调，尤其是在有多名玩家参与的情况下，呈现的动态画面的数量往往难以穷尽。❸

2. 网络游戏画面的作品属性

按照我国现行《著作权法》第 3 条对作品的定义，构成著作权法意义

---

❶　李颖怡，梁栩瑜. 我国网络游戏画面版权问题研究 ［J］. 政法学刊，2017（3）：12 – 23.

❷　王迁，袁锋. 论网络游戏整体画面的作品定性 ［J］. 中国版权，2016（4）：19 – 24.

❸　广州知识产权法院（2015）粤知法著民初字第 16 号民事判决书。

上的作品必须具备三个要件：一是属于文学、艺术和科学领域内的智力成果；二是具有独创性；三是能以一定形式表现。以下笔者就从这三个方面进行具体分析。

（1）网络游戏画面属于文学、艺术和科学领域内的智力成果。在全球范围内，游戏产业是发展最为迅速的产业之一，我国的网络游戏及其直播市场也以惊人的速度发展，并发展成为一种文化现象。美国于2011年正式宣布"电子游戏是一种艺术形式"，赋予其"第九艺术"的称谓。❶ 网络游戏的研发、制作和运营往往需要汇集多方力量，涉及程序编写、美术设计、游戏策划、技术维护、市场调研宣传等工作，需要投入大量的智力劳动，游戏作品无疑是智慧的结晶。由此可见，网络游戏画面属于文学、艺术和科学领域内的智力成果。

（2）网络游戏画面的独创性。网络游戏所包含的独特思想情感及其背后的逻辑都需要通过游戏画面向玩家传达，需要在游戏运行画面中通过设计、选择文字说明、背景音乐、美术作品、动画特效等不同元素进行独特的组合、编排来实现。若组成游戏画面的各项素材都能分别构成受著作权法保护的作品，而由具有作品属性的素材所组成的游戏画面反而不构成作品这一观点是不符合逻辑的。由玩家输入特定的指令，通过计算机程序将游戏资源库中的素材作品调取出来组成的动态、连续、交互的画面，具有整体性和独创性。游戏运行产生的临时性画面所包含的各种人物姿势、动作特效、场景切换等动态效果，都是沿着游戏程序事先设计好的轨迹所展开的，不论玩家如何操作，都不会脱离游戏开发者预设的各种情景和模式。正如在 Stern Electronics, Inc. v. Kaufman 案中的法官所言，游戏中无数的画面和声音都是重复的，因而玩家的参与并不会剥夺游戏画面本身的可版权性。❷

（3）网络游戏画面能以一定形式表现。首先，通过一定的技术手段，网络游戏画面是可以被固定、储存下来的。许多网络游戏软件都提供"画面回放"的功能，供玩家回味。比如在游戏《英雄联盟》中，玩家只要点

---

❶ 刘瑾. 电子游戏的第九艺术之说 [N]. 中国艺术报，2012-08-27（003）.
❷ Stern Electronics, Inc. v. Kaufman, 669 F. 2d 852（2d Cir. 1982）.

击系统图像中的"下载图标"就能把自己的对战录像下载到本地进行观看，并且还能通过回放系统中剪辑生成的视频文件，使得该文件可在任意计算机或智能移动设备上播放，这意味着这些游戏画面可以进行无限制地复制和传播。其次，除了利用网络游戏程序内置的录像功能，通过录像设备录制呈现在计算机屏幕上的游戏画面也能将其固定，而录像制品具有可复制性是毫无疑问的。再次，虽然基于网络游戏的交互性，不同玩家操作游戏呈现的游戏连续画面各异，具有一定的实时性，但并不意味着其画面永远不可能再现，由于游戏运行的所依赖的路径和数据是固定不变的，只要严格按照相同的操作就能得到相同的画面，其随机性和偶然性只是相对的。最后，根据计算机程序运行的特点，他人无须照搬原游戏的程序代码，即使是编写不同的程序也能使其运行产生类似甚至相同的游戏画面，展现给玩家的视听体验别无二致。

基于以上分析，可见网络游戏画面能构成著作权法意义上的作品。关于网络游戏运行时的整体画面属于何种作品，我国著作权法没有规定，理论界和实务界也尚未达成共识，主要有"汇编作品说""类电影作品说""视听作品说""其他作品说"几种不同观点。

我国《著作权法》2020年修改决定实施之前，学界的主流观点和司法实务界比较倾向于将网络游戏画面认定为"以类似摄制电影的方法创作的作品"，即"类电影作品"。在2017年的"奇迹MU案"中，法院首次将游戏画面认定为类电影作品进行保护，其理由在于网络游戏在创作过程和表现形式中体现的特点与类电影作品十分相似。一方面，游戏策划、素材设计等创作人员的功能与电影创作过程中的导演、编剧、美工、音乐、服装设计等类似，编程过程则相当于电影的拍摄；另一方面，游戏画面与电影作品具有相似的表现形式。[1] 在"守望先锋案"和"王者荣耀案"中，法院首次将第一人称视角射击类游戏（FPS，First Personal Shooting Game）和多人在线竞技类游戏（MOBA，Multiplayer Online Battle Arena）的游戏画面认定为类电影作品。法院认为，没有预先设定的故事情节并不是否定

---

[1] 上海知识产权法院（2016）沪73民终190号民事判决书。

网络游戏画面构成类电影作品的原因。❶

随着互联网技术发展的突飞猛进，著作权法应当与时俱进，与科学技术的发展相接轨，才能更有力地应对和遏制网络游戏"换皮"等侵权问题，保护新兴的网络游戏产业。我们欣喜地看到，现行《著作权法》用"视听作品"取代了原来的"电影和以类似摄制电影方法创作的作品"，虽然"视听作品"的定义还有待进一步探讨。❷

（二）网络游戏直播的侵权风险与合理使用

随着信息技术和电子游戏产业的飞速发展，网络游戏直播用户也呈井喷式增长，由此带来了许多新的法律问题，从而引发的有关著作权侵权纠纷也越来越多。应当指出的是，尽管网络游戏种类繁多，但并不是所有网络游戏都能成为直播的目标游戏，目前游戏直播所涉及的游戏主要为对抗性强、观赏性高的电子竞技类游戏，而游戏直播观众观看的内容又主要聚焦在战术竞技类赛事的游戏直播。

网络游戏直播是指以视频内容为载体，以电子竞技比赛或电子游戏为素材，由主播实时展示或解说自己及他人的游戏过程或游戏节目的服务。❸其中又可分为两大类型：一是电子竞技游戏的大型赛事直播；二是电子竞技玩家在各直播平台进行的个人直播。大型赛事直播是由游戏开发商或游戏运营商授权给赛事承办方，赛事承办方获得赛事承办权后，组织、制作赛事内容，再将其版权出售，由各游戏直播平台购买赛事直播权，向用户播出，其内容除了游戏画面，还包含赛事的主持、专业人员解说、镜头的选择性切换等内容。玩家个人直播是指玩家利用游戏直播平台将其操作游戏形成的游戏整体画面实时地向观众同步传播，进而了解其游戏策略和游

---

❶ 上海市浦东新区法院（2017）沪 0115 民初 77945 号民事判决书。

❷ 依据《著作权法（修订草案送审稿）》第 5 条，视听作品是"指由一系列有伴音或者无伴音的连续画面组成，并且能够借助技术设备被感知的作品，包括电影、电视剧以及类似制作电影的方法创作的作品"。

❸ 中国游戏直播市场研究报告（行业篇）［C］//上海艾瑞市场咨询有限公司. 艾瑞咨询系列研究报告（2015 年第 2 期），2015：193－243.

戏技巧，其传播的画面有可能只含有网络游戏运行产生的画面，也有可能加入了观众互动、个人评论、玩家形象或其他元素。

1. 网络游戏直播可能侵犯的专有权利

无论是何种模式的网络游戏直播，该直播行为都不可避免涉及对网络游戏画面的公开传播。在不构成法定许可或是合理使用的情形下，未经著作权人许可，擅自公开传播他人作品的行为就是侵权行为。有关该行为到底侵害了著作权人的何种权利，《著作权法》2020 年修改以前，我国知识产权法学界对此是存在分歧的。有学者认为在公开的电子游戏竞赛中，展示或播放游戏画面的行为有可能侵犯著作权人的表演权或放映权；[1] 也有人主张游戏直播行为侵害的是"应当由著作权人享有的其他权利"。[2]

（1）网络游戏直播行为与表演权。

根据我国著作权法对表演权的规定，将网络游戏直播行为归入表演权的范围进行调整并不合适。

首先，根据我国著作权法及《罗马公约》第 3 条[3]规定中对"表演者"的定义，游戏主播的身份并不在法律规定的"表演者"范围内。其次，游戏直播必然是在运行游戏的过程中进行的，而玩家在进行游戏直播时操作游戏的行为追求的是在遵守既定规则的前提下完成任务、赢得胜利的目标。无论游戏比赛玩家操作的角色的动作、走位和技巧多么巧妙，其行为也不是在追求美感和艺术享受，而是一个实现操作实用性最大化的过程，并且其中融入的玩家对游戏的独到见解也属于思想而非表达，此时电子竞技选手的行为无异于体育竞技运动员的表现，并不属于表演的过程。最后，游戏直播目的在于形成"网络围观"，且他人"围观"主要是为了学习经验或对其技巧与业绩进行评价，并不是为了欣赏游戏中的固有画

---

[1]　崔国斌. 认真对待游戏著作权［J］. 知识产权，2016（2）：3 – 18.

[2]　李扬. 网络游戏直播中的著作权问题［J］. 知识产权，2017（1）：14 – 24.

[3]　《保护表演者、音像制品制作者和广播组织罗马公约》第 3 条，"表演者是指演员、歌唱家、音乐家、舞蹈家和表演、歌唱、演说、朗诵、演奏或以别的方式表演文学或艺术作品的其他人员"。

面。● 由此可见，网络游戏直播并不是为了公开传播游戏画面这一作品，不符合表演权的特点。

（2）网络游戏直播行为与信息网络传播权。

关于网络游戏直播行为是否应受信息网络传播权的规制，应当区分不同类型的直播行为分别进行讨论。对于游戏玩家在各直播平台进行的个人直播，按照网络游戏直播的流程，玩家可在自行选定的时间内运行、操作游戏的同时辅之以解说，其直播画面将自动同步、实时上传至网络服务器，供观众观看。而大型电子竞技比赛通常在特定的赛季举办，因此在网络游戏赛事直播节目播出前，一般各网络视频平台或是网络直播平台都会提前发布节目预告，通知观众直播的内容及其时间。信息网络传播权最大的特点在于其"交互性"，即用户可以根据自己的需求，自由主动地获取信息。而无论是个人直播还是赛事直播，由于其具有实时性，观众只有在固定的时间进入直播间才能观看特定的内容，进行弹幕评论、点赞、赠送礼物等互动交流活动，并不能自由地任意选择他人开播的时间，因此并不属于"交互式传播"，此行为难以受到信息网络传播权的规制。

（3）网络游戏直播行为与广播权。

相对于信息网络传播权，广播权的特点就在于其"非交互性"以及采取"点对多"的传播模式。我国《著作权法》在 2020 年修改以前，有关广播权的定义主要来自《伯尔尼公约》第 11 条，广播权规制的行为包括三种，分别是：无线广播、以无线或有线方式转播以及公开播放接收到的广播。2020 年修改《著作权法》将广播权的调整范围从"无线广播 + 以有线或无线方式转播"扩大为"以有线或无线的方式传播或转播"，这样一来，网络游戏直播行为就可以落入"广播权"的规制范围内，以规制网络直播行业的侵权乱象。

2. 网络游戏直播行为是否构成合理使用

我国《著作权法》2020 年修改时吸纳了《著作权法实施条例》第 21 条规定的"三步检验法"。与我国不同的是，《美国版权法》第 107 条对合

● 王迁. 电子游戏直播的著作权问题研究［J］. 电子知识产权，2016（2）：11 – 18.

理使用的规定并不要求被使用作品是已经出版的。鉴于我国司法实践对美国版权法的"四要素标准"进行了借鉴,本书结合我国《著作权法》对其逐一加以分析。

(1) 使用行为的性质和目的。

在网络游戏直播行业中,各大直播平台和游戏主播的紧密合作意味着直播时使用游戏画面的行为并不是为了"个人"的学习、研究或欣赏。游戏直播具有较强的互动性和社交性,观看游戏直播的人群可以通过设置的弹幕系统进行评论、打赏和话题讨论等方式与主播进行交流,主播通过摄像头与观众面对面,根据观众的反馈实时调整自己的直播表现,游戏直播互动性强的特点使其超越了个人使用的范畴。

网络游戏直播产业所蕴含的商业价值日益彰显,其盈利的关键在于用户流量的多少,即观众人数的多少。直播平台与游戏主播紧密合作,通过提供各种娱乐服务和视听体验以吸引用户流量谋取经济利益。不管是直播平台还是游戏主播都能够通过插播广告、售卖虚拟道具、收取会员费、打赏变现等方式从游戏直播产业中分得巨大的利润。特别是对于"网红"主播来说,其个人能为直播平台带来的流量也促使直播平台不惜花费重金从其他竞争对手中挖角,这种追逐商业利益最大化的网络游戏直播行为显然不能构成我国《著作权法》所规定的"为个人学习、研究或欣赏,使用他人已经发表的作品"这种合理使用情形。若是普通的游戏玩家在直播平台仅是出于兴趣爱好,为交流和学习游戏技巧、分享体验心得进行的非营利性直播,可以构成合理使用的这种情形。

关于使用游戏画面行为的性质,有观点认为,游戏直播并不是为了单纯地再现画面本身的美感或所表达的思想感情,而是展示特定用户的游戏技巧和战果,因而具有转换性,构成转换性使用。[1] 笔者认为,游戏直播对于游戏运行画面的利用难以构成转换性使用。游戏主播和直播平台在网络游戏直播的过程中做出的具有一定独创性的表达,如评论、解说、画面剪辑、录像制品等固然是游戏直播吸引观众的重要因素,但其相比于所展示的游戏画面仍然处于附属的地位,因为"特定用户的游戏技巧和战果"

---

[1] 王迁. 电子游戏直播的著作权问题研究 [J]. 电子知识产权, 2016 (2): 11-18.

无法脱离游戏画面而存在，观众若想要欣赏和学习游戏的操作技巧必然是在欣赏游戏画面本身及其蕴含的思想感情，游戏画面在直播中是处于核心地位的。换句话说，即使游戏直播行为增加了新的内容、理念和视角，传达出游戏主播的感情抒发和个性化表达，具有一定的转换性，由于其高度依赖游戏运行画面的视听效果，它的转换性也是较低的。

（2）被使用作品的性质。

一般而言，被使用的作品若是虚构作品，会比事实性或功能性作品的独创性高。被使用的作品独创性的高低对使用行为是否构成合理使用的判断会产生影响，独创性程度越高的作品受到保护的力度越大，换言之，构成合理使用的可能性越小。游戏运行画面是在玩家的操作下调用了游戏资源库中的各种素材，有机结合了人物关系、故事情节、动画视频、音效、美术画面等呈现在游戏玩家面前的虚构作品，这种作品给玩家带来的视听享受和娱乐体验与电影作品相类似。在司法实践中也有越来越多的游戏画面被认定为类电影作品而获得保护，网络游戏直播中使用的游戏运行画面因其具有较高的独创性，不利于游戏直播行为对游戏画面构成合理使用的认定。

（3）被使用部分的数量和质量。

在游戏直播中，使用游戏画面的时长、内容多少及其重要性是判断"被使用部分的数量和质量"的重要参考因素。所使用部分的数量越多及该部分对原作的重要性越大，则其替代原作、成为竞争产品的可能性就越大，因此若要构成合理使用，要求被使用部分的数量及其重要性是适度且必要的。

无论是游戏玩家的个人直播还是大型电竞赛事的直播都将游戏画面作为其直播的主要内容，因为所有的直播内容都要以玩家在游戏画面中展现的人物关系和对话、故事剧情发展、地图及关卡设置和技能特效等内容为基础。虽然直播的过程中会加入主播或者主持人对画面的解说、双方战况的评论、背景音乐甚至是对赛事期间的镜头切换等元素，但游戏直播的焦点仍然在于游戏画面本身，观众在观看游戏直播时关注的是特定玩家在游戏中的激烈厮杀和对抗情景及其过程中展现的技巧和战果，归根到底游戏画面是直播不可或缺的实质部分。如果缺少游戏画面，网络游戏直播就如同无源之水、无本之木。由于网络游戏的运行具有连贯性，大多数主播都在直播中演示操作游戏的全过程，而非使观众摸不着头脑的某个已"掐头去尾"的部分片段，游戏直播中对游戏整体画面的使用数量很多甚至是完整地复制了游戏运行画面，这显然已经超过了适当引用的程度。因此，网络游戏直播行为不能构成我国《著作权法》所规定的"为介绍、评论某一作品或说明某一问题，在作品中适当引用他人已经发表的作品"这种合理使用情形。

（4）使用行为对作品潜在市场或价值的影响。

随着信息网络技术的快速发展，各类作品的传播方式和使用方式都呈现发展变化的趋势。目前的游戏直播行业主要针对的是互动频率高、对抗性强的竞技类游戏，在此类游戏中玩家注重的是在游戏中运用战术和技巧战胜对手，体验胜利的感觉，玩游戏所能获得的心理满足绝非仅仅通过在直播中观看他人对战就能获得满足，就如同热衷于观看体育赛事节目的球迷们并不会因此以此来替代自己在运动场上的"实战"。因此，观看网络游戏直播节目并不会替代游戏市场本身，反而一些大型赛事直播节目还能使某款游戏在一段时间内成为"热点"或是"爆款"，激发广大游戏玩家的兴趣，为其起到广告宣传的作用。但这不能代表游戏直播对原作品潜在市场或价值没有影响，具体理由如下：首先，基于游戏开发者为制作游戏承担了巨大的成本和风险，游戏画面的著作权人对其作品的使用应当享有支配权，无论其使用方式是否在著作权人的预料之内，因此不能排除游戏开发商将直播作为自己营利的目标市场；其次，在现实中一般游戏运营商都会在玩家正式购买或开始运行游戏前，要求与其订立用户使用许可协议，其中就约定了玩家不得将游戏运行画面擅自公开传播，这也表明游戏开发者并没有放弃对游戏运行画面进行进一步商业利用的可能；最后，随着游戏直播的运营模式逐渐成熟以及技术、市场的拓宽，游戏开发商也在对自己游戏内容的传播渠道加大掌控力度，因此越来越多游戏开发商也进军游戏直播这一行业，而未经许可直播他人享有权利的游戏画面的第三方无疑就在无形之中挤占了著作权人在游戏直播市场中潜在的市场份额空间。

综上所述，网络游戏直播构成合理使用的可能性不是很大。无论是为了平衡游戏开发商或运营商、直播平台、游戏主播个人及广大玩家和观众等各方之间的利益，还是从加强对网络直播行业的监管并且促进网络游戏和直播行业的良性发展角度出发，网络游戏直播行为都不宜被认定为合理使用。在未经游戏著作权人许可或授权的情况下，擅自在网上公开传播游戏运行画面的行为属于侵权行为，直播平台和游戏主播都应当承担相应的法律责任。

三、延伸阅读案例：苏州蜗牛公司诉成都天象公司、北京爱奇艺公司侵害著作权纠纷案

1. 案情介绍●

原告苏州蜗牛数字科技股份有限公司（以下简称"蜗牛公司"）系《太极熊猫》手机游戏软件的著作权人，该款软件 1.0 版本开发完成时间为 2014 年 5 月 15 日。被告成都天象互动科技有限公司（以下简称"天象公司"）、北京爱奇艺科技有限公司（以下简称"爱奇艺公司"）系《花千骨》手机游戏软件的著作权人，该款软件 1.0 版本开发完成时间为 2015 年 3 月 6 日。安智市场软件下载平台中公开信息显示，安卓系统《花千骨》手游最早上线版本 1.1.0 上线时间为 2015 年 6 月 19 日。蜗牛公司主张，《花千骨》游戏在游戏结构、玩法规则、数值内容、投放节奏和软件文档五个方面与《太极熊猫》游戏构成实质性相似，向江苏省苏州市中级人民法院提起诉讼，诉讼请求为：（1）判令天象公司、爱奇艺公司立即停止著作权侵权行为，停止复制、改编《太极熊猫》游戏的行为，停止通过信息网络向公众传播或以其他任何形式传播侵权作品《花千骨》游戏的行为，即下架目前所有在线运营的《花千骨》游戏；（2）判令天象公司、爱奇艺公司在公开媒体上赔礼道歉，消除因著作权侵权行为对蜗牛公司造成的不利市场影响；（3）判令天象公司、爱奇艺公司连带赔偿蜗牛公司经济损失

● 案情介绍和法院裁判参见江苏省苏州市中级人民法院（2015）苏中知民初字第 00201 号民事判决书、江苏省高级人民法院（2018）苏民终 1054 号民事判决书。

3000 万元；（4）天象公司、爱奇艺公司承担本案诉讼费用。

2. 法院裁判

江苏省苏州市中级人民法院认为，涉案《太极熊猫》游戏运行动态画面整体和游戏整体画面中游戏玩法规则的特定呈现方式构成我国著作权法保护的客体。网络游戏中对于玩法规则的具有独创性的表达，可以在一定程度上受到著作权法的保护。《花千骨》游戏在游戏玩法规则的特定呈现方式及其选择、安排、组合上整体利用了《太极熊猫》的基本表达，并在此基础上进行美术、音乐、动画、文字等一定内容的再创作，基于蜗牛公司取证视频比对结果，结合《花千骨》游戏计算机软件著作权登记文档中使用的均为《太极熊猫》游戏的元素和界面以及双方游戏界面中实际存有较多文字细节雷同以及设计缺陷的雷同等事实，法院认定《花千骨》游戏在游戏规则玩法的设计开发和实现过程中，对于《太极熊猫》整体游戏规则设计的表达内容不加辨别的整体照搬和复制，远远超出了合理使用范畴，侵害了著作权人享有的改编权，故判决如下：（1）天象公司、爱奇艺公司立即停止改编《太极熊猫》安卓 1.1.1 版本游戏并通过信息网络向公众提供改编作品的行为（已履行）；（2）天象公司、爱奇艺公司在判决生效之日起 30 日内共同在蜗牛公司认可或经一审法院指定的全国性报刊上刊登声明以消除其侵权行为给蜗牛公司造成的影响（声明内容须经一审法院审核，逾期不履行的一审法院将在同等范围内刊登本判决内容，相关费用由天象公司、爱奇艺公司负担）；（3）天象公司、爱奇艺公司在判决生效之日起 10 日内连带赔偿蜗牛公司经济损失 3000 万元；（4）驳回蜗牛公司的其他诉讼请求。一审案件受理费 191 800 元，由天象公司、爱奇艺公司共同负担。

被告天象公司、爱奇艺公司不服❶，向江苏省高级人民法院提起上诉。

江苏省高级人民法院认为，一审法院以包含游戏玩法规则及所有游戏素材的游戏运行整体画面为比对基础，以期实现对网络游戏的整体保护，系在现行法律体系框架内的合理判断，具有相应的事实基础和法律依据。

---

❶ 江苏省苏州市中级人民法院（2015）苏中知民初字第 00201 号民事判决。

《太极熊猫》游戏的整体运行画面和游戏中玩法规则的特定呈现方式可以被认定为著作权法保护的客体，蜗牛公司提交的大量证据已经可以证明，《花千骨》游戏实质上利用了《太极熊猫》游戏中玩法规则的特定表达内容，实施了对《太极熊猫》游戏的"换皮"抄袭，构成著作权侵权，一审法院认定的3000万元赔偿数额及相关认定正确。二审法院判决驳回上诉，维持原判。

参考阅读资料

［1］丛立先．网络游戏直播画面的可版权性与版权归属［J］．法学杂志，2020（6）．

［2］王迁．电子游戏直播的著作权问题研究［J］．电子知识产权，2016（2）．

［3］王迁，袁锋．论网络游戏整体画面的作品定性［J］．中国版权，2016（4）．

［4］崔国斌．认真对待游戏著作权［J］．知识产权，2016（2）．

［5］李扬．网络游戏直播中的著作权问题［J］．知识产权，2017（1）．

［6］孙玉荣，李贤．网络游戏直播的侵权风险与合理使用问题探析［J］．科技与法律，2020（4）．

［7］孙玉荣，等．著作权法前沿热点问题探究［M］．北京：知识产权出版社，2020．

［8］孙磊．电子游戏司法保护研究［M］．北京：知识产权出版社，2018．

［9］祝建军．网络游戏直播的著作权问题研究［J］．知识产权，2017（1）．

［10］夏佳明．电子游戏直播中知识产权保护研究［J］．电子知识产权，2016（2）．

［11］郝敏．网络游戏要素的知识产权保护［J］．知识产权，2016（1）．

第三章　人工智能生成内容的著作权保护

一、典型案例

（一）北京菲林律师事务所诉百度网讯公司著作权侵权纠纷案

1. 案情介绍●

北京互联网法院公开开庭审理的原告北京菲林律师事务所（以下简称"菲林律所"）诉被告北京百度网讯科技有限公司（以下简称"百度网讯公司"）一案受到社会各界的普遍关注。原告菲林律所向法院提出如下诉讼请求：（1）请求法院判令被告百度网讯公司立即停止侵权，删除百家号上"点金圣手"发布的《影视娱乐行业司法大数据分析报告——电影卷·北京篇》（以下简称"涉案文章"）；（2）请求法院判令被告赔礼道歉、消除影响，在"点金圣手"百家号账号上发布道歉声明；（3）请求法院判令被告赔偿原告经济损失1万元；（4）请求法院判令被告赔偿原告为维权所支出的合理费用30元。事实与理由如下：原告主张，涉案文章系文字作品和图形作品，于2018年9月9日首次在菲林律所微信公众号上发表。2018

● 参见北京互联网法院（2018）京0491民初239号民事判决书。

年 9 月 10 日，"点金圣手"未经许可在被告经营的百家号平台上发布被诉侵权文章，侵害了原告的信息网络传播权。被告删除了涉案文章的引言、检索概况、电影行业案件数量年度趋势图和结尾的"注"部分，侵害了原告的保护作品完整权。被告删除了涉案文章的署名，侵害了原告的署名权。被告的侵权行为对原告造成了经济损失。诉讼过程中，原告放弃其第 1 项诉讼请求，变更第 2 项诉讼请求为"请求判令被告赔礼道歉、消除影响，在百家号平台上发布道歉声明"，变更第 4 项诉讼请求为"请求判令被告赔偿原告为维权所支出的合理费用 560 元"。

被告百度网讯公司辩称：（1）涉案文章不具有独创性，系采用法律统计数据分析软件（即威科先行法律信息库，简称"威科先行库"）获得的报告，报告中的数据并不是原告经过调查、查找或收集获得的，报告中的图表也不是由其绘制所得，而是由威科先行库自动生成的，因此涉案文章不是由原告通过自己的智力劳动创造获得，不属于著作权法的保护范围。（2）原告不是本案的适格主体。（3）原告没有证据证明百家号平台发布了被诉侵权文章。涉案文章的引言和注释部分不属于涉案文章的主要内容，且被告未对涉案文章内容进行编辑、删除，即使有删除行为，也没有对涉案文章进行歪曲篡改而造成其思想的误读，故被告未侵害原告的保护作品完整权。百家号是信息存储平台，被告不对内容进行实质审查，未实施侵权行为。（4）原告主张被告赔礼道歉没有事实和法律依据。综上，请求法院依法驳回原告菲林律所的全部诉讼请求。

2. 法院裁判

北京互联网法院经审理后于 2019 年 4 月 25 日作出如下判决：被告在百度百家号平台首页上连续 48 小时刊登道歉声明，为原告消除影响，并赔偿原告经济损失 1000 元及合理费用 560 元，驳回原告北京菲林律师事务所的其他诉讼请求。

菲林律所不服一审判决，向北京知识产权法院提起上诉，二审法院认为，北京互联网法院关于涉案文章中的图形不构成图形作品的认定是正确的，且对侵权损害赔偿数额的判定也是合理的，对此均予以确认。一审判决结果正确，依法予以维持，但是一审法院关于百度公司不侵犯保护作品

完整权的认定于法无据，予以纠正。综上，二审法院判决结果：驳回上诉，维持原判。❶

3. 焦点分析

本案的争议焦点如下：（1）原告是否为适格的主体；（2）被告是否实施了被诉侵权行为；（3）被告主张不构成侵权的抗辩是否成立。

要回答原告是否为适格主体的问题，首先需要对涉案文章的性质及权益归属问题进行分析判断。

（1）原告主张的图形是否构成图形作品。

图形作品是指为施工、生产绘制的工程设计图、产品设计图，以及反映地理现象、说明事物原理或者结构的地图、示意图。图形构成作品需具有独创性。涉案文章中的图形部分是菲林律所基于收集的数据，利用相关软件制作完成，虽然会因数据变化呈现出不同的形状，但图形形状的不同是基于数据差异产生，而非基于创作产生。针对相同的数据，不同的使用者应用相同的软件进行处理，最终形成的图形应是相同的；即使使用不同软件，只要使用者利用常规图形类别展示数据，其表达也是相同的，故上述图形不符合图形作品的独创性要求，涉案文章中的图形不构成图形作品。

（2）原告主张的文字是否构成文字作品。

关于威科先行库自动生成的分析报告是否构成作品的问题。一审法院认为，具备独创性并非构成文字作品的充分条件，根据我国著作权法的规定，文字作品应由自然人创作完成，即自然人创作完成仍应是著作权法上作品的必要条件。涉案文章系威科先行库利用输入的关键词与算法、规则和模板结合形成的，不是自然人创作的，因此该分析报告即使具有独创性，也不是著作权法意义上的作品，不能认定威科先行库是作者并享有著作权法规定的相关权利。一审法院同时指出：虽然分析报告不构成作品，但不意味着其进入公有领域，可以被公众自由使用。

关于涉案文章是否为威科先行库自动生成。一审法院认定，涉案文章

的文字内容并非威科先行库"可视化"功能自动生成，而是原告独立创作完成，具有独创性，构成文字作品。被告的抗辩不能成立。

（3）被告是否侵害原告享有的著作权。

本案中，被告辩称百家号平台是信息存储平台，一、二审法院对此均不持异议。本案审理过程中，原告曾主张被诉侵权文章由百家号用户提供，后转而主张被诉侵权文章由被告提供。法院认为，经营者在提供信息存储空间服务等技术服务的同时，并不能排除同时提供内容服务（作品、表演、录音录像制品等）的可能。

①百家号平台是否存在被诉侵权文章。一审法院认为，原告主张被告实施了提供被诉侵权文章行为，应当承担举证证明责任，原告初步举证证明通过百家号平台能够获得被诉侵权文章，若被告仍辩称其未实施提供内容行为，应由被告承担相应的举证证明责任。本案中，原告提交了被诉侵权文章的网页截图，显示被告经营的百家号平台上存在被诉侵权文章。法院认为，原告已完成初步举证责任，被告未提交相反证据证明其未实施上述行为，应承担举证不能的民事责任。综上，法院确认在原告取证之时，被告经营的百家号平台上存在被诉侵权文章。

②被告向用户提供服务的性质。本案中被告主张其仅提供信息存储空间服务，辩称其平台上不存在被诉侵权文章，但未提供证据予以证明。法院认为，被告作为网络服务的提供者，持有并管理相关用户信息及提供相关服务时留存的信息。在原告已提交初步证据证明百家号平台上存在被诉侵权文章的情况下，被告应进一步提供证据或证据线索，如提供证明百家号平台上被诉侵权文章的上传者是否存在的相关证据。因被告未提供关于上传者的相关证据，故对被告在本案中仅提供信息存储空间服务的抗辩，法院不予采信，故而认定被告通过信息网络向公众提供了被诉侵权文章。

③被告是否侵害原告享有的权利。被告未经许可，在其经营的百家号平台上向公众提供了被诉侵权文章内容，供公众在选定的时间、选定的地点获得，侵害了原告享有的信息网络传播权，应承担相应的民事责任。故原告要求被告赔偿经济损失的主张，法院予以支持。

原告主张被告侵害了其享有的署名权。北京互联网法院认为，署名权即表明作者身份，在作品上署名的权利。本案中，原告创作完成涉案文章后，在文章中标注了名称，并注明原创；而在被告提供的被诉侵权文章中，删除了其署名，且出现了"点金圣手"的字样，足以导致相关公众误认为"点金圣手"系作者，侵害了原告享有的署名权。被告应以合理的方式向原告赔礼道歉、消除影响。

原告主张被告侵害了其享有的保护作品完整权。一审法院认为，本案中，将百家号平台上的被诉侵权文章与原告微信公众号上的涉案文章相比较，前者删除了原告为整个系列作品创作的引言、检索概况，电影行业案件数量年度趋势图和结尾的"注"部分，上述内容均非体现涉案文章独创性表达的主要内容，未歪曲、篡改原告表达的思想，故对原告的该项主张，一审法院不予支持。❶ 二审法院认为，百度公司发布的文章删除了涉案作品引言、检索概况，电影行业案件数量年度趋势图和结尾的"注"部分，被删除的内容从篇幅上看，占涉案作品的 20% 左右；从内容上看，"引言"部分表达了创作的初衷和目的，"检索概况"部分说明了作者的数据采集思路和方式，结尾"注"的部分写明了作者对系列作品的规划，指明涉案作品在系列作品中的地位，以上内容都是涉案作品的重要组成部分，属于涉案文章中具有独创性表达的内容，应受著作权法关于作品完整权的保护。百度公司违背菲林律所意愿，擅自删除涉案作品首尾等部分内容，影响了涉案作品表达的完整性，属于对原作品的歪曲、篡改，侵犯了菲林律所就涉案作品享有的保护作品完整权。❷

笔者认为，本案的争议焦点是将关键词输入计算机软件，依据算法、规则和模板自动形成的分析报告是否属于著作权法意义上的作品，计算机软件报告自动生成过程中的相关方，如软件开发者和软件使用者是否享有著作权法规定的相关权利，以及菲林律所对其在以上分析报告基础上整理的文章是否享有著作权。

媒体关于此案的报道中所使用的"全国首例人工智能生成内容著作权案"❸ 的表述，笔者认为并不准确。在法院的判决书中并未出现"人工智

---

❶ 北京互联网法院（2018）京 0491 民初 239 号民事判决书。

❷ 北京知识产权法院（2019）京 73 民终 2030 号民事判决书。

❸ 《法制日报》记者徐伟伦撰写的《全国首例人工智能生成内容著作权案一审宣判》在法制日报—法制网 2019 年 5 月 7 日发表后被多家媒体报道转载。

能"或"AI"的字眼，而是采用了"计算机软件自动生成"的表述。涉案文章是将关键词输入计算机软件，通过既有的算法和模板自动生成的产物，这至多只能算作弱人工智能的生成物，而不是下文要讨论的人工智能的生成内容。当前人工智能技术风起云涌，人工智能通常指的是能够进行机器学习，智能化水平相仿人类的计算机程序。法院在判决中并未将涉案文章认定为人工智能作品或人工智能生成内容，将此案认定为我国人工智能生成内容著作权第一案并不合适。

本案中，原告菲林律所采用的计算机软件是由"威科案例"所提供，在该程序中可以设置检索条件，如关键词、审理法院、审判时间、案由等，在选择"可视化"条件后，程序会自动生成可视化的大数据报告，报告形式涵盖曲线图、柱状图、圆环图等形式的可视化分析图形，通过图形的形式对数据进行分析。原告菲林律所在生成的报告基础上进行修改和整理，才有了在其微信公众号上发布的《影视娱乐行业司法大数据分析报告——电影卷·北京篇》一文。

对于威科案例自动生成的分析报告是否构成作品的问题是此案的一大争议焦点，从分析报告生成过程看，选定相应关键词，使用"可视化"功能自动生成的分析报告，其内容涉及对电影娱乐行业的司法分析，符合文字作品的形式要求，"涉及的内容体现出针对相关数据的选择、判断、分析，具有一定的独创性"❶。但是，北京互联网法院同时认为，具备独创性并非构成文字作品的充分条件，并不是具备了独创性就构成了著作权法意义上的作品，文字作品的创作主体应该是自然人。虽然随着计算机技术的不断发展进步，由计算机软件智能生成的一部分内容在外在表现形式上和自然人作品越来越接近，甚至出现了与人类作品不相上下的程度。但是，若在现行法律的权利保护体系内可以对此类软件的智力、经济投入予以充分保护，则不宜对民法主体的基本规范予以突破。因此，一审法院认为，"自然人创作完成仍应是著作权法上作品的必要条件"，计算机程序在智能生成的过程中虽然涉及计算机软件的开发者和使用者，但由于最终产生的分析报告并未传递开发者的思想与情感表达，因此并不能认为计算机智能

---

❶ 北京互联网法院（2018）京 0491 民初 239 号民事判决书。

生成内容是开发者意志的体现。对于软件的使用者，虽然提供了相应的关键词等检索条件，但亦不应认为最后可视化报告的产生体现其思想和意志。因此，该分析报告的产生，不能够认为是软件开发者和使用者创作产生，以上两方均不是该报告的作者。该报告系威科先行库利用输入的关键词与算法、规则和模板结合形成的，某种意义上讲可认定威科先行库"创作"了该分析报告。由于该报告的创作主体不是自然人，因此即使其外在表现上具备独创性，但仍然不应认定其为著作权法意义上的作品。❶ 笔者对该判决书的上述部分不能表示全部认同。法院认为，涉案作品具有独创性，这是正确的。本案中，最终产生的分析报告虽是由计算机程序自动生成，但是该计算机程序不过是作为创作工具而存在，该计算机智能生成内容是软件开发者和使用者意志的体现。本案原告仅是软件的使用人，这是该案与深圳腾讯公司诉上海盈讯公司侵害著作权纠纷案的最大区别。除此之外，两个案件中的涉案软件性质不同，腾讯机器人 Dreamwriter 自动撰写的稿件和本案中威科检索系统自动生成的分析报告性质根本不同。一南一北两个法院作出的不同判决除了因为案情本身的差别，也反映了法官在判案过程中对我国著作权法律条文的不同解读。

（二）深圳腾讯公司诉上海盈讯公司著作权侵权纠纷案

1. 案情介绍❷

2019 年 9 月 4 日广东省深圳市南山区人民法院公开审理了原告深圳市腾讯计算机系统有限公司诉被告上海盈讯科技有限公司侵害著作权及不正当竞争纠纷一案。原告深圳市腾讯计算机系统有限公司请求法院判令被告立即停止通过信息网络对外传播原告享有著作权的文章及不正当竞争行为并连续一个月在其官方网站首页显著位置刊登改正其侵权行为的声明、消

---

❶　北京互联网法院（2018）京 0491 民初 239 号民事判决书。
❷　案情简介及法院认定和判决结果部分参见广东省深圳市南山区人民法院（2019）粤 0305 民初 14010 号民事判决书。

除侵权行为的不良影响，赔偿原告经济损失 1 万元及公证费和律师费等合理开支 9000 元。事实与理由如下：Dreamwriter 计算机软件（下称"涉案软件"）是腾讯科技（北京）公司于 2015 年自主开发的一套基于数据和算法的智能写作辅助系统，已将其软件著作权许可给原告使用。2018 年 8 月 20 日在腾讯证券网站上首次发表的《午评：沪指小幅上涨 0.11% 报 2671.93 点　通信运营、石油开采等板块领涨》财经报道文章（以下简称"涉案文章"）系由原告主创人员使用 Dreamwriter 智能写作助手完成，并在文章末尾注明"本文由腾讯机器人 Dreamwriter 自动撰写"。涉案文章系由原告主持，代表原告意志创作，并由原告承担责任的作品，原告依法应视为涉案文章的作者，涉案文章作品的著作权归原告。被告上海盈讯公司未经许可在原告文章发表当日就进行了完全复制，并在其运营的"网贷之家"网站通过信息网络向公众传播，侵犯了原告的信息网络传播权，构成不正当竞争行为。

被告在庭审中表示认可原告所主张的事实。

2. 法院裁判

法院判决被告赔偿原告经济损失及合理维权费用 1500 元，驳回原告的其他诉讼请求。

3. 焦点分析

（1）原告是否为适格的主体。

从涉案文章的外在表现形式与生成过程来分析，该文章的特定表现形式及其源于创作者个性化的选择与安排并由 Dreamwriter 软件在技术上"生成"的创作过程均满足著作权法对文字作品的保护条件，法院认定涉案文章属于我国著作权法所保护的文字作品。

我国《著作权法》规定，创作作品的公民是作者。由法人或者其他组织主持，代表法人或者其他组织意志创作，并由法人或者其他组织承担责任的作品，法人或者其他组织视为作者。本案中，原告主张涉案文章系法人作品，著作权由其享有。法院认为，根据查明的事实，涉案文章是在原告的主持下，由包含编辑团队、产品团队和技术开发团队在内的主创团队运用 Dreamwriter 软件完成，并未提及涉案文章还有其他参与创作的主体。涉案文章是由原告主持的多团队、多人分工形成的整体智力创作完成的作品，整体体现原告对于发布股评综述类文章的需求和意图。涉案文章在由原告运营的腾讯网证券频道上发布，文章末尾注明"本文由腾讯机器人 Dreamwriter 自动撰写"，其中"腾讯"署名的指向结合其发布平台应理解为原告，说明涉案文章由原告对外承担责任。故在无相反证据的情况下，法院认为涉案文章是原告主持创作的法人作品，原告是本案适格的主体，有权针对侵权行为提起民事诉讼。

（2）被告是否侵害原告享有的著作权。

被告未经许可，在其经营的网站上向公众提供了被诉侵权文章内容，供公众在选定的时间、选定的地点获得，侵害了原告享有的信息网络传播权，应承担相应的民事责任。故原告要求被告赔偿经济损失的主张，法院予以支持。庭审中，原告确认被控侵权文章已经删除，故对于其停止侵权的诉讼请求，法院不再支持。

对于侵犯著作权的行为，法院已经依照《著作权法》的具体条款对原告予以救济，不再符合《反不正当竞争法》的适用条件。因此，对原告主张被告的行为构成不正当竞争行为的诉讼主张，法院不予支持。

关于赔偿数额，因原告无证据证明因涉案侵权行为给其造成的实际损失和被告因此而实际获利的情况，故法院综合考虑作品类型、合理使用费、侵权行为的性质及后果、原告必要合理的维权支出等因素，酌定被告赔偿原告经济损失及合理的维权费用 1500 元。

至于原告要求被告在其公司网站首页刊登声明以消除影响的诉讼请求，因无证据证明被告的侵权行为对原告的商誉或原告就涉案作品所享有的著作人身权造成损害，故对该项诉讼请求依法不予支持。

此案一审判决后，引发了业界的广泛关注，被评为 2020 年中国法院 50 件典型知识产权案例。本案的核心焦点是涉案文章能否构成文字作品。深圳市南山区人民法院在判决书中并没有浓墨重彩地阐述关于机器人是否能够创作的问题，而是直接从作品的定义展开焦点问题的认定，即涉案文章是一篇股市财经综述文章，属于文学领域的表达，具有可复制性。因此，判断涉案文章是否构成文字作品的关键在于看其是否具有独创性。

首先，判断涉案文章是否具有独创性，应当从是否独立创作及外在表现上是否与已有作品存在一定程度的差异，或具备最低程度的创造性进行分析判断。涉案文章由原告主创团队人员运用 Dreamwriter 软件生成，其外在表现符合文字作品的形式要求，其表现的内容体现出对当日上午相关股市信息、数据的选择、分析、判断，文章结构合理、表达逻辑清晰，具有一定的独创性。

其次，从涉案文章的生成过程来分析是否体现了创作者的个性化选择、判断及技巧等因素。根据原告的陈述，原告组织包含编辑团队、产品团队和技术开发团队在内的主创团队运行 Dreamwriter 软件生成包含涉案文章在内的财经新闻类文章。涉案文章的生成过程主要经历数据服务、触发和写作、智能校验和智能分发四个环节。在上述环节中，数据类型的输入与数据格式的处理、触发条件的设定、文章框架模板的选择和语料的设定、智能校验算法模型的训练等均由主创团队相关人员选择与安排。涉案文章的创作过程与普通文字作品创作过程的不同之处在于创作者收集素材、决定表达的主题、写作的风格以及具体的语句形式的行为，即原告主创团队为涉案文章生成作出的相关选择与安排和涉案文章的实际撰写之间存在一定时间上的间隔。法院认为，涉案文章这种缺乏同步性的特点是由技术路径或原告所使用的工具本身所具备的特性所决定的。原告主创团队相关人员的上述选择与安排符合著作权法关于创作的要求，应当将其纳入涉案文章的创作过程。我国《著作权法》所称创作，是指直接产生文学、艺术和科学作品的智力活动。据此，具体认定是否属于创作行为时应当考虑该行为是否属于一种智力活动以及该行为与作品的特定表现形式之间是否具有直接的联系。显然本案中原告主创团队在数据输入、触发条件设定、模板和语料风格的取舍上的安排与选择属于与涉案文章的特定表现形式之间具有直接联系的智力活动。从整个生成过程来看，如果仅将 Dreamwriter 软件自动生成涉案文章的这两分钟时间视为创作过程，确实没有人的参与，仅仅是计算机软件运行既定的规则、算法和模板的结果，但该软件的自动运行并非无缘无故或具有自我意识，其自动运行的方式体现了原告的选择，也是由 Dreamwriter 软件这一技术本身的特性所决定。如果仅将 Dreamwriter 软件自动运行的过程视为创作过程，这在某种意义上是将计算机软件视为创作的主体，这与客观情况不符，也有失公允。因此，从涉案文章的生成过程来分析，该文章的表现形式是由原告主创团队相关人员个性化的安排与选择所决定的，其表现形式并非唯一，具有一定的独创性。至于 Dreamwriter 软件研发人员的相关工作与涉案文章的独创性之间有无直接的关联，考虑到本案的实际情况以及软件著作权人已和原告约定其使用授权软件所创作的作品的著作权归原告所有，已无查明必要，在所不问。❶

二、法理探究❷

人工智能产业的迅猛发展和应用引发了社会各界的广泛关注，如何应对人工智能对知识产权法的挑战，也是近年来备受各界关注的一个热点和焦点话题，特别是人工智能生成内容的著作权法律问题引起了法学界的热烈讨论，成为近年来不断升温的热门话题。对于人工智能生成内容的作品属性和它的权利归属问题，知识产权法学理论界的研究比较多，但是一直没有达成共识。关于人工智能的生成内容是否应当受到著作权法保护，法学界的观点主要可以分为两派，多数学者认为人工智能的生成内容可以作为作品纳入著作权法保护的客体范畴，❸ 少数学者则认为对于人工智能的生成内容是否构成作品的分析不应从外在表现形式入手，而应根据生成过程判断，人工智能的生成内容本质上都是算法和模板的结果，不能被认定为作品。❹ 对于人工智能生成内容的权利归属问题，目前法学界也没有统一的意见，但主流观点认为人工智能生成内容的著作权不应当归属于人工智能。❺ 笔者认为，从促进人工智能与文化产业深度融合发展的需要出发，

---

❶ 广东省深圳市南山区人民法院（2019）粤 0305 民初 14010 号民事判决书。

❷ 本部分内容已发表于《北京联合大学学报（人文社科版）》2020 年第 1 期，作者孙玉荣、刘宝琪。

❸ 吴汉东. 人工智能时代的制度安排与法律规制［J］. 法律科学（西北政法大学学报），2017（5）：128 - 136；易继明. 人工智能创作物是作品吗？［J］. 法律科学（西北政法大学学报），2017（5）：137 - 147.

❹ 王迁. 论人工智能生成的内容在著作权法中的定性［J］. 法律科学，2017（5）.

❺ 丛立先. 人工智能生成内容的可版权性与版权归属［J］. 中国出版，2019（1）.

应该尽快结束这场争论，法学界应该加快在理论上对此问题达成共识的步伐，将人工智能对著作权法的冲击降到最低，尽快在立法上对人工智能生成内容的作品属性加以明确，厘清其权利归属问题，去除人工智能在法律领域的发展障碍，知识产权要为人工智能应用产业的健康有序发展保驾护航。

（一） 人工智能生成内容获得著作权法保护的必要性

首先，保护和平衡经济利益是知识产权法的重要目标。给予内容创作者和传播者以专有权利来获得合理的经济回报，可以激励其生产更多的内容，促进文化产业的健康有序发展。倘若创作者和其背后的投资者无法从创作活动中获得回报，必将难以保证其进行下一步创作和投资的积极性。❶回顾知识产权法的发展历程，能够看到对于产业投资者的保护贯穿始终。人工智能作为新兴产业，对技术和资金需求十分旺盛，对于投入庞大资金和人力、以营利为目的的企业来说，其生产成果如果得不到法律保护，必将挫伤其投资积极性，从而对行业发展产生不利影响。人工智能的未来发展前景不可限量，随着海量的资金和人财物投入行业中，其生成内容达到甚至超过人类水平指日可待。如果与人类作者的作品并无二致的人工智能生成内容得不到著作权法的保护，那么市场中的参与者必然选择无须支付报酬的人工智能生成内容，而人类创作者的发展空间则会受到前者的挤压，从而降低了人类作者进行文艺创作的积极性，这也是与著作权法立法目的背道而驰的。因此，无论是出于保护投资人的经济回报，还是保护人类文艺创作的积极性，繁荣人类文化事业的目的，人工智能的生成内容都有受到著作权法保护的必要性。

其次，在新闻、绘画、音乐、文学等领域人工智能技术不断应用于实践，其生成内容大量涌现，并且取得了不容忽视的成果。《华盛顿邮报》《纽约时报》《卫报》和新华社、腾讯财经等国内外媒体已陆续引进"机

---

❶ 冯晓青. 著作权法之激励理论研究——以经济学、社会福利理论与后现代主义为视角[J]. 法律科学（西北政法学院学报），2006（6）：41-49.

器人同事"；在绘画领域，一幅名为 *Edmond de Belamy* 的画作于 2018 年 10 月在纽约佳士得拍卖行以 43.2 万美元的高价拍出。这是全世界第一次拍卖出自人工智能之手的画作；在音乐方面，作曲机器人"深度巴赫"（Deep-Bach），被称为音乐界的阿尔法狗。❶ 世界上第一个被赋予"作曲家"地位的人工智能 Aiva 已加入"法国及卢森堡作曲家协会"（SACEM），成为其历史上首个非人类会员。❷ 人工智能生成内容在各个领域的大量涌现，凸显出迫切需要对其进行法律保护的必要性。

最后，对人工智能进行规制的法律空白凸显对其进行著作权保护的必要性。人工智能技术蓬勃发展，应用场景不断涌现，一定程度上解放了人类的生产力，但同时也带来了隐患和风险。人工智能领域的法律滞后问题普遍存在，很多国家在人工智能领域的立法难以跟上技术进步的步伐。就人工智能生成内容来讲，知识产权领域同样存在立法缺失的情况。

（二）人工智能生成内容的可版权性分析

在弱人工智能的内容生成过程中，人工智能扮演的是辅助性创作工具的角色，和一般的计算机程序所提供的功能是类似的。对于此类生成内容的作品属性认定问题早在 20 世纪就已经得到解决，即弱人工智能生成的内容因其本质属于人类通过辅助型工具进行创作的结果，无疑应当认定为作品，属于著作权法保护的客体范畴，理论和实务界对此并无争议，也不是本书所讨论的重点。目前引起争议的是强人工智能生成的内容，即智力水平已经接近人类的人工智能所生成的内容是否属于著作权法保护的作品。

根据我国《著作权法》的规定，"作品"是指文学、艺术和科学领域内具有独创性并能以一定形式表现的智力成果。人工智能的生成内容，如微软小冰的诗集和画作，DeepBach 所作的曲，都是采用诸如文字、图片或

---

❶ 机器进军交响乐、歌剧领域的前奏？人工智能成功模仿巴赫清唱曲可以假乱真［EB/OL］.（2016 - 12 - 26）［2018 - 01 - 25］. http：//www. sohu. com/a/122660561_354973.

❷ 浅汐. AI Aiva：人工智能真能作曲？［EB/OL］.（2017 - 10 - 12）［2018 - 02 - 25］. http：//www. uplier. com/xqfs/7321. html.

音符等表现形式表达出来，能够被人类客观感知，因此已满足作品要件之一的"以一定形式表现"。

"独创性"是作品属性认定时最重要的考虑要素，也是考察人工智能生成内容是否属于作品的关键所在。著作权法将作品的独创性视为作品的本质属性，独创性是作品的灵魂，但是我国著作权法并没有对"独创性"作出明确规定，因而对于人工智能生成内容是否具有独创性，学者之间出现了较大的分歧，一种观点主张对于独创性的评判应当倾向于客观化标准，❶因为作品一旦创作完成，其就成为独立的客观表达，也只有这种独立存在的客观表达能被其他人所感知。从这个角度出发，无论是独立性和创造性，都未将人工智能排除在外，给予了认定其独创性的可能。另一种观点则认为"独创性"体现在"作品源于作者独立的、富有个性的创作"❷，是作者精神与意识的产物，这就排除了人工智能生成内容被认定为作品的可能性。笔者认为，对于独创性的判断应该聚焦于作品本身的产生过程，更多考虑客观标准。如果过于聚焦其创作主体的问题，会陷入"因为主体不是人，所以没有独创性；因为没有独创性，所以不是作品"的逻辑怪圈。❸"独创性"（originality）的英文释义包含独立性和创造性两个基本要素。所谓独立性，是指作品的表达是独立完成而非抄袭复制他人。人工智能生成的内容与在先作品不相重复的情况下，可以认同其具有独立性。而创造性则指的是具备一定程度的智力创造，既与在先作品之间存在可以识别的差异，又能体现出作者的价值选择和个性，还要对人类文化作出一定的贡献。当下人工智能生成的文学艺术作品，很多在实践中通过了图灵测试，如微软小冰的诗歌和画作，测试者很难区分其是人工智能还是人类作者所创造，甚至很多内容能够引起人类心灵层面的共鸣，就比如有人认为人工智能所绘制的抽象画体现了后现代主义的虚无，不得不承认其

---

❶ 易继明. 人工智能创作物是作品吗？[J]. 法律科学（西北政法大学学报），2017（5）：137－147.

❷ 王迁. 论人工智能生成的内容在著作权法中的定性 [J]. 法律科学（西北政法大学学报），2017（5）：148－155.

❸ 王迁. 论人工智能生成的内容在著作权法中的定性 [J]. 法律科学（西北政法大学学报），2017（5）：148－155.

具有创造性。我国《著作权法》2020 年修改时仍未对"独创性"做出进一步的说明。对于独创性的判断考量着司法者的智慧，法院对于著作权的侵权判定多采纳客观标准。因为和无法定量的主观标准相比，客观标准只需和已有作品比较是否复制或抄袭即可。一部作品只要与先前的作品相区别，就可以认定其具有独创性。依据客观标准，人工智能的生成内容是具有"独创性"的外在表达。

最后，再来看一下人工智能的生成内容是否属于文学、艺术和科学领域内的智力成果。这里的核心问题取决于"智力成果"是否必须为人类的智力成果。根据我国著作权法之规定，如果答案是肯定的，那么人工智能的生成内容即使从外在的表现形式上看与人类作品相同并且难以区分，也不能构成著作权法意义上的作品，不能受到我国著作权法的保护吗？在探讨人工智能生成内容的著作权问题时，应该采取的正确立场是："人工智能生成物，不过是人的生成物。"❶ 人工智能的生成内容表面上看是人工智能形成的，但从根本上来看，其实是人工智能的创设者或控制人基于技术实现的。❷ 因此，人工智能技术并未对现有著作权法律制度造成颠覆性冲击，完全可以根据我国《著作权法》对人工智能生成内容的作品属性及其权利归属作出合理安排和解释。❸《著作权法》（2020）虽未将人工智能生成内容规定为作品的一种具体类型，但是对于"作品"的定义进行了修改，突破了作品类型法定原则，形成"作品类型开放"的格局。关于作品种类的几项列举中虽未将人工智能生成内容纳入其中，但规定了"符合作品特征的其他智力成果"这一兜底条款，这是正确的立法选择。虽有学者仍坚持"智力成果"必须是自然人创作的，但还是有很多学者认为人工智能生成内容可以作为著作权法意义上的作品获得保护。在理念上从"人类创作为中心"向"人类受众为中心"转变，并不需要知识产权法律制度发

---

❶ 李扬. 著作权法基本原理［M］. 北京：知识产权出版社，2019：90.

❷ 丛立先. 人工智能生成内容的可版权性与版权归属［J］. 中国出版，2019（1）.

❸ 李扬，李晓宇. 康德哲学视点下人工智能生成物的著作权问题探讨［J］. 法学杂志，2018（9）.

生根本性的变革。❶

（三）人工智能生成内容的权利归属问题

1. 人工智能内容生成过程所涉及的主体分析

（1）人工智能。人工智能是生成内容的直接主体，人工智能自身的智能化水平高低也决定了其生成内容是否具有著作权保护的必要。主张将人工智能生成内容的著作权归属于人工智能的学者观点非常少见。学界的主流观点认为现阶段人工智能不是其生成内容的著作权主体。

（2）人工智能的开发者。人工智能的开发者负责编写程序、架构算法、迭代更新，从无到有建立起人工智能，如果没有开发者，就没有人工智能，更别提人工智能的生成内容。人工智能生成内容背后是无数计算机程序开发者的汗水和辛劳。人工智能开发者的巨大投入，有获得回报的理由。但换个角度来考虑，人工智能的开发者只是在前期负责算法的架构和数据的输入，虽然投入了一定量的劳动，但最终内容的生成有可能完全超出开发者的预想，人工智能所生成的具体内容并不能体现出开发者所要表达的思想，更很难有作品创作中的"合意"出现。

（3）人工智能的使用者。人工智能的使用者在人工智能内容生成过程中起着直接影响的作用。正是使用者对人工智能程序进行了触发，可能是轻点鼠标或按键，也有可能是输入了几个关键词语，人工智能就开始了内容生成。虽然是使用者提供的关键动作或信息激发了后续内容的问世，但很难说仅凭于此，使用者就可获得该内容的相关权利。虽然人工智能是按照使用者的或简单或烦琐的要求进行内容生成，但是，一方面，使用者并不能对即将生成内容有意志上的把控，甚至有可能在无意中触碰了按键，就产生了后续内容；另一方面，相较于人工智能的开发者和投资者投入的时间、精力和资本，使用者的投入微乎其微。

---

❶ 梁志文．论人工智能创造物的法律保护［J］．法律科学（西北政法大学学报），2017（5）：156－164．

（4）人工智能的投资者。人工智能的投资者是人工智能开发过程的组织者，并在开发过程中投入了人力、物力和资金，并承担研发失败所带来的风险。在当前的市场中，有能力进行大规模人力、物力和财力投资的往往是大企业，如谷歌、微软等。作为以营利为目的的公司而言，如果不能在大量投入和高风险之下获取利益，则其投资难以延续，也不利于人工智能行业的进一步发展。

2. 人工智能生成内容的著作权归属于投资者

上文已经讨论过，人工智能本身不能成为权利主体，所以人工智能的著作权归属问题主要牵涉人工智能的开发者、使用者和投资者这三个利益相关方，这三者都对人工智能的生成内容有着直接或间接的贡献。开发者编写了人工智能的程序算法和数据模型，并推动了人工智能的深度学习和更新迭代，是人工智能进行内容生成的前提和基础。换句话说，人工智能生成内容中被人们所认可的部分和开发者的劳动脱离不了关系，没有开发者编写人工智能程序，触发人类情感共鸣的内容也永远不会出现。使用者的指令触发了人工智能的内容生成，但如果使用者的贡献在内容生成过程中过于微小，比如仅仅是敲击一下按键便有内容产生，那么将著作权归属于使用者是不够合理的。投资者在人工智能的开发过程中投入了大量人力、物力和资金，并负担开发失败所带来的风险，如果投入和承担的风险得不到补偿，则有违公平原则。

在现行著作权法框架之下，人工智能生成内容的著作权归属问题本着契约主义原则，可以由人工智能的开发者、使用者和投资者这三个利益相关方进行约定。在没有约定或者约定不明的情况下，可以参考电影作品的权利归属安排。人工智能作为技术密集型行业，需要大量的技术与人财物的投入，而且作为新兴产业，人工智能技术从开发到投入商用尚无清晰完整的商业路径，诸多商业业态仍在摸索中，投资风险高，回收周期长。人工智能生成内容的产生是多方共同作用的结果，开发者贡献了脑力劳动，使用者的触发造成了内容的最终生成，而投资者的资金投入是前期开发活动的基础和保障。三方均对内容生成有不同程度的贡献，也都有获得著作权的合理诉求，所以人工智能生成内容的著作权面临过度分割的风险。为了保证产业投资的积极性，确保行业未来的长远发展，参考电影作品著作权归属的成功立法经验，将人工智能生成内容的著作权归属于人工智能的投资者最为合适。

权利人应该是承担法律责任的人，在考量人工智能生成内容的著作权归属问题时，应该将责任的承担考虑在内。在内容生成的过程中，难免会发生侵权的情况。诸如在生成的内容中出现了抄袭或者违法的信息，对不特定方造成了精神或物质方面权利的侵犯，应该有人承担相应责任。因此，笔者认为，基于对人工智能的开发者、使用者和投资者三方综合考量，将权利给予人工智能的投资者是最恰当的。使用者在触发过程中难以对侵权的后果有所预计，甚至存在无意中触发或是不存在使用人的情况，比如由动物按下了按键或是人工智能自行进行内容生成的情况出现，因此由使用者承担责任并不合适。而开发者可以认为是和投资人具有雇佣关系，人工智能的开发过程可以看作职务作品或雇佣作品。作为人工智能的投资者，在人工智能从开发到应用过程中，所投入的人财物都显著高于其余两方，因此人工智能生成内容的著作权归属于投资者，是比较合适的现实安排。

人工智能作为引领未来的战略性技术，已成为经济发展的新引擎和国际竞争的新焦点。因此无论是从激励创新、促进文化产业的健康有序发展和良性循环的角度来看，还是考虑要解决好法律的前瞻性和稳定性的问题，社会各界对于人工智能的生成内容进行法律保护的必要性均已达成共识。至于应该用什么样的方式对人工智能的生成内容进行保护，目前理论界和实务界还存在一些争议。因此，当务之急我们需要在人工智能生成内容能否构成作品的问题上达成共识。在此基础上，通过对《著作权法》相关条文的修改或者扩张解释对人工智能生成内容的著作权保护加以规范。毕竟对人工智能进行专门立法比《著作权法》修改这种模式启动起来要缓慢和艰难，而我们讨论问题和研究这些问题的最终目的是给人工智能产业发展保驾护航。❶

---

❶ 孙玉荣. 版权保护为人工智能发展护航［EB/OL］. （2019 – 07 – 19）［2019 – 12 – 31］. http：//tech. gmw. cn/2019 – 07/19/content_33011029. htm.

三、延伸阅读❶

人工智能（Artificial Intelligence，AI），是计算机科学的一个分支学科，一般认为它是通过计算机程序实现的仿真智能科学，主要研究和开发用于实现类似人类智慧的机器能力，其研究的主要目标是使计算机程序达到与人类相似的智能，其功能涵盖学习领域、视觉领域、语音领域以及语言领域。人工智能跨越了自然科学和社会科学的鸿沟，涉及包括计算机科学、哲学、心理学、社会学和语言学等多个不同学科的范畴。1956 年达特茅斯会议被公认为是人工智能概念的诞生与缘起之时❷，并由此掀起了人工智能发展的第一次浪潮。而人工智能发展的第二次浪潮出现在 20 世纪80 年代，伴随着计算机智能软件的广泛运用，微软、苹果等高科技巨头公司都投身其中，开发了智能操作系统。近年来，科技巨头如微软、苹果等公司又率先投入新技术的开发中，掀起人工智能发展的第三次浪潮。以阿尔法狗（AlphaGo）、微软小冰以及其他一些撰稿机器人为代表，人工智能不断应用到不同场景，开始走入人们的生活之中，在文学艺术创作领域表现不俗。2017 年 5 月，微软小冰创作的诗集《阳光失了玻璃窗》正式出版。2019 年 5 月她又化名"夏语冰"通过了中央美术学院的硕士研究生毕业考试，并于 7 月 13 日在中央美术学院美术馆以画家身份举办为期一个月的个展《或然世界 Alternative Worlds》。

学界对人工智能生成内容的表述有"人工智能的创作物""人工智能的生成物""人工智能的创造物"等，很少有人将其明确称为"智力成果"，但其实大家所指皆为同一内涵，并无歧义，人工智能的创作过程是经数据解析后再根据算法而创作出的音乐、绘画和小说等"作品"。❸ 本书之所以采用"人工智能生成内容"的表述，是因为考虑到和暗含人工智能

---

❶ 本部分内容已发表于《北京联合大学学报（人文社科版）》2020 年第 1 期，作者孙玉荣、刘宝琪。

❷ 尼克 . 人工智能简史［M］. 北京：人民邮电出版社，2017：2.

❸ 刘影 . 人工智能生成物的著作权法保护初探［J］. 知识产权，2017（9）.

生成内容具备创造性的"创作"一词相比,"生成"一词更为客观,覆盖范围更广,至于人工智能生成内容是否具有创造性需要后续进一步探究,而"内容"一词涵盖文字、画面等表现形式,在直观性上比"物"更为贴切。

对人工智能生成内容的分类须建立在对人工智能发展阶段进行划分的基础之上。根据人工智能的"智能化"程度不同,即仿真人类智慧的水平高低,人工智能的发展可以分为以下几个阶段。

(1)弱人工智能阶段。此类人工智能更多的是作为智能化工具代替简单的人类脑力劳动,根据编程者预设的算法架构线性地分析处理数据。这类人工智能往往专注于解决某类特定问题和任务,如语音和图像识别、智能翻译等。

(2)强人工智能阶段。强人工智能可以根据已有的数据进行归纳总结,并推理出逻辑框架,拥有接近于人类的高水平智能,可以对一些问题进行思考和规划,甚至能够理解复杂的概念和解决一些抽象的问题,并从已经解决的问题和经历的事件中总结经验进行深度学习。美国 IBM 公司开发的国际象棋大师深蓝(Deep Blue)、谷歌公司开发的围棋大师阿尔法狗和绘画人工智能深梦(Deep Dream)、微软公司的"小冰"等都属于此阶段的人工智能,它们都拥有从经验中深度学习的能力。

(3)超人工智能阶段。这个阶段的人工智能目前只存在于人类的想象之中,但从诸多科幻影视和文学作品中可以窥见一二,如大家熟知的 EVA,它们能够模仿人类的生物神经系统,如同人类一样进行具有思想的表达、独立思考和决策,并且拥有远超人类的智慧和与人类相仿的情感。考虑人类当下的科学技术水平距离此种人工智能的出现仍需时日,超人工智能仅是作为概念存在,其具体属性目前仍难以考量。

与强人工智能相比,弱人工智能尚未具备深度学习和神经网络,尚不能真正地归纳总结逻辑框架并自主解决问题。弱人工智能生成的内容,直接体现了人工智能使用者的意志。在内容生成的过程中仅是根据操作者的指示完成既定的数据加工处理的人工智能,其本质上来讲并不具有创作者的身份,更多是作为人类进行创作的辅助工具。比如很多人通过电脑程序"美图秀秀"的一键美化功能对输入的图片进行处理,虽然操作者只是点击了一次按键，输出的图片或局部或整体就发生变化，但本质是根据编程者预设的架构进行图片处理，并非计算机程序所进行的创作，人工智能只是作为创作工具而存在。此类生成内容不是本书所讨论的对象，因为它并未对现有的著作权法律体系造成冲击。本书所说的人工智能生成内容是指强人工智能所生成的内容，即人工智能通过神经网络和机器学习，去"理解"庞大的数据库，而后生成的内容。在此过程体现出人工智能自身的自主学习和独立思考能力，具有速度快、边际成本低的特点，其生成内容甚至与人类创作的作品难以区分。

步入 21 世纪，伴随着大数据、云计算等新技术的广泛应用，人工智能应用产业迅猛发展，在文学、音乐、绘画等艺术领域的应用，大有以假乱真甚至超越人类之势。人工智能生成内容的大量出现打破了人类很多固有的认知形式，和曾经诸多次的技术进步对法律带来的冲击一样，人工智能生成内容的大量出现向传统著作权法提出了新的挑战。

参考阅读资料

［1］吴汉东．人工智能生成作品的著作权法之问［J］．中外法学，2020（3）．

［2］吴汉东．人工智能时代的制度安排与法律规制［J］．法律科学（西北政法大学学报），2017（5）．

［3］王迁．论人工智能生成的内容在著作权法中的定性［J］．法律科学（西北政法大学学报），2017（5）．

［4］李扬，李晓宇．康德哲学视点下人工智能生成物的著作权问题探讨［J］．法学杂志，2018（9）．

［5］孙玉荣，刘宝琪．人工智能生成内容的著作权问题探究［J］．北京联合大学学报（人文社会科学版），2020（1）．

［6］孙玉荣，等．著作权法前沿热点问题探究［M］．北京：知识产权出版社，2020．

［7］丛立先．人工智能生成内容的可版权性与版权归属［J］．中国出版，

2019 (1).

[8] 刘银良. 论人工智能作品的著作权法地位 [J]. 政治与法律, 2020 (3).

[9] 梁志文. 论人工智能创造物的法律保护 [J]. 法律科学 (西北政法大学学报), 2017 (5).

[10] 孙玉荣. 版权保护为人工智能发展护航 [EB/OL]. (2019 - 07 - 19) [2021 - 03 - 21]. http：//tech. gmw. cn/2019 - 07/19/content _33011 029. htm.

第四章　短视频著作权保护问题

一、典型案例

（一）北京微播视界公司诉百度在线、百度网讯公司侵害作品信息网络传播权纠纷案

1. 案情介绍●

原告北京微播视界科技有限公司向北京互联网法院提出如下诉讼请求：（1）判令被告百度在线网络技术（北京）有限公司（以下简称"百度在线"）、百度网讯科技有限公司（以下简称"百度网讯"）立即停止对原告著作权的侵害，停止提供被控侵权短视频的在线播放及下载服务；（2）判令二被告在百度网网站首页及伙拍小视频客户端首页显著位置连续24小时刊登声明，消除影响；（3）判令二被告赔偿原告经济损失100万元及合理支出5万元。

原告主张的事实与理由如下：抖音短视频网站和手机软件（合称"抖音平台"）系由原告合法拥有并运营的原创短视频分享平台。2018年5月12日，抖音平台上发布的"5·12，我想对你说"短视频（以下简称"我

● 案情简介及判决结果参见北京互联网法院（2018）京0491民初1号民事判决书。

想对你说"短视频），系由抖音平台用户"黑脸 V"独立创作完成并上传，作品一经发布就受到了网民的广泛赞誉，成为以类似摄制电影的方法创作的作品（以下简称"类电影作品"）。经"黑脸 V"合法授权，原告依法对"我想对你说"短视频在全球范围内享有独家排他的信息网络传播权及以原告名义进行独家维权的权利。百度在线公司为伙拍小视频手机软件 Android 系统的开发者，百度网讯公司为伙拍小视频手机软件 iOS 系统的开发者，二被告共同向用户提供伙拍小视频手机软件的下载、安装、运营和相关功能的更新、维护，并对伙拍小视频手机软件进行宣传和推广。二被告未经原告许可，擅自将"我想对你说"短视频在伙拍小视频上传播并提供下载、分享服务，从而吸引大量的网络用户在伙拍小视频上浏览观看，侵害了原告对"我想对你说"短视频享有的信息网络传播权。同时，被控侵权短视频上未显示抖音和用户 ID 的水印，二被告必然实施了消除上述水印的行为，存在破坏原告相关技术措施的故意，此行为亦构成对原告信息网络传播权的侵犯。二被告上述两项行为，给原告造成极大的经济损失，并给原告的声誉造成影响，恳请法院支持原告的全部诉讼请求。诉讼过程中，原告认可被控侵权短视频已被删除，放弃"请求判令二被告立即停止对原告著作权的侵害，停止提供被控侵权短视频的在线播放及下载服务"的诉讼请求。

二被告不同意原告的诉讼请求，共同辩称不应当承担原告诉请的法律责任。理由如下：（1）"我想对你说"短视频不具有独创性，不构成著作权法保护的作品；（2）原告主体和被告主体有不适格的情形；（3）被告二百度网讯公司不应当承担原告诉请的法律责任；（4）原告的诉讼请求缺乏事实和法律依据。

2. 法院裁判

北京互联网法院经审理后认为：（1）原告和被告是本案适格的主体；（2）"我想对你说"短视频构成类电作品；（3）二被告作为提供信息存储空间的网络服务提供者，不构成侵权行为，不应承担相关责任。因此判决驳回原告北京微播视界科技有限公司的全部诉讼请求。

3. 焦点分析❶

（1）涉案短视频是否构成著作权法意义上的作品。

按照我国《著作权法实施条例》的规定：电影作品和以类似摄制电影的方法创作的作品（以下简称"类电影作品"），是指摄制在一定介质上，由一系列有伴音或者无伴音的画面组成，并且借助适当装置放映或者以其他方式传播的作品。本案中，"我想对你说"短视频显然符合"摄制在一定介质上，由一系列有伴音或者无伴音的画面组成，并且借助适当装置放映或者以其他方式传播"这些形式要件，因此判断涉案短视频是否构成作品的关键要看其是否具有独创性。

独创性中的"独"是指独立完成，并非抄袭他人的结果。独立完成存在两种情况：一是从无到有进行独立创作，二是在现有作品基础之上进行创作。❷ 本案中涉案短视频的作者"黑脸 V"是以党媒平台和人民网发布的示范视频及网络下载图片等这些原本没有任何关系的独立元素为基础进行创作的。该短视频与抖音平台中其他参与该话题的用户制作并发布的短视频存在可以被客观识别的差异。因此，应当认定该短视频为用户"黑脸 V"独立完成，具备独创性中的"独"。

独创性中的"创"是指创作性，即智力劳动的成果，具有一定的智力水平。本案中"我想对你说"短视频的作者应党媒平台的倡议，为 2008 年 5 月 12 日发生的汶川地震中的遇难者祈福。在给定主题和素材的情形下，其创作空间受到一定的限制，体现出创作性难度较高。该短视频的画面为一名穿着黑色帽衫的蒙面男子，站在灾后废墟中以手势舞方式进行祈福。随着手势舞的进行，画面由近及远，由灰暗变为明亮。地面上的裂缝渐渐平整，倾倒的电线杆渐渐直立，画面中也出现了树木和青草，呈现出一片生机勃勃的景象，最后表演者所穿着的衣服袖子也由黑色变为红色。该短视频构成了一个有机统一的视听整体，向观众传达了一种积极的充满

---

❶ 本案焦点分析和法理探究部分内容由李嘉鑫撰写部分初稿，孙玉荣撰写大部分并对本章所有内容修改定稿。

❷ 王迁．知识产权法教程［M］．北京：中国人民大学出版社，2019：28.

希望的感情并引起观众的共鸣。作者"黑脸V"在有限的创作空间通过背景设计和制作特效等方式，将自己对主题思想的理解，通过与其他用户的短视频完全不同的个性化表达，体现了自己多方面的智力劳动成果。

综上所述，视频的长短与创作性的判定没有必然联系。涉案短视频具有独创性，属于文学、艺术和科学领域内能以一定形式表现的智力成果，满足作品的构成要件，构成著作权法意义上的作品。

（2）二被告是否构成侵权，是否承担责任。

本案中二被告作为网络服务提供者是否构成侵权，要看其实施的是直接提供作品行为还是提供信息存储空间服务。信息网络传播权控制的是在信息网络中的交互式传播行为，即以有线或无线的方式向公众提供作品，使公众可以在其个人选择的时间和地点获得作品。本案中如果被告在其运营的伙拍小视频平台中直接上传了涉案短视频，就构成对原告信息网络传播权的直接侵权。二被告主张其仅提供信息空间存储服务而没有直接在伙拍小视频平台中上传作品，应当承担举证责任。

①二被告是否构成直接侵权。

在本案中，二被告在提供伙拍小视频手机软件服务时，对外公示了其用户协议，该协议显示伙拍小视频手机软件具有供用户发布信息的功能，并对用户上传内容不得侵害他人知识产权进行了告知，公布了联系方式，且其提交的后台记录载明被控侵权短视频上传者的用户名、注册 IP 地址、注册时间、上传 IP 地址、上传时间以及联系方式等信息，可以认定被控侵权短视频系案外人上传，二被告为信息存储空间服务提供者，不构成直接侵权。

②二被告是否构成间接侵权。

网络用户利用网络服务实施侵权行为的，被侵权人有权通知网络服务提供者采取删除、屏蔽、断开链接等必要措施。网络服务提供者接到通知后未及时采取必要措施的，对损害的扩大部分与该网络用户承担连带责任。网络服务提供者知道网络用户利用其网络服务侵害他人民事权益，未采取必要措施的，与该网络用户承担连带责任。

在本案中，二被告已经提供证据证明其仅提供信息空间存储服务，涉案短视频为用户个人上传。对于用户的侵权行为，其是否具有主观过错，成为其是否承担间接侵权责任的关键。根据《最高人民法院关于审理侵害信息网络传播权民事纠纷案件适用法律若干问题的规定》（以下简称《信息网络传播权适用法律若干规定》），网络服务提供者承担间接侵权责任的主观过错包括对于网络用户侵害信息网络传播权行为的明知或者应知。人民法院应当根据网络用户侵害信息网络传播权的具体事实是否明显，综合考虑以下因素，认定网络服务提供者是否构成应知：第一，基于网络服务提供者提供服务的性质、方式及其引发侵权的可能性大小，应当具备的管理信息的能力；第二，传播的作品、表演、录音录像制品的类型、知名度及侵权信息的明显程度；第三，网络服务提供者是否主动对作品、表演、录音录像制品进行了选择、编辑、修改、推荐等；第四，网络服务提供者是否积极采取了预防侵权的合理措施；第五，网络服务提供者是否设置便捷程序接收侵权通知并及时对侵权通知作出合理的反应；第六，网络服务提供者是否针对同一网络用户的重复侵权行为采取了相应的合理措施；第七，其他相关因素。网络服务提供者在提供网络服务时，对热播影视作品等以设置榜单、目录、索引、描述性段落、内容简介等方式进行推荐，且公众可以在其网页上直接以下载、浏览或者其他方式获得的，人民法院可以认定其应知网络用户侵害信息网络传播权。本案中，原告提交的证据无法证明二被告存在对于被控侵权短视频具有明知或应知的主观过错，且二被告在收到有效投诉后，删除被控侵权短视频的行为在合理期限内，可以适用"避风港原则"，因此不构成间接侵权。

（3）涉案短视频中水印的性质。

本案中还有一个争议的焦点，原告认为短视频中的水印属于技术措施，而在伙拍小视频手机软件上传播的被控侵权短视频上未显示水印，原告认为被告删除了短视频中的水印，是对技术措施的破坏。

在短视频中添加水印是当前短视频行业的普遍做法，短视频中的水印主要包括以下信息：短视频平台、用户昵称和用户 ID 等。通常情况下，用户在某一短视频平台中播放或者下载短视频时，短视频中都会显示水印。《信息网络传播权保护条例》第 26 条规定，技术措施是指用于防止、限制未经权利人许可浏览、欣赏作品、表演、录音录像制品的或者通过信息网络向公众提供作品、表演、录音录像制品的有效技术、装置或者部件。著作权法意义上的"技术措施"用于作品、表演和录音录像制品等著作权法中的特定客体,具有阻止对这些特定客体实施侵权行为的功能。只有阻止他人实施特定行为的技术性手段,才能实现著作权法的立法目的。本案中的水印显然不能实现上述功能。从公众的视角看,水印更具备表明某种身份的属性。本案中的水印包含有"我想对你说"短视频的制作者用户 ID 号,表示了制作者的信息。水印中标注的"抖音"字样,表示了传播者的信息,因此宜被认定为权利管理信息。所谓权利管理电子信息,是指说明作品及其作者、表演及其表演者、录音录像制品及其制作者的信息,作品、表演、录音录像制品权利人的信息和使用条件的信息,以及表示上述信息的数字或者代码。权利管理电子信息不具有技术措施的功能,无法防止未经许可的接触作品和保护著作权专有权利,这是二者最主要的区别。短视频中的水印是在浏览短视频时才能显示的,而且水印也不能控制短视频的下载、转发等传播方式。北京互联网法院认为涉案短视频的水印属于权利管理信息,而且涉案短视频为网络用户个人上传,实施消除水印行为的也不是二被告。❶

本案作为 2018 年度"中国十大传媒法事例"之一,也是北京互联网法院挂牌成立后受理的首起案件,引发了社会各界的广泛关注。该案的判决对短视频的著作权法地位及保护模式等知识产权法律新问题提供了清晰的裁判思路,具有典型意义。

(二)湖南快乐阳光公司诉北京十三月公司侵害信息网络传播权纠纷案

1. 案情简介❷

原告湖南快乐阳光互动娱乐传媒有限公司(以下简称"快乐阳光公司")向北京市朝阳区人民法院提出诉讼请求:判令被告北京十三月文化传播有限公司(以下简称"十三月公司")立即停止侵权,并赔偿经济损失 4 万元、律师费 8000 元及公证费 2000 元。事实和理由如下:《我是歌

---

❶ 北京互联网法院(2018)京 0491 民初 1 号民事判决书。
❷ 案情简介及判决结果参见北京市朝阳区人民法院(2018)京 0105 民初 10380 号民事判决书和北京知识产权法院(2019)京 73 民终 1768 号民事判决书。

手》是一档综艺节目，韩某演唱的《回到拉萨》曲目（以下简称"涉案曲目"）系《我是歌手》第三季第七期（以下简称"涉案综艺节目"）的部分内容，快乐阳光公司自称对涉案曲目享有在中国大陆地区的专有信息网络传播权，有权以自身名义维权。十三月公司未经许可，通过其经营的"新乐府"微信公众号（以下简称"涉案公众号"），向公众提供涉案曲目的在线播放服务。用户可在涉案公众号页面完整观看涉案曲目内容，十三月公司利用视频分享手段将涉案曲目直接展示给用户的行为应属于直接侵权。即使该行为被认定为提供链接服务，也因为十三月公司提前选定了链接对象和有直接的广告收益，构成帮助侵权。

被告十三月公司辩称，快乐阳光公司现有证据不能证明其已经获得涉案综艺节目的信息网络传播权；涉案曲目存储在腾讯视频网站上，其只是在经营的公众号上设置链接，该行为不属于信息网络传播行为，也不构成共同侵权，属于合理使用，请求驳回快乐阳光公司全部诉讼请求。

一审法院查明，《我是歌手》第三季第七期于 2015 年 2 月 13 日在湖南卫视首播，涉案曲目系该节目的组成部分，节目片尾显示"本节目信息网络传播权由快乐阳光公司独占享有"。2017 年 3 月 28 日，进入十三月公司的涉案公众号，显示该公众号于 2017 年 3 月 27 日发布了题为《玩物这些乐器演奏给添了大彩！》的文章，用大量文字介绍了《我是歌手》出现过的笙、铜钦、西塔琴和唢呐四种乐器，并插入时长 5 分 34 秒的视频，内容与涉案曲目一致，播放过程中右上角有"腾讯视频"的标记，右下角有"歌手芒果全网首播"的标记，右下角不时弹出"高清观看腾讯视频看更多"。经当庭勘验，涉案曲目系链接自腾讯视频网站，系由网名为"藏歌音乐"的网络用户上传。

2. 法院裁判

北京市朝阳区人民法院经审理后认为：根据作品登记证书、说明书、综艺节目视频署名截图，在无相反证据的情况下，可以认定快乐阳光公司在授权期限内，独占享有《我是歌手》第三季第七期综艺节目视频的信息网络传播权。涉案曲目系该综艺节目视频的组成部分，快乐阳光公司有权对该曲目主张权利。根据双方当事人陈述和当庭勘验结果，十三月公司主张其在微信公众号上链接涉案曲目的行为构成合理使用的抗辩，法院予以采纳。依照《著作权法》第 22 条第 1 款第 2 项，《著作权法实施条例》第 21 条规定，判决驳回原告快乐阳光公司的全部诉讼请求。

快乐阳光公司不服一审判决，向北京知识产权法院提起上诉，请求法院撤销一审判决，改判十三月公司立即停止侵权，断开其微信公众号"新乐府"中涉案曲目《回到拉萨》与腾讯视频的链接，并赔偿快乐阳光公司经济损失、律师费、公证费共计 5 万元。北京知识产权法院审理后认为一审判决认定事实和适用法律存在错误，撤销北京市朝阳区人民法院（2018）京 0105 民初 10380 号民事判决，根据查清的事实予以改判：北京十三月公司立即停止通过其"新乐府"微信公众号向公众提供涉案曲目《回到拉萨》的在线播放服务并赔偿湖南快乐阳光公司经济损失 6000 元及合理费用 2000 元。❶

3. 焦点分析

本案的焦点问题是北京十三月公司在其经营的微信公众号上链接涉案曲目的行为能否构成著作权合理使用。

我国《著作权法》规定，为介绍、评论某一作品或者说明某一问题，在作品中适当引用他人已经发表的作品，可以不经著作权人许可，不向其支付报酬，但应当指明作者姓名或者名称、作品名称，并且不得影响该作品的正常使用，也不得不合理地损害著作权人的合法利益。《最高人民法院关于充分发挥知识产权审判职能作用推动社会主义文化大发展大繁荣和促进经济自主协调发展若干问题的意见》第 8 条规定，正确认定合理使用行为应"考虑作品使用行为的性质和目的、被使用作品的性质、被使用部分的数量和质量、使用对作品潜在市场或价值的影响等因素"。本案中，十三月公司在引用涉案曲目前，该曲目已经随涉案综艺节目的播放而发表，十三月公司在引用时也进行了正确署名。因此，判断十三月公司的行为是否属于合理使用，应综合考虑作品使用行为的性质和目的、被使用部分的数量和质量、使用对作品潜在市场或价值的影响等因素，结合案情及

---

❶ 北京知识产权法院（2019）京 73 民终 1768 号民事判决书。

法院认定的具体事实来进行具体分析。

（1）使用行为的性质和目的。涉案文章《玩物这些乐器演奏给添了大彩！》用大量文字介绍了笙、铜钦、西塔琴和唢呐四种乐器，一审法院认为十三月公司在其经营的微信公众号上链接涉案曲目的行为，是为了说明这些乐器在涉案节目中发挥的独特作用，才插入了时长 5 分 34 秒的视频，其引用涉案曲目并非为了单纯向读者展现被引用的曲目本身，不是让读者欣赏涉案节目，而是为了使读者对乐器的作用产生更直观的感受和更容易理解文章说明的问题，因为这比单纯文字介绍更能达到良好效果，也就是为了说明问题，所以符合《著作权法》"为介绍、评论某一作品或者说明某一问题，在作品中适当引用他人已经发表的作品"的合理使用情形。

（2）被使用部分的数量和质量。一审法院是用涉案曲目时长占比整期节目总时长来认定十三月公司的"引用比例适当"的，涉案综艺节目时长 108 分 59 秒，而被引用的涉案曲目时长为 5 分 34 秒，仅是该综艺节目一个极小的片段。涉案文章除引用涉案曲目外，还有大量介绍、说明性的文字，并不构成主要以他人作品代替自己的创作，引用比例适当，被引用的内容和文章之间在构思和表达上存在自然、合理、正常的逻辑关系。涉案文章引用涉案曲目，是为了说明乐器铜钦对整首歌曲的烘托作用，虽然铜钦主要出现在涉案歌曲间奏中，但仅截取引用铜钦出现的该部分内容，难以实现说明该乐器对整首歌曲发挥重要作用的合理需要。❶

（3）使用对作品潜在市场或价值的影响。一审法院认为，涉案曲目时长仅为 5 分 34 秒且内容有限，公众难以通过观看该涉案曲目就获悉涉案综艺节目的全部内容，并未实质性地再现涉案综艺节目，客观上未起到替代作用，不足以对快乐阳光公司的市场价值造成实质性影响，没有不合理地损害权利人的合法利益。❷

二审法院也是依据我国《著作权法》有关"不得影响该作品的正常使用，也不得不合理地损害著作权人的合法利益"的规定，结合作品使用的目的和特性、使用的数量和质量、对原作品的市场影响等方面进行综合考

---

❶ 北京市朝阳区人民法院（2018）京 0105 民初 10380 号民事判决书。
❷ 北京市朝阳区人民法院（2018）京 0105 民初 10380 号民事判决书。

量的。北京知识产权法院认为，涉案文章使用涉案曲目的目的是说明铜钦这一乐器是如何成为《回到拉萨》曲目"点睛之笔"的，使用量的合理性应当控制在这一曲目的范围内，且不应对该曲目产生市场替代的后果。乐器铜钦出现在《回到拉萨》曲目的间奏中不超过 10 秒，为说明铜钦起到的作用，引用的视频可以适当长于 10 秒的时间，但涉案文章却用了《回到拉萨》曲目的完整内容，远远超过合理范围。涉案曲目的使用也缺乏创造性使用的特性。涉案文章的主题既然确立为分析和评论铜钦对曲目的作用，文章应当围绕这一主题，通过恰当方式来论证和推动作者的这一思路。而本案中，涉案铜钦的文字介绍共约 200 字，直接分析和评论铜钦对节目作用的仅有文章中"庄严肃穆的号声堪称整首歌曲的点睛之笔"一句，其他均为铜钦乐器本身的介绍，文章关于铜钦如何对节目产生作用的内容和被引用的内容之间的比例难谓适当。同时，因为涉案文章完整使用了涉案曲目，当然使用了该曲目作者投入创作性最集中和最具有经济价值的部分，也必然对涉案作品产生市场替代的情况，进而影响快乐阳光公司对涉案曲目的潜在市场收益。因此，十三月公司有关其对于涉案曲目的使用属于合理使用的抗辩不成立。❶

按照我国《著作权法》所规定的合理使用制度，"为介绍、评论某一作品或者说明某一问题，在作品中适当引用他人已经发表的作品"属于合理使用的法定情形之一，但是何为"适当引用"，对此我国著作权法并没有明确规定。有学者认为"适当引用"的判断标准可从两个方面进行考量：（1）被引用作品的"量"，即引用部分与被引用作品在数量上的比重，若引用比例过高，就不构成合理使用；（2）被引用作品的"质"，即引用部分在原作中的地位，若引用部分构成被引用作品的实质内容，即使数量较少，也难以构成合理使用。❷也有学者认为在判断引用是否为"适当引用"时，应特别注意对原作品的使用是否构成转换性使用以及"转换性"的程度。❸由于立法上没有对合理使用的判断标准作出具体规定，造成司

---

❶ 北京知识产权法院（2019）京 73 民终 1768 号民事判决书。
❷ 黄玉烨. 著作权合理使用具体情形立法完善之探讨［J］. 法商研究，2012（4）：22.
❸ 王迁. 知识产权法教程［M］. 北京：中国人民大学出版社，2019：213.

法实践中法院在认定某一行为是否构成合理使用时存在一定的困难，需要法官在新的技术条件下能够灵活应对可能出现的情形。

二、法理探究

随着信息网络技术的发展和移动智能通信设备的普及，短视频成为人们社交和娱乐的新方式。随着社会生活节奏的加快和时间越来越碎片化，短视频这种新的视听产品十分迎合当前用户的使用习惯，因其制作和分享都十分方便等优势，吸引了大量用户。中国互联网络信息中心发布的第47次《中国互联网络发展状况统计报告》显示，2020年我国短视频用户规模已达8.73亿。所谓短视频是指时长较短，通常在十几秒到十几分钟不等，主题鲜明，表达形式丰富多样，主要在移动智能设备和PC端创作和分享的新型视听产品。短视频与传统的长视频相比不仅是时长上的缩短，还具有更强的互动性和社交属性，创作门槛更低。可以简单概括短视频的特点如下：第一，时长较短，通常以秒计数；第二，创作门槛低，每个普通人都可以成为短视频的创作者；第三，社交属性更强，能够随时分享和传播；第四，主要在移动智能设备中制作、剪辑、上传和分享；第五，主题鲜明，内容丰富多样。

（一）短视频的分类

短视频可以分为情景类、生活分享类、解说类等。情景类短视频通常是为了叙述一个故事，有一定的情节、人物关系、场景布置等；生活分享类短视频主要是用户随时随地拍摄自己的生活，通常没有后期制作和剪辑，拍摄完成后直接上传至平台中；解说类短视频主要包括电影解说、游戏解说和体育赛事解说等，用户在解说时会根据自己的理解、想法进行评论、说明。根据内容产生的不同，短视频又可以分为UGC、PGC和PUGC三种形式。UGC（User Generated Content）是普通用户自己制作短视频并上传到快手、抖音等短视频平台；PGC（Professionally Generated Content）

指专业机构生产内容、制作并发表的短视频；PUGC（Professional User Generated Content）是由具有某一领域专业知识或拥有一定粉丝基础的专业用户原创内容的短视频。❶ 上述三种形式并不是完全相互独立的，也会出现交叉。有一些短视频平台的内容既包括 UGC 也包括 PUGC，例如西瓜视频，这类短视频平台对于 UGC 和 PUGC 的内容作出具体的分类，用户可以根据个人需求和爱好去选择。

（二）短视频在著作权法中的地位

短视频若要构成我国著作权法意义上的作品，必须符合以下条件：第一，属于文学、艺术和科学领域内的表达；第二，具有独创性；第三，能以一定形式表现。短视频的内容形式丰富，既有属于文学领域的表达，也有属于艺术领域的表达，还有属于科学领域的表达。短视频的制作通常情况下是在移动智能设备上完成的，用户在制作完成并上传到平台后，短视频以数字化的形式保存在用户自己的移动智能设备中。由于用户将短视频上传至平台，所以短视频也会以数字化的形式储存在平台运营商的服务器中。短视频在以数字化的形式储存之后，十分便于复制和传播，可以形成无数的复制件。由此可见，短视频属于文学、艺术和科学领域内能以一定形式表现的智力成果，判断短视频究竟能否构成著作权法意义上的作品，关键在于其是否具有独创性。关于独创性的判断标准问题，两大法系的区别较大。

在英美法系国家中，早期流行着"额头流汗标准"，该标准认为只要是作者付出了劳动，所得到的成果就应当认定为作品，从而受到著作权法的保护。随着时代的发展，这一标准逐渐被英美等国家抛弃。1991 年，美国最高联邦法院判决的 Feist 案是美国版权法重要的转折点，该判决使美国彻底抛弃了"额头流汗标准"。❷ 通过该案，美国确立了"最低限度的智力创造性"标准，即劳动成果必须具有最低限度的智力创造性才能构成作

---

❶ 孙山. 短视频的独创性与著作权法保护的路径［J］. 知识产权，2019（4）：47.

❷ Feist Publications v. Rural Telephone Service Company，Inc. 499 U. S. 340（1991）.

品，作者才能享有版权。"最低限度的智力创造性"标准与"额头流汗标准"相比，在一定程度上提高了作品的独创性标准，成为当前英美法系国家的主流观点。

在大陆法系国家中，以德国为代表，对于独创性标准的要求远比版权体系国家高，仅仅是"最低限度的智力创造性"无法达到德国著作权法对于独创性的要求。在大陆法系国家，作品通常被认为是作者的人格和精神的延伸，对作品独创性程度要求较高。与版权体系国家注重作者的经济权利不同，作者权体系国家更强调作者对于作品所享有的精神权利，即作品必须体现作者的人格精神、个性化的选择和较高的智力创作水平。

我国《著作权法》在立法时，虽然继承了大陆法系作者权体系的衣钵，但同时也吸纳了英美法系国家的一些做法。对于独创性标准，我国《著作权法》并没有作出明确具体的规定，这也导致在司法实践中认定智力成果的独创性时出现一定的困惑。我国许多专家学者都对独创性的标准进行了自己的阐述，例如王迁教授认为：独创性包括"独"和"创"两个方面。其中"独"是指，作品必须是由作者独立完成，不能是抄袭的结果。"独"可以分为两种情况：一是从无到有地进行创作；二是以现有作品为基础进行创作。"创"是指，作品必须是智力活动的成果，体现一定的智力创造性。❶ 在司法实践中，"独"这一方面比较容易认定。关键在于"创"如何去认定，智力创造性是十分主观的，也没有具体可操作的衡量标准，需要法官针对个案具体情况，作出具体分析判断。一般来说，专业作者创作的短视频其独创性要高于普通用户。专业作者主要指本书前文分类中的 PGC 和 PUGC 即专业机构和专业用户，这类作者通常拥有一定的专业知识或技能，在创作短视频时，整体创作流程包括前期策划、剧本创作、场景安排和布置、拍摄、后期剪辑等一系列环节。上述环节反映出较高的智力创造性，被认定为作品的可能性更大。除了专业作者外，短视频的创作很大一部分来自平台的普通用户。UGC，即普通用户使用移动智能设备，结合平台上提供的元素进行创作。平台通常会给用户提供背景音乐、特效等元素，因此普通用户创作的短视频可能会在表达形式上存在部

---

❶ 王迁. 知识产权法教程［M］. 北京：中国人民大学出版社，2019：27.

分元素的相似，而且受到物质条件的制约，普通用户通常没有专业作者那样专业的设备和团队，因此在司法实践中普通用户创作的短视频被认定为作品的难度较大，但仍然有很多是符合作品构成要件的。

综上所述，短视频如果具有独创性，且满足我国著作权法中对于作品的其他条件，就构成我国著作权法意义上的作品，可以受到著作权法的保护。

（三）短视频的著作权法保护模式

短视频如果符合作品构成要件，从而受到著作权法的保护，那么它究竟属于哪种作品类型呢？在 2020 年《著作权法》修订以前，一般认为，短视频可以作为类电影作品获得著作权法保护。在之前的司法实践中，具有独创性的短视频也通常被认定为类电影作品。例如，在北京市海淀区人民法院审理的北京快手科技有限公司诉广州华多网络科技有限公司一案中，法院认为涉案视频虽仅持续 36 秒，但其集合了音乐、表演者的表演及特效制作等内容，体现出了承载作者个性的安排和设计，具有区别于原视频表达的独创性，并且以数字化视频的形式发布在快手 APP 上，说明其可被固定并以有形形式复制，即属于摄制在一定介质上，由一系列有伴音的画面组成，并通过网络传播的作品，属于类电影作品。❶ 2021 年 6 月 1 日《著作权法》修正案实施后，符合作品构成要件的短视频，可以作为视听作品获得著作权法保护，其作者当然享有著作权法规定的著作人身权和著作财产权。当侵权行为发生时，作者可以通过诉讼的方式来保护自己的合法权益。除了作者以外，短视频平台通过用户协议也获得了作者的授权，享有部分著作财产权和代为维权的权利。根据目前的短视频平台运营规则，用户在短视频平台注册时都会与平台签订用户协议。协议一般会规定作者将部分著作财产权，如信息网络传播权、复制权、翻译权、改编权等授权给平台。同时还会授予平台代为维权的权利，例如发送维权函、提起诉讼仲裁等。在网络环境中，侵权行为十分隐蔽，不易被发现，侵权者大

---

❶ 北京市海淀区人民法院（2017）京 0108 民初 49079 号民事判决书。

多也会以虚假的身份信息在网络中实施侵权行为。用户很难发现侵权行为的存在，不能很好保护自己的合法权益。通过对短视频平台进行授权，平台可以利用技术手段去追踪这些侵权行为，并以自己的名义提起诉讼，能够有力地遏制侵权行为。

（四）短视频的侵权判定

随着近年来短视频行业的迅速发展，短视频侵权问题也日益严重。短视频作为一种全新的视听产品，由于其自身的特点导致在性质认定和侵权认定方面存在一定的困难。进入诉讼的短视频纠纷案件近年来也呈增长趋势，在 open law 裁判文书数据库中输入关键词"短视频"和案由"著作权权属、侵权纠纷"得到 3712 个结果。从进入诉讼的短视频侵权纠纷来看，大部分纠纷的主要争议焦点有两个：一是关于涉案短视频的性质认定；二是侵权行为的认定。著作权人通常起诉的对象是短视频平台，很少直接起诉用户或者将用户列为共同被告。短视频侵权纠纷案件的类型主要存在三种：一是未经许可擅自使用他人短视频引发的侵害信息网络传播权纠纷；二是利用短视频的形式，将长视频如体育赛事、热门影视剧、综艺节目等剪辑成片段式传播引发的侵害信息网络传播权纠纷；三是短视频中使用了他人音乐作品、文字作品等引发的侵害著作权纠纷。❶

随着网络信息技术的发展，个人用户的侵权能力越来越强，但其知识产权意识却比较薄弱，用户可能有意或无意间在网络中实施了侵权行为。网络用户的数量十分巨大，这些由用户实施的侵权行为在网络环境中十分隐蔽，很难被权利人发觉。当侵权行为发生后，其侵权后果的传播速度快、范围大，严重损害了著作权人的合法利益。网络用户的侵权行为难以被追踪，而且其承担侵权责任的能力也比短视频平台要弱，所以这也是权利人通常将短视频平台作为被告提起诉讼的原因。

---

❶ 张璇. 议涉短视频知识产权民事侵权纠纷的若干法律问题 [J]. 出版发行研究, 2019 (4): 13.

1. 短视频平台和用户的直接侵权

我国《著作权法》规定了 12 项著作权财产权，主要目的就是使著作权人通过控制特定的利用作品的行为获得利益，未经著作权人许可擅自使用作品的行为构成直接侵权。短视频通常是在网络环境中进行传播的，所以一般短视频侵权纠纷涉及信息网络传播权。关于信息网络传播行为的认定标准，学界主要存在服务器标准、用户感知标准和实质代替标准等。在司法实践中，大部分法院采用服务器标准，认为将作品上传至向公众开放的网络服务器中，使公众可以在个人选择的时间和地点获得该作品的行为就是受信息网络传播权控制的提供作品的行为。无论是网络用户还是短视频平台，只要未经著作权人许可实施了上述提供作品的行为，在不符合免责条款的情况下，其行为就构成直接侵权。值得注意的是，有些情况下短视频平台虽然提交了相关证据证明其仅提供网络中介服务，但其实是"伪装"的。有些短视频平台伪装成用户将热播影视剧截取成片段上传至短视频平台中，以此来规避责任。法官在审理此类案件时应当针对个案的具体情况，结合短视频平台提供的后台用户信息，用户发布作品的特点等因素进行分析，谨慎地判断是否为短视频平台伪装的"用户"。

2. 短视频平台的间接侵权责任

在短视频侵权纠纷中，权利人通常起诉短视频平台作为被告，要求其承担间接侵权责任。在实践中，无论是网络用户还是短视频平台，其直接侵权都可以通过服务器标准进行认定。短视频侵权纠纷中的难点在于短视频平台作为网络服务提供者，间接侵权责任如何认定以及免责条款的适用。网络服务提供者承担侵权责任的构成要件有两个：一是用户利用其提供的网络服务实施了侵权行为；二是网络服务提供者存在主观过错。网络用户利用网络服务实施侵权行为的，被侵权人有权通知网络服务提供者采取删除、屏蔽、断开链接等必要措施。网络服务提供者接到通知后未及时采取必要措施的，对损害的扩大部分与该网络用户承担连带责任。网络服务提供者知道网络用户利用其网络服务侵害他人民事权益，未采取必要措施的，与该网络用户承担连带责任。《信息网络传播权适用法律若干规定》

第 8 条规定，网络服务提供者的过错包括对于网络用户侵害信息网络传播权行为的明知或者应知。短视频平台如果能够证明已采取合理、有效的技术措施，仍难以发现网络用户侵害信息网络传播权行为的，不认定其具有过错。短视频平台作为网络服务提供者，其主观过错通常根据以下因素进行判断：（1）是否通过用户提供的作品直接获得经济利益；（2）是否对用户提供的作品进行编辑、修改、推荐等；（3）在接到侵权通知后是否及时采取了合理措施，对相关内容进行删除、断开链接；（4）涉案作品的知名度，如涉案作品是否为热播影视剧等；（5）是否实际知道用户的侵权行为并积极采取了预防侵权的合理措施。短视频平台作为网络服务提供者如果符合《信息网络传播权保护条例》规定的免责条款，可以免除其责任。该免责条款在学理上也被称为"避风港原则"。对于仅提供信息存储空间的短视频平台，权利人认为其服务所涉及的短视频侵犯自己的信息网络传播权或者被删除、改变了自己的权利管理电子信息的，可以向短视频平台提交书面通知，要求其删除侵权短视频。在接到权利人的通知书后，短视频平台履行了删除义务的，不承担赔偿责任。

按照《信息网络传播权适用法律若干规定》，短视频平台从网络用户提供的短视频中直接获得经济利益的，应当对该网络用户侵害信息网络传播权的行为负有较高的注意义务。这里的"直接获得经济利益"是指针对特定短视频投放广告获取收益或者获取与该短视频存在其他特定联系的经济利益，而不是指因提供信息存储空间而收取的一般性广告费和服务费等。《信息网络传播权适用法律若干规定》第 8 条规定："网络服务提供者未对网络用户侵害信息网络传播权的行为主动进行审查的，人民法院不应据此认定其具有过错。"由此可见，短视频平台并不需要承担事先审查义务，而在侵权行为发生后短视频平台又可以通过证明其符合免责条款，履行了"通知—删除"义务，因而不再承担侵权责任，这对著作权人合法权益的维护是十分不利的。笔者认为应该对短视频平台适用"避风港原则"进行适当限制，加大短视频平台的责任。无论是网络用户还是短视频平台，侵权能力都在随着技术发展而不断增加，但是法律没有为其设立相对应的注意义务，再加上免责条款的存在，使得侵权的后果大部分情况下只能由权利人自己承担。因此，应当为短视频平台设立一定的注意义务来平衡用户、短视频平台和著作权人之间的利益关系。

著作权人维权难、维权成本高是当前短视频纠纷存在的主要问题，没有对短视频平台设定合理的注意义务也是造成上述问题的原因之一。任何商业模式的发展初期都会对现行法律制度造成挑战，设立合理的注意义务和免责条款是解决当前短视频纠纷问题的关键，在立法层面上进行完善才能更好地保护和协调著作权人、短视频平台和用户之间的利益。

三、延伸阅读案例：北京快手科技有限公司诉广州华多科技有限公司侵害著作权纠纷案

1. 案情介绍❶

原告北京快手科技有限公司（以下简称"快手公司"）向北京市海淀区人民法院提起诉讼，请求法院判令被告广州华多网络科技有限公司（以下简称"华多公司"）赔偿经济损失1万元及包括公证费、律师费在内的合理开支53 460元。事实与理由如下：井某某系快手APP用户，其于2015年4月在快手APP上传、发布了名为"这智商没谁了"的视频（以下简称"涉案视频"），并获较高点击量。根据《快手网（www. kuaishou. com）服务协议》《知识产权条款》等约定以及井某某的授权，快手公司合法取得涉案视频在全球范围内的独家信息网络传播权。华多公司在其运营的"补刀小视频"APP安卓端和iOS端（以下简称"补刀APP"）中上传并发布了涉案视频，且在快手公司向其发出律师函要求下线视频后仍未做处理，华多公司该行为侵害了快手公司著作权，应承担相应的法律责任。

被告华多公司虽认可其为补刀APP的运营主体，但不同意快手公司全部诉讼请求，其理由如下：第一，涉案视频时间很短，仅有18秒，且不具有独创性，不构成作品；第二，即便涉案视频是作品，井某某及快手公司

---

❶ 北京市海淀区人民法院（2017）京0108民初51249号民事判决书。

亦非著作权人，快手公司不享有涉案视频著作权；第三，华多公司未在补刀 APP 中发布涉案视频；第四，即使快手公司有著作权，补刀 APP 也发布了涉案视频，亦不能排除系同一用户将涉案视频上传至不同网络平台的情形，且华多公司作为网络服务提供者，已对知识产权问题尽到合理注意义务，不应当承担侵权责任；第五，即便华多公司应承担侵权责任，快手公司主张的赔偿金额亦过高。

2. 争议焦点

本案主要争议焦点如下：第一，涉案视频是否构成作品；第二，如构成作品，快手公司是否享有涉案视频的著作权；第三，在前述两项成立的情况下，华多公司是否侵害快手公司的著作权。

3. 法院裁判

北京市海淀区人民法院审理后认为，虽然时长短的确可能限制作者的表达空间，但表达空间受限并不等于表达形式非常有限而影响短视频成为思想范畴的产物；相反地，在十余秒的时间内亦可以创作出体现一定主题，且结合文字、场景、对话、动作等多种元素的内容表达。根据我国《著作权法实施条例》第 4 条第 11 项对类电影作品的定义，涉案视频虽仅持续 18 秒，但其在该时间段中所讲述的情景故事，融合了两名表演者的对话和动作等要素，且通过镜头切换展现了故事发生的场景，已构成具有独创性的完整表达。据此，结合涉案视频以数字化视频的形式发布在快手 APP 上的事实，涉案视频系摄制在一定介质上，由一系列有伴音的画面组成，并通过网络传播的作品，属于类电影作品。根据井某某向快手公司出具的《授权书》中的授权条款，结合快手公司提交的情况说明、井某某身份证复印件、后台注册信息中井某某的身份证照片以及涉案视频中显示的表演者，快手公司获得涉案视频的独家信息网络传播权，有权提起本案诉讼。华多公司未经快手公司许可，在补刀 APP 的 iOS 端发布涉案视频，使公众可以在个人选定的时间和地点获得涉案视频，侵害了快手公司对涉案视频依法享有的信息网络传播权，应当承担赔偿经济损失等侵权责任。关于具体的赔偿数额，鉴于快手公司未提交证据证明其实际损失或华多公司的违法所得，法院综合考虑后认为快手公司主张的 1 万元赔偿数额具有事实和法律依据，予以全部支持，并依法酌情判定合理开支为 13 460 元。

综上，北京市海淀区人民法院于 2018 年 9 月 30 日作出判决：被告华多公司赔偿原告北京快手科技有限公司经济损失 10 000 元及合理开支 13 460 元，驳回原告快手公司的其他诉讼请求。

被告广州华多网络科技有限公司不服北京市海淀区人民法院作出的 (2017) 京 0108 民初 51249 号民事判决，向北京知识产权法院提起上诉。北京知识产权法院于 2018 年 11 月 9 日立案后，依法组成合议庭对该案进行了审理。在审理过程中，华多公司于 2018 年 12 月 28 日向二审法院提出申请，请求撤回对北京快手科技有限公司的上诉。北京知识产权法院于 2019 年 1 月 7 日裁定如下：准许广州华多网络科技有限公司撤回上诉。一审判决自本裁定书送达之日起发生法律效力。❶

参考阅读资料

[1] 丛立先. 短视频著作权保护的核心问题 [J]. 出版参考，2019 (3).

[2] 丛立先. 论短视频作品的权属与认定 [J]. 出版发行研究，2019 (4).

[3] 孙玉荣，等. 著作权法前沿热点问题探究 [M]. 北京：知识产权出版社，2020.

[4] 孙山. 短视频的独创性与著作权法保护的路径 [J]. 知识产权，2019 (4).

[5] 李琛. 短视频产业著作权问题的制度回应 [J]. 出版发行研究，2019 (4).

[6] 马晓明. 短视频行业的侵权问题研究 [J]. 出版参考，2019 (3).

[7] 曾俊. 论欧盟版权改革对短视频分享平台责任之启示 [J]. 电子知识产权，2020 (1).

[8] 郝明英. 网络短视频平台的著作权侵权责任认定 [J]. 山东科技大学学报 (社会科学版)，2019 (4).

[9] 孙飞，张静. 短视频著作权保护问题研究 [J]. 电子知识产

---

❶ 北京知识产权法院 (2018) 京 73 民终 2053 号民事裁定书。

权，2018（5）.

［10］朱双庆，张艺. 论二次创作短视频引发的权利冲突与救济［J］. 重庆邮电大学学报（社会科学版），2021（2）.

［11］冯晓青，许耀乘. 破解短视频版权治理困境：社会治理模式的引入与构建［J］. 新闻与传播研究，2020（10）.

［12］熊琦.“视频搬运”现象的著作权法应对［J］. 知识产权，2021（7）.

第五章　同人作品著作权侵权问题[*]

一、典型案例："金庸诉江南"案

1. 案情介绍[❶]

2017 年 4 月 25 日，备受瞩目的金庸诉江南等著作权侵权及不正当竞争纠纷案在广州市天河区人民法院正式开庭审理，这起案件之所以受到社会各界的广泛关注，原因之一是源自原被告双方的知名度。作为一代"武侠宗师"的金庸自不必多说，被告杨某（笔名江南）作为我国内地畅销小说的领军人物也在 2013 年荣登第八届中国作家富豪榜首富。各大新闻媒体对此案争相报道的另外一个原因是，此案关系到在网络文学中大量存在的"同人作品"，号称"国内同人作品第一案"。

金庸与江南的这场官司其实由来已久。给江南引来麻烦的是他借以踏入文坛的走红小说《此间的少年》，它也被很多读者认为是江南最好的作品之一，其创作灵感来源于作者当年在北大的校园生活，"此间的少年"现已成为青春回忆的代名词。2016 年 10 月 11 日，年逾九旬的金庸一纸诉

---

　　* 本章由李心航、李贤、孙玉荣共同撰写初稿，孙玉荣修改后定稿。部分内容发表于《公民与法》2017 年第 11 期（作者：李心航）及《科技与法律》2020 年第 6 期（作者：孙玉荣、李贤）。

　　❶ 广东省广州市天河区人民法院（2016）粤 0106 民初 12068 号民事判决书。

状，将 39 岁的畅销书作家江南告上法庭，称《此间的少年》一书中大量使用了自己作品中的角色姓名、人物特征和人物关系，侵犯了自己的著作权。10 月 23 日，江南通过个人微博正式发布"关于金庸先生诉《此间的少年》案件的声明"，承认书中人物姓名确实基本都是来自金庸先生的系列武侠作品，但自己最初使用这些人物名称主要是出于好玩的心理，是"娱人娱己"，并没有侵权的想法："无论昔日还是今日，我都一如既往地尊敬金庸先生个人和喜爱他的作品。虽然不乏在收到稿费时的沾沾自喜，但落笔的那一刻，想的仅仅是写出自己和身边人的校园故事，并未有侵权的想法。"事实上，江南在 2002 年出版《此间的少年》时，确实曾和出版社就书中人名的问题咨询过相关的法律人士，当时被告知这种形式并未曾触及相关的法律规定，才决定正式出版的。

原告金庸提出以下四点诉讼请求：（1）要求四被告（杨某、北京联合出版有限责任公司、北京精典博维文化传媒有限公司、广州购书中心有限公司）立即停止侵犯原告著作权及不正当竞争的行为，停止复制、发行小说《此间的少年》，封存并销毁库存图书；（2）杨某、北京联合出版有限责任公司、北京精典博维文化传媒有限公司在《中国新闻出版广电报》、新浪网刊登经法院审核的致歉声明，向原告公开赔礼道歉，消除影响；（3）杨某赔偿原告经济损失 500 万元，北京联合出版有限责任公司、北京精典博维文化传媒有限公司在其策划出版图书范围内承担连带责任；（4）要求四被告共同赔偿原告为维权所支出的合理费用 20 万元。

金庸的代理律师表示，金庸先生希望通过此举引起大家对"同人作品"现象的重视，共同维护健康的文学创作秩序。江南的代理律师则认为，人物名称、抽象的人物特征和部分人物关系，不是著作权法保护的独创性表达，对这些元素的使用是文学性使用，是古往今来文艺创作中的常见现象，《此间的少年》与金庸作品主题不同、风格不同、故事情节不同，具体表达和阅读体验也不同，并没有侵犯原告的著作权，而且《此间的少年》没有违反公认的商业道德，没有不正当利用原告作品的知名度和影响力，不构成不正当竞争。

2. 法院裁判

2018 年 8 月 16 日，广州市天河区人民法院进行了一审公开宣判：（1）被告杨某、北京联合出版有限责任公司、北京精典博维文化传媒有限公司、广州购书中心有限公司于本判决发生法律效力之日起立即停止涉案不正当竞争行为，停止出版发行小说《此间的少年》并销毁库存书籍；（2）被告杨某、北京联合出版有限责任公司、北京精典博维文化传媒有限公司、广州购书中心有限公司于本判决发生法律效力之日起 15 日内在《中国新闻出版广电报》中缝以外的版面刊登声明，同时在新浪新闻 news. sina. com. cn 首页显著位置连续 72 小时刊登声明，向原告查某某公开赔礼道歉，并消除不正当竞争行为所造成的不良影响；（3）被告杨某赔偿原告查某某经济损失 168 万元，被告北京联合出版有限责任公司、北京精典博维文化传媒有限公司就其中 30 万元承担连带责任；（4）被告杨某赔偿原告查某某为制止侵权所支付的合理开支 20 万元，被告北京联合出版有限责任公司、北京精典博维文化传媒有限公司就其中 3 万元承担连带责任；（5）驳回原告查某某的其他诉讼请求。❶

3. 焦点分析

该案的判决结果再次引发社会各界特别是知识产权法学者对同人作品的著作权保护问题的热烈研讨，处在版权旋涡中的"同人作品"究竟路在何方？要想回答这个问题，还需运用"接触＋实质性相似"这一著作权侵权认定公式结合具体案情进行分析判断。

国际上公认的著作权侵权判定公式是"接触＋实质性相似"❷，这同样适用于对金庸诉江南案的分析。《此间的少年》作者江南确实接触过金庸的作品，所以是否侵权的判定关键在于是否构成实质性相似。《此间的少年》虽然使用了金庸作品中的角色名称、部分人物性格及部分人物的简单背景，但是单纯的人物名称、人物特征，如人物的相貌、性格等，或者单

---

❶ 广东省广州市天河区人民法院（2016）粤 0106 民初 12068 号民事判决书。
❷ 王迁. 知识产权法教程［M］. 北京：中国人民大学出版社，2016：38.

纯的人物关系，如兄妹关系、母女关系等，都属于公有领域的素材，不属
于著作权法保护的对象。著作权法保护的作品要求具有独创性，思想不能
够获得著作权法的保护，著作权法保护的是对思想的具体表达，此即所谓
的"思想表达二分法"。一部具有独创性的作品，以其相应的故事情节及
语句赋予作品所塑造的"人物"以独特的内涵，这些人物与故事情节和语
句便一起成为著作权法保护的对象。❶　因此，在判断一部小说是否侵权时，
应综合考虑人物特征和人物关系以及与之相应的故事情节，不能将二者割
裂开来，必须将人物和叙事作为一个有机融合的整体来看待。《此间的少
年》虽然使用了金庸作品中的郭靖、黄蓉、杨康、令狐冲等角色名称和部
分简单的人物关系，如黄蓉的父亲叫黄药师且不幸丧偶、王语嫣生长于单
亲家庭、郭靖从小在草原长大，等等，也有部分人物的性格与金庸作品是
相似的，如黄蓉也是古灵精怪又娇生惯养的，而郭靖则木讷老实且正直善
良，但还有很多人物的性格与金庸作品中的人物性格区别非常明显，如
《天龙八部》中阴险歹毒、报复心强、艳媚入骨的康敏在《此间的少年》
中变身为豪爽正直、率真阳光且具有领导力的学生会主席；《笑傲江湖》
中淡泊名利、潇洒不羁的道家人物令狐冲在《此间的少年》里则是一个积
极入世、有抱负但能力不足的"愤青"，等等。《此间的少年》并没有将
故事情节的展开建立在金庸作品的基础之上，相似的情节也并不是很多。
判断一部作品是否侵权，除了符合"接触"这一构成要件外，只有构成
"实质性相似"才能被认定为侵犯了原作品的著作权。在庄某诉郭某明
侵权案、琼瑶诉于某等著作权侵权案中，法院之所以支持原告的诉讼请
求，是因为经过比对，被诉侵权作品与原告的作品之间有多处主要情节
相似，以至于达到了一定的量，构成实质性相似。反观金庸诉江南案中，
二者所描述的情节在历史背景、故事发生的时间和环境及具体细节表达
方面则区别明显，如《此间的少年》中的段誉追求王语嫣的具体经过是
通过晨跑、听音乐会、学习诗歌等方式体现的，这与《天龙八部》里段
誉与王语嫣相爱并最终结为夫妇的故事情节完全不同。如果《此间的少

---

❶　庄羽与郭敬明等侵犯著作权纠纷案二审民事判决书　北京市高级人民法院（2005）高民
终字第 539 号［EB/OL］．［2021 - 06 - 25］. http：//www. 110. com/panli/panli_35829. html.

年》在人物设置和人物关系方面与金庸作品完全相同，即在相同的人物名称、性格特征、背景环境和人物关系基础上展开新的情节，则属于"续写"。

综上所述，《此间的少年》与金庸作品的情节相似之处多属于"思想"层面的抽象情节，而不属于"表达"的范畴。版权法并不禁止复制思想❶或者复制事实，只有思想或者事实得以表达的形式才是受版权法保护的。法院认为，虽然《此间的少年》使用了金庸四部作品中的大部分人物名称、部分人物的简单性格特征、简单人物关系以及部分抽象的故事情节，但《此间的少年》并没有将情节建立在金庸作品的基础上，基本没有提及、重述或以其他方式利用金庸作品的具体情节，而是在不同的时代与空间背景下，创作出不同于金庸作品的校园青春文学小说，且存在部分人物的性格特征缺失，部分人物的性格特征、人物关系及相应故事情节与金庸作品截然不同，情节所展开的具体内容和表达的意义并不相同。著作权法所保护的是作品中作者具有独创性的表达，脱离了具体故事情节的人物名称、人物关系、性格特征的单纯要素，往往难以构成具体的表达。因此，《此间的少年》是江南重新创作的文字作品，并未侵害金庸所享有的改编权、署名权、保护作品完整权。但是，法院认为，金庸作品中的人物名称、人物关系等元素虽然不构成具有独创性的表达，不能作为著作权的客体进行保护，并不意味着他人对上述元素可以自由、无偿、无限度地使用。虽然江南创作《此间的少年》时仅发表于网络供网友免费阅读，但在吸引更多网友的关注后即出版发行以获得版税等收益，其行为已具有明显的营利性质，而且在 2002 年首次出版时还将书名副标题定为"射雕英雄的大学生涯"，将自己的作品直接指向金庸作品，其借助金庸作品的影响力吸引读者获取利益的意图尤为明显。杨治在图书出版、策划发行领域包括图书销量、市场份额、衍生品开发等方面与原告均存在竞争关系，双方的行为应当受到我国反不正当竞争法的规制。因此，杨治的行为具有不正

---

❶ 理查德·波斯纳. 论剽窃[M]. 沈明，译. 北京：北京大学出版社，2010：17.（思想被宽泛地定义为包括表达性作品除了精确语词或其他表达细节之外的很多方面，例如体裁、基本叙述结果以及主题或者意旨。）

当性，与文化产业公认的商业道德相背离，应为反不正当竞争法所禁止。❶

　　该案的一审判决结果再次引发法学界关于反不正当竞争法与知识产权法关系的思考以及对反不正当竞争法扩展保护的限度问题的探讨，张伟君教授认为，《此间的少年》仅使用了金庸作品中的人物名称、性格特征和人物关系等抽象元素，这种模仿或借用并不会对金庸的文学作品带来不利的影响，也不会挤占原作者的创作空间，若一味加以禁止，反而不利于文学创作的自由和繁荣。❷ 笔者对此表示赞同。知识产权专门法不能保护的对象，可以受到反不正当竞争法的保护，但是法院应该按照反不正当竞争的侵权构成要件进行审查，给此类案件的审理和判决提供一个清晰的法律指引，毕竟这一案件号称"国内同人作品第一案"，该案的判决结果对于我国同人作品的发展以及侵权认定的意义非同小可。每一个引起广泛关注和争议的案件，都会在一定程度上推动法治发展的进程。如果能够在维护在先著作权人合法权益的同时，营造宽松、兼容并蓄的创作环境，实现作者利益与公众利益之间的平衡，更有利于促进我国社会主义文化大发展大繁荣，推动知识产权法律制度不断走向完善。

二、法理探究❸

　　同人作品并非某种新兴现象，也不是新鲜话题，其从诞生之日起就充满争议。关于同人作品的定义到目前为止依然众说纷纭，但基本含义大致相同，一般认为，同人作品就是同人同好者在原作或原型的基础上进行的再创作活动及其产物。❹ 广义上的同人作品就是用来与志同道合的人分享的作品，它的范围很广，可以是某部作品衍生出来的二次创作，也可以是非商业性质的原创作品，有文学、动漫、电影、游戏、音乐等多种形式。

---

❶　广东省广州市天河区人民法院（2016）粤 0106 民初 12068 号民事判决书。

❷　张伟君. 从"金庸诉江南"案看反不正当竞争法与知识产权法的关系［J］. 知识产权，2018（10）：23.

❸　法理探究部分内容发表于《科技与法律》2020 年第 6 期，作者：孙玉荣、李贤。

❹　王铮. 同人的世界：对一种网络小众文化的研究［M］. 北京：新华出版社，2008：3.

同人文化的起源较为广泛，从日本到西方国家再到中国都有同人作品的身影。发源于日本动漫界的"同人志"起初并不涉及商业利益，纯粹是志同道合的"同人们"的自发创作和小范围传播，是基于对原作品或者原型人物的喜爱，带有自娱自乐的性质，因此原作品著作权人也很少向同人作品的作者追究侵权问题，况且同人作品的基数如果过于庞大，恰好说明原作品的受欢迎程度，很多原权利人甚至认为同人作品与原作是相互促进、互利互惠的关系。

与日本不同，同人作品在西方国家被称为粉丝小说（fanfiction），它大多以欧美的流行小说和电视剧为创作源泉，借用原作中的人物角色等基本元素，按粉丝自己的理解和喜好对具体内容重新诠释、大胆革新，创作出完全不同于原著的故事。欧美社会中原创作者对待同人作品的态度相对严厉，有的权利人一经发现就诉诸法律手段进行压制。虽有作者对同人作品持包容态度，但也声明不会放弃对其追究法律责任，如《哈利·波特》系列的作者 J. K. 罗琳就曾公开表示支持粉丝创作，但前提是不得将同人作品商业化出版，以此谋利。❶ 可见欧美国家的同人作品面临着较高的诉讼风险。

随着网络的普及，特别是移动互联网的快速发展及受到日本动漫文化的影响，同人作品在我国青少年群体中，已经不知不觉形成一个巨大的圈子。各种同人志的发售和漫展的举办日益兴盛，使得同人作品已经形成相当规模，作为一种文化现象在我国开始受到广泛关注。

（一）同人作品的类型与合法性探讨

同人作品的类型十分丰富，按照不同的标准，可以作不同的类型划分。根据同人作品角色的来源不同，可分为作品同人和真人同人；根据表现形式不同，可分为同人小说、同人图画、同人电影、同人游戏、同人音

---

❶ J. K. 罗琳和华纳兄弟起诉了尝试出版"哈利·波特"百科全书同人作品的粉丝，法院最终判决同人作品作者败诉。Warner Bros. Entertainment, Inc. and J. K. Rowling v. RDR Books, 575 F. Supp. 2d 513（SDNY 2008）.

乐等；按照与原作的表现形式是否相同为标准，又可以分为同质性同人和异质性同人。其中最具有法律意义的分类就是根据同人作品的独创性高低将其分为非演绎类同人和演绎类同人，二者对于原作的依赖程度不同，非演绎类同人作品相对独立，而演绎类作品对原作的利用程度较高，因此二者的法律地位和可能引发的法律风险也不尽相同。

同人作品的创作初衷大多是出于粉丝的个人兴趣和热爱，把自己对原作品的二次创作放在某个特定的圈子和平台进行小范围的传播，与同好者互相欣赏和交流，获得大家的支持、认同和共鸣，一般不带有营利目的。但随着同人作品的受众人数越来越广泛，其中蕴含的商机不容小觑，因此同人作者将其作品进行公开出版的例子屡见不鲜，或者有人就是出于商业性目的而进行同人创作，是"职业"同人作者。如果说此前原作者选择对同人作品"睁一只眼闭一只眼"是因为其非营利性不会侵犯到自己的版权利益，那么有些未经权利人许可就进行出版的同人作品则激起了原作者们的愤怒。

同人作品究竟是对他人作品的改编、演绎还是合理使用，目前在我国理论界和司法实践中仍没有清晰的界定，而且其合法性问题始终未得到立法承认，法律规制处于比较模糊的状态，❶ 加之同人作品涉及的范围广泛、数量庞大且隐蔽，原作者往往难以花费大量的精力和财力进行一一处理，因此在现实生活中，与同人作品相关的案例却并不常见，这也是为什么金庸诉江南案一经报道就吸引了社会各界的广泛关注，激起大家对同人作品著作权问题的热烈讨论。

（二）同人作品侵权风险的法律探析

同人作品不断发展壮大的势头及其对传统著作权法带来的冲击不容小觑。同人创作不能等同于"剽窃"，有的同人作品确实具有一定的"独创性"，作者加入了新的创作元素，而不是简单地复制或者改头换面地使用他人的作品。即便如此，同人作品依旧面临着侵犯他人著作权的法律风险。

---

❶　林莺. 同人作品合法性问题探究［J］. 中国版权，2015（5）：50.

1. 同人作品可能侵犯的著作人身权

著作人身权又被称为精神权利，是作者基于体现在作品中的人格和精神利益而享有的权利。作为作者人格和精神的延伸，著作人身权具有不可转让和永久性的特征。根据我国《著作权法》的规定，著作人身权包括发表权、署名权、修改权和保护作品完整权四种。若同人作品的作者没有得到著作权人的授权或许可，则不可避免地会与原作品的各类权利产生冲突。

（1）同人作品与署名权的冲突。

同人作品是爱好者出于自娱自乐创作出的作品，一般仅在相关的同人圈内进行分享和传播，考虑到圈内粉丝都对原作品及其作者有着充足的了解，同人作品一般不会再署上原作者的名字或者对文中人物形象、角色关系和故事背景等非原创元素的来源和出处进行单独的说明。这种现象十分普遍但不意味着合法，我国《著作权法》规定，使用他人作品应当指明作者姓名、作品名称。此外，《伯尔尼公约》第 10 条也规定，使用作品时，应当指明出处，如原出处有作者姓名，也应同时说明。❶ 因此，无论是非演绎类同人作品还是演绎类同人作品，只要借用了原作品的内容都应当署上原作者的名字或是在前言、后记或作品介绍中进行声明，否则即属于侵权行为，著作权人有权对其追究法律责任。由于署名权属于著作人身权，体现作者的人身利益，与权利主体不可分离，无论同人作品是否被用于营利都应当体现对作者署名权的尊重。特别是随着信息网络传播技术的发展，同人作品的传播范围和影响力不再限于小众人群，这极有可能会混淆普通读者对原作和衍生作品的认识，误解原作所要传达的思想、理念和价值观等。这不仅会给原作者带来困扰，还可能进一步影响原作的潜在销量，造成著作权人的经济损失。

（2）同人作品与保护作品完整权的冲突。

保护作品完整权的意义在于维护作品中的思想和原创性表达与作者的内心保持一致，防止他人随意扭曲作品甚至丑化作者。对侵害保护作品完整权行为的认定，我国司法实践中出现了主观和客观两种不同的判断标

---

❶ 《保护文学和艺术作品伯尔尼公约》第 10 条第 3 款。

准，主观标准认为只要违背作者意思对作品进行了改变就构成对保护作品完整权的侵犯；客观标准认为只有对作品的"歪曲、篡改"的行为在客观上造成作者声誉的损害时才构成对保护作品完整权的侵犯。❶但根据《伯尔尼公约》第6条第2款的规定，即"不受作者财产权的影响，甚至在上述财产权转让之后，作者仍保有主张对其作品的著作者身份的权利，并享有反对对上述作品进行任何歪曲或割裂或有损于作者声誉的其他损害的权利"❷，可以看出国际知识产权公约中对于侵害保护作品完整权行为的判定采取了客观标准，换言之，只有当行为人改变原作的行为在客观上造成原作者声誉的损失时，改变作品的行为才是对保护作品完整权的侵犯。笔者采纳客观标准，并区分演绎类同人作品和非演绎类同人作品进行分别探讨。

①演绎类同人作品。演绎类同人作品的创作需要以原作为依托，这类同人作品在思想内涵、价值取向或是表达风格上与原作间存在差异，演绎类同人创作并不必然会侵害著作权人的保护作品完整权。但是如果同人作品恶意扭曲人物形象、篡改情节，强行将原作品与暴力、血腥和色情等低俗内容联系起来，致使原作品及其作者在道德和艺术层面的评价降低，就破坏了原作品的完整性，致使作者的精神利益受到损害。

②非演绎类同人作品。对于非演绎类同人作品来说，它通常只借用了原作的主题或单纯的人物角色等不具有可版权性的元素，架空原作内容进行创作，其核心部分是具有原创性并且独立存在的，与原作的关系较为疏远。人们往往很轻易地就能分辨出二者的关系，由于其故事梗概、创作构思或内容安排上与原作差异巨大，读者在阅读的过程中便难以将同人作品的具体情节、场景和流露的情感联想至原作，自然也就不存在对原作者及其作品产生误解继而对作者的名誉和声望造成损害的情形，因此不会构成对保护作品完整权的侵犯。

---

❶ 李扬. 著作权法基本原理［M］. 北京：知识产权出版社，2019：173.
❷ 《保护文学和艺术作品伯尔尼公约》第6条第2款。

2. 同人作品可能侵犯的著作财产权

在著作财产权中，同人作品最有可能与其发生冲突的就是"改编权"。根据我国著作权法的规定，若同人创作行为落入"改编"的范畴，又没有事先取得著作权人的许可并支付报酬，就有可能构成侵权。从改编行为的方式来看，同人作品作为一种基于原作而产生的二次创作，其表现形式可能是小说，也有可能是图画、游戏等作品，并没有局限于原作的作品类型，但这并不否定同人作品具有构成改编作品的可能性。

（1）非演绎类同人作品一般不侵犯改编权。

根据"思想表达二分法"，著作权法保护的不是思想而是对思想的具体表达。在文学作品中，"表达"除了表现为具体的文字组合和遣词造句等，文中的具体故事情节也是一种"表达"，❶ 而文章的主题、创作风格、角色和人物关系设置等抽象信息属于思想的范畴。司法实践中，法院也认为单纯的人物特征或者单纯的人物关系并不属于著作权法保护的对象。只有当相应的故事情节及语句赋予这些人物以独特的内涵时，这些人物与故事情节和语句才一起成为著作权法保护的对象。❷ 对于非演绎型同人作品来说，其利用原作的元素较少，通常是借鉴其中的人物名称、人物的性格特征、简单的人物关系和世界观等元素，架空原作的内容进行创作，其中描绘的故事情节、塑造的人物个性及其所要表达的价值情感都与原作截然不同，"穿越"同人小说即是典型代表。以《此间的少年》为例，江南虽然使用了金庸作品中的诸多人物姓名、简单的人物关系及身世，但其将故事背景异时空地设定在汴京大学，讲述的是现代青春校园故事，与金庸所构建的侠骨柔肠、快意恩仇的江湖世界相去甚远。从读者的角度而言，人们在阅读此类小说的时候也很难找到原作的影子，最多回忆到相关的作品，却不会联想到其中的具体情节。换言之，非演绎型同人作品即是对原作中的人物进行标识性地使用，不保留原作中的原创性表达，因而其不符合"改编"的构成要素，一般不侵犯著作权人的改编权。

---

❶ 王迁. 同人作品著作权侵权问题初探［J］. 中国版权，2017（3）：9－13.
❷ 北京市高级人民法院（2005）高民终字第539号民事判决书。

（2）演绎类同人作品与改编权的冲突。

对于演绎类同人作品来说，粉丝们或是出于表达对原作的热爱，或是为了弥补原著的缺憾，再或是发表自己的独特想法，在创作过程中除了必须借用的人物名称，同人作者们为了发展出新的故事情节和人物命运，要在原作的基础上进一步挖掘可能存在的线索和伏笔，因此，在创作时还时常不得不承继原作中的人物鲜明的性格特征、错综复杂的人物关系、故事背景甚至其中的部分具体情节，这样才能使得续写作品更具完整性，不至于使读者一头雾水，这时就可能构成侵权。如果作者并未将演绎类同人作品公开发表，仅限于自我欣赏、自娱自乐，不以此谋取经济利益，那么这种创作行为一般也不会给著作权人带来经济损失，何况有时著作权人都难以知晓这一情况，因此在这种情况下同人作品的作者往往没有被追究侵犯著作权的法律责任。

（三）同人作品的合理使用问题

同人作品虽与著作人身权和著作财产权之间存在冲突，具有一定的侵权风险，但任何一项创作都离不开现有知识成果的启发和引导，著作权法的核心意义不仅在于保护作者的权益，同时也要兼顾公众获取和利用社会信息的自由，在创作者、传播者和使用者之间实现利益的平衡。实践中，同人作品作者经常使用的侵权抗辩是合理使用制度。从著作权人的角度看，合理使用制度是对著作权的限制。如果从被控侵权人的视角来看，合理使用则是一种抗辩制度。

著作权"合理使用"制度自诞生至今，依然是一个复杂而令人困惑且又争论不休的问题。国内外知识产权法学理论界和实务界也从未停止关于合理使用的界定及其构成要件和判断标准等问题的讨论。我国学者对著作权合理使用的界定在表述上也不尽相同。郑成思先生认为，合理使用是指在利用有版权的作品时，既不需要取得著作权人的同意，一般也不需要支付报酬，而且不构成侵权。❶ 吴汉东教授指出，所谓的合理使用是指在法

---

❶ 郑成思. 知识产权法通论 [M]. 北京：法律出版社，1998：124.

律规定的条件下，不必征得著作权人的同意，又不必向其支付报酬，基于正当目的而使用他人著作权作品的合法行为。❶《伯尔尼公约》第 9 条规定："本同盟成员法律允许在某些特殊情况下复制上述作品，只要这种复制不损害作品的正常使用也不致无故侵害作者的合法利益。"之后的 TRIPs 协议和《世界知识产权组织版权条约》（WCT）等国际条约也逐渐确定了"三步检验法"的标准：（1）要在特定、特殊情形下；（2）不得影响该作品的正常使用；（3）不得不合理地损害著作权人的合法权益。我国著作权法关于合理使用制度的相关规定既是作为缔约方履行国际义务的需要，也有受大陆法系立法传统影响的因素。《美国版权法》第 107 条关于合理使用四要素标准的制定，虽为世界上众多知识产权法学者所称道，但在美国也曾受到一些法官和学者的诘难，而目前仍是被世界各国广泛认可的合理使用判断规则。《最高人民法院关于充分发挥知识产权审判职能作用推动社会主义文化大发展大繁荣和促进经济自主协调发展若干问题的意见》第 8 条关于"考虑作品使用行为的性质和目的、被使用作品的性质、被使用部分的数量和质量、使用对作品潜在市场或价值的影响等因素"正确认定合理使用行为的规定即是参照《美国版权法》第 107 条的结果。鉴于四要素标准的高度概括和抽象，需要在具体案例中结合个案事实加以分析，本书就以《此间的少年》为例，结合我国著作权相关立法规定运用四要素标准来审视同人作品构成合理使用的可能性，进行如下分析。

1. 使用行为的性质和目的

同人创作要构成我国《著作权法》规定的"个人使用"情形，首先应当满足"为个人学习、研究或者欣赏"的要求。倘若同人作者完成创作后并没有公开发表，仅限于自我欣赏或小范围地与他人分享，社会公众无法接触，可以认定符合构成合理使用的这一情形。但从现代同人作品在中国萌芽的初期，同人创作就与网络流行文化的发展息息相关，互联网改变了人们发表、传播和使用作品的方式，由于互联网具有的开放性、交互性，人们接触和利用他人作品的途径大大增加。同人创作一方面是出于表达对

---

❶ 吴汉东. 著作权合理使用制度研究［M］. 北京：中国政法大学出版社，1996：144.

原作的热爱，另一方面是为了与其他共同爱好者沟通交流，获得他人的认同，因此同人作品大多发表在公开的论坛、贴吧等社交平台或是专门的小说网站中。随着信息传播技术和网络文学的蓬勃发展，同人爱好者按照个人想法重新演绎的作品得以更加便捷地在广阔的平台进行分享和传播，这一点在给同人创作者带来极大精神满足的同时也使其难以再符合"个人使用"的目的；其次，合理使用的目的应当是非商业性的，若同人作品完成后被用于商业用途进行谋利，则更难构成合理使用。美国版权法将"具有商业性质或是为了非营利的教育目的"作为识别使用目的"合理性"的标准，早期美国法院的判例在解释使用目的时也将商业性使用判定为"不合理"。随着"转换性使用"理论被提出，其在合理使用判断标准中的地位日益提升，成为构成合理使用判断标准的核心要素。"转换性使用"，是指对原作品的使用并非为了单纯地再现原作品本身的文学艺术价值或实现其内在功能或目的，而是通过增加新的美学内容、新的视角、新的理念或通过其他方式，使原作品在被使用过程中具有了新的价值、功能或性质，从而改变了其原有的功能或目的。❶ 美国版权法中并没有规定所谓的"转化性使用"的概念，它的出现是因为美国法官在个案中理解和运用"使用目的和性质"等要素判断合理使用时分歧很大，出现同案不同判的司法乱象。这一理论最早由美国大法官皮埃尔·列瓦（Pierre N. Leval）在《论合理使用标准》（*Toward a Fair Use Standard*）一文提出，即若二次使用行为基于或利用原作品增加了新表达、新意义或新功能，则该行为通过转换原作品使用目的或方式构成合理使用。❷ 这一观点在 Campbell v. Acuff-Rose Music❸ 案中被美国联邦最高法院所采纳，在 Campbell 案中，Live Crew 乐队将歌曲《美丽女郎》（*Oh，Pretty Woman*）在保留基本旋律的基础上，通过改变曲风和重新填词，对原歌曲的内容进行了嘲讽和讽刺，属于滑稽模仿作品，法院认定该使用行为构成转换性使用。美国版权法规定使用行为的性质和目的包括"具有商业性质或是为了非营利的教育目的"，一般

---

❶ 王迁. 知识产权法教程［M］. 北京：中国人民大学出版社，2019：213.

❷ Pierre N. Leval. Toward a Fair Use Standard［J］. Harvard Law Review, 1990, 103（5）.

❸ Campbell v. Acuff-Rose Music. 510 U. S. 517（1994）.

认为，为了营利而无偿使用他人作品有悖于公平原则，法院倾向于否定商业性行为构成合理性使用。但在 Campbell v. Acuff-Rose Music、Suntrust Bank V. Houghton Mifflin 案❶中被告都将自己的作品进行了商业使用，法院却认为其使用行为可构成合理使用，由此可见，在构成转换性使用的情况下，使用行为的商业性质对是否构成合理使用的影响被弱化，并且使用作品具有的转换性越强，越易被认定为合理使用。随着这一判断规则在司法实践运用中的日渐成熟，其适用的"领地"不再仅局限于滑稽模仿作品，适用范围逐渐扩大。❷ 在我国知识产权法学理论界，也有学者支持在合理使用中确立"转换性使用"的独立地位，认为应当将其纳入著作权法"为介绍、评论某一作品或者说明某一问题，在作品中适当引用他人已经发表的作品"这一法定合理使用类型中。❸ 但亦有学者指出由于"转换性"这一概念本身具有模糊性，美国理论界与司法界中对转换性的判断标准存在分歧，导致各法院对其认定与适用存在混乱且不统一的现象，进而模糊了版权保护边界。❹

笔者认为，判断同人作品究竟属于演绎作品还是构成转换性使用在于其是否侵犯了原作的改编权，根据前文对不同类型同人作品与改编权的冲突的分析，笔者认为非演绎类同人作品构成转换性使用的可能性较大，《此间的少年》对金庸小说的元素的使用即具有明显的转换性。首先，《此间的少年》中借用原著的人物形象并不是为了单纯地再现原著中由人物、情节和环境所构建出的恢宏武侠世界，而是借用部分元素，改变原作的具体内容和表达，创作出全新的故事，其内在核心并不依赖于原著，而是实现了作者所要表达的内容和情感，具备新的价值和意义；其次，同人小说风靡的一大原因也在于读者热衷于一边看自己熟悉的角色演绎另类的桥段与故事，一边与原作品暗暗对照，形成鲜明反差，产生新的审美价值，因

---

❶ Suntrust Bank v. Houghton Mifflin Co., 268 F. 3d 1257 (11th Cir. 2001).

❷ 晏凌煜. 美国司法实践中的"转换性使用"规则及其启示 [J]. 知识产权，2016 (6)：123 - 128.

❸ 熊琦. "用户创造内容"与作品转换性使用认定 [J]. 法学评论，2017 (3)：64 - 74.

❹ 冯晓青，刁佳星. 转换性使用与版权侵权边界研究——基于市场主义与功能主义分析视角 [J]. 湖南大学学报（社会科学版），2019 (5)：134 - 143.

此江南创作《此间的少年》的行为并未对金庸武侠小说起到实质性替代作用。江南最初也是出于好玩的目的将小说发表在论坛中供网友免费欣赏，后来竟出乎意料地变成其真正意义上的成名作。正如学者所言，转换性使用推进了著作权立法促进文艺发展的终极目标。❶

2. 被使用作品的性质

"被使用作品的性质"作为判断合理使用的构成要素，也是一个令人困惑和容易混乱的问题。美国判例中涉及这一要素的内容又很少，因此理解起来更显抽象。区分作品的性质可对作品进行不同的分类，如未发表作品和已发表作品、虚构作品与纪实作品等。根据我国著作权法的规定，使用的作品应当是已经发表的作品。另外，只有具有"独创性"的表达才能成为著作权法意义上的作品，为了鼓励作者的创作性劳动，著作权法对于独创性程度更高的作品保护力度更大。不同类型的作品其独创性的高度各不相同，一般来说，虚构作品的合理使用标准判断要严于纪实作品。由于纪实作品反映出来的各种客观事实如历史记录、人物传记、地理环境等客观对象并不属于著作权法保护的范围，从其发生的那一刻就进入公共领域，可以为所有人自由地使用进行文艺创作。

同人作品的创作类型繁多，数量可观，其共性在于都以他人的创作为基础，不论同人作品与原作的关联性强弱，即便是基于新鲜的想法、独立的思考和截然不同的故事内容进行的，也必定是把原著所塑造的现成人物拿去开展创作，否则就是全新的原创而不属于同人作品。同人创作有时不仅是出于对原著人物的喜爱，而且在于这种创作方式可以"偷懒"，使用人们耳熟能详的人物进行二次加工，可在故事之始就在读者脑海留下大致的人物轮廓，这样既不用费力尽心地刻画角色特征，又可省略大量绵密的铺垫，推进故事情节发展，❷ 这也相当符合网络文学速写速读的模式。然而，人物形象通常是文学作品中的核心要素，刻画人物角色需要作者在作品中结合故事情节和环境描写进行，特别是对于原创的虚拟人物来说，人

❶　王迁. 知识产权法教程 [M]. 北京：中国人民大学出版社，2019：213.
❷　许苗苗. 网络小说：类型化现状及成因 [J]. 文艺评论，2009（5）：32－36.

物的力量体现在作者的个性化表达，作者为塑造个性鲜明的人物往往倾注了大量心血，是作者创作力和劳动力的结晶，具有高度的独创性和可识别性，使公众看到某一人物角色马上就能联想到原著及其作者。同人作品借用他人角色进行创作的行为也激发了知识产权法学界关于虚拟人物形象著作权保护问题的讨论，有学者认为具体化、个性化的情节与角色应受版权保护。❶ 由此可见，同人作品创作时对虚构作品的使用限度应当小于纪实作品，使用虚构作品构成合理使用的可能性更小。

3. 被使用部分的数量和质量

被使用部分的数量和质量，即使用他人作品的程度，可以从数量和实质两方面进行分析。一般来说，被使用作品部分的数量越多，价值越高，就越难构成合理使用。同人作品要构成我国《著作权法》规定的"适当引用"情形，关键在于同人创作时对原作的依托应当处在"适当引用"的范围内。我国著作权法没有对何为"适当引用"作出明确的解释，导致司法实践中缺失统一的判断标准。在美国谷歌图书馆案中，谷歌公司为建立数字图书馆，未经作者的许可，对许多享有版权的图书进行全文扫描并复制，为此其经历了长达数年的侵权之诉。最终美国地区法院和第二巡回上诉法院都认定谷歌公司的行为构成合理使用而判决其胜诉，理由在于法院认为不能片面地因为对作品的使用数量和比例较大就排除其构成合理使用的可能性，而应当结合其使用行为的目的进行判断。❷ 在 Harper & Row V Nation Enterprises❸案中，被告《国家报》（*Nation Enterprise*）在报纸文章中未经允许擅自引用并披露了美国前总统福特尚未出版的回忆录《治愈时刻》（*A Time to Heal*）中的内容，虽然被告只从20多万字的手稿中引用了大约300个字词，并且这些引用是从作品不同部分中孤立的段落中摘录的，但法官认为，被告实际引用的部分是作者最有力的段落之一，包含其自己

---

❶ 卢海君. 同人创作、同人作品与版权责任——《此间的少年》案所引发的思考［J］. 中国出版，2017（11）：53 – 56.

❷ The Authors Gurld, Inc. , and Betty Mrles, Joesph Goulden, and Jim Bouton V. Google Inc. 954 F. Supp. 2d 282（2013）.

❸ Harper & Row v. Nation Enterprises（1985）No. 83 – 1632.

的思考和看法，充满了情感和深刻的个人价值判断，整篇文章足以侵蚀福特先生作品的潜在销售市场，因而法官驳回了被告行为构成合理使用的抗辩。可见，被使用部分的数量及其重要性这一要素在考量是否构成合理使用时的标准具有一定的弹性，应该根据个案情况具体分析。

同人作品所借用的原著中的角色名称、人物性格和人物关系等始终贯穿作品之中，引用的数量看似较多，对构成合理使用的认定较为不利。演绎类同人作品对原作的引用无论是从量还是从质的方面都已经逾越了"适当"的界限，而某些恶意扭曲、篡改原作，破坏了原作完整性的非演绎类同人作品则已脱离了"介绍、评论或是说明某一问题"的范畴，亦不能被纳入合理使用的范围。但"被使用部分的数量和质量"这一因素不是判断构成合理使用的核心要素。衡量该因素的目的还是在于判断使用行为是否会实质性替代原作，给原作品市场造成不良影响。尽管江南在《此间的少年》使用了金庸多部武侠小说中的人物角色，但从使用的程度来看，此小说只是借用了人物名称、简单的人物性格特征和人物关系，在没有添加具体情节的情形下，仅凭这种单薄的元素难以刻画出生动丰满的人物形象，进而反映原作的思想内涵和价值内核，不构成金庸小说的实质性部分，因而属于合理使用。

4. 使用行为对作品潜在市场或价值的影响

使用对作品潜在市场或价值的影响，亦即使用结果对原作造成的影响被认为是合理使用四要素判断标准中最重要的一个。合理使用是著作权人的经济权利在一定程度上的让渡，只有使用结果对原作造成的影响达到一定程度，才认为是超越了合理使用的范围。[1]同人作品给原作带来的并非是单一的积极促进或是消极影响，而是好坏兼而有之。好的一面是同人作品的出现不仅反映了原作的受欢迎程度，由于同人作品在网络上公开、免费传播的特性，更相当于在为原作做免费宣传，它的出现往往增加了原作的曝光率，间接地扩大了原作影响力。另外，同人作品的大众化使更多人

---

[1]　于玉，纪晓昕. 我国著作权合理使用判断标准的反思与重构 [J]. 法学论坛，2007 (3)：90 - 96.

乐于接纳和包容与原著设定不同的思想观点，优秀的同人作品不仅受到爱好者和粉丝们的热捧，还会吸引普通大众的关注，实践中不乏因为喜欢同人作品进而喜爱原作的例子，反而还能促使没有接触过原作的新受众去购买原作，客观上推动了原作的畅销，对其市场起到积极的影响。

使用结果对原作造成的影响不仅包括实际发生的，还包括潜在发生的，但是同人作品是否会对原作潜在市场或价值产生较大的影响不能一概而论。非演绎类同人作品，以《此间的少年》为例，是在借用少量原作素材的基础上进行的全新创作，具备全新的思想内容和功能价值，可构成转换性使用。金庸小说构建的武侠世界展现的是江湖人的侠骨柔肠，折射人间的沧桑百态；江南的《此间的少年》讲述的是现代大学生活故事，表达的是青春年少的浪漫情怀。金庸即使续写其作品也不太可能会颠覆文中的历史背景、重新塑造人物的个性特征和重置人物关系进行异时空创作，两者无论是从市场认知度、出版市场和目标读者等方面都存在较大的差异，所以该同人作品既不会引发读者的混淆，也难以对原作形成实质性替代，不会降低原作的市场经济价值。而对于演绎类同人作品来说，特别是续写类作品，如前传后续或是挖掘原作支线创作的平行小说，暂时未对原作现有市场产生影响不意味着其不会损害原作品的潜在市场，因为对于许多作品而言，其经济价值的完全实现还有赖于后续创作。这类同人小说依托原著塑造的人物或对原著中原本着色不多的角色进行再加工和再利用，增添新情节，基于对原作所塑造的人物形象的理解，演绎类同人作品很有可能与原作者的后续创作思路一致，而这类同人作品一旦出现，就干扰或阻断了原作向某个方向进行创作，否则便有"抄袭"粉丝创意的嫌疑。在这种情况下，即使同人作者不以营利为目的，仅将作品发表在公共平台上供大家欣赏，尚未得到实质的经济利益，却在无形中侵占了原作的预期市场，在原作市场造成实质性替代，从而影响其经济价值，这正是许多著作权人无法容忍同人改编的原因之一。

综上所述，同人作品能否构成合理使用这一问题并没有绝对肯定或否定的回答，应该根据上述"四要素标准"对个案进行具体分析，赋予法官自由裁量权，更多地考虑从同人作品的表达方式、创作动机、作品用途、对原作的依赖程度以及对原作的影响等方面考虑具体案件中的同人作品是否符合合理使用的情形，平衡好著作权人和作品使用者之间的利益关系，以避免或减轻法律移植造成的水土不服。

纵观历史，同人作品不仅是文学艺术繁荣发展进程中的重要组成部分，也是网络时代文化自由创新的体现。同人作品有其存在的艺术价值和法律基础，一味对其加以禁止，不仅不利于实现著作权鼓励作品的创作和传播的立法目的，也是不现实、难以推行的，应当建立有效的规范机制，引导同人创作的健康、有序发展，合理使用制度可以为同人作品提供合法性基础，并且从同人作品的创作特点来看，它具有符合"转换性使用"的可能性。虽然我国的立法中并没有关于"转换性使用"的界定，但在司法实践中已经开始了大胆的借鉴和尝试，这对促进我国著作权合理使用的立法完善具有重要意义。

三、延伸阅读案例：上海玄霆公司诉张某某、北京先锋公司等著作权侵权纠纷案

1. 案情介绍❶

原告上海玄霆娱乐信息科技有限公司（以下简称"玄霆公司"）与被告北京新华先锋文化传媒有限公司（以下简称"先锋文化公司"）、北京新华先锋出版科技有限公司（以下简称"先锋出版公司"）、群言出版社、上海新华传媒连锁有限公司（以下简称"新华传媒公司"）著作权侵权及不正当竞争纠纷一案，于2015年12月22日在上海市浦东新区人民法院立案后，依法追加张某某为共同被告，追加万达影视传媒有限公司（以下简称"万达影视公司"）为第三人。原告玄霆公司请求法院判令：（1）被告先锋文化公司、先锋出版公司、群言出版社、张某某立即停止出版发行中文简体纸质图书《摸金校尉之九幽将军》过程中侵犯著作权及不正当竞争的行为；（2）被告先锋文化公司、先锋出版公司、群言出版社、张某某共同在《新民晚报》刊登声明、消除影响；（3）被告先锋文化公司、先锋出版公

---

❶　上海市浦东新区人民法院（2015）浦民三（知）初字第838号民事判决书。

司、群言出版社、张某某共同赔偿原告经济损失及合理支出共计 2000 万元；（4）被告新华传媒公司停止销售《摸金校尉之九幽将军》纸质图书。

原告玄霆公司主张的事实和理由主要有：原告从《鬼吹灯》系列小说作者张某某（笔名天下霸唱）处受让取得了该小说的著作财产权。经过原告的版权运营，该小说已享有极高的知名度。万达影视公司经原告授权根据《鬼吹灯》第二部改编拍摄了电影《鬼吹灯之寻龙诀》（以下简称"《寻龙诀》"），并于 2015 年 12 月 18 日正式上映。现原告发现五被告在创作、出版、发行涉案《摸金校尉之九幽将军》图书（以下简称"《摸金校尉》"）时实施了以下著作权侵权及不正当竞争行为：（1）著作权侵权行为，被控侵权图书大量使用了原告《鬼吹灯》系列小说的人物名称、人物形象、人物关系、盗墓方法、盗墓需遵循的禁忌规矩等独创性表达要素，侵犯了原告享有的演绎权；（2）不正当竞争行为，即擅自使用原告知名商品特有的作品名称和主要人物名称的行为及与电影《寻龙诀》有关的引人误解的虚假宣传行为，具体表现为在图书封面中使用电影《寻龙诀》海报、在图书封面及宣传中使用电影《寻龙诀》预告片台词、使用电影《寻龙诀》预告片作为被控侵权图书宣传视频，等等。被告实施的上述行为会使读者把《摸金校尉》误认为电影《寻龙诀》的原著小说，而实际上电影《寻龙诀》系根据《鬼吹灯》系列小说改编，因此被告的上述行为应该从整体上认定构成引人误解的虚假宣传行为。被告先锋文化公司、先锋出版公司、群言出版社、新华传媒公司、张某某辩称：（1）《摸金校尉》的故事情节、故事内容与《鬼吹灯》系列小说完全不同，时间线也没有延续《鬼吹灯》系列小说，而是一部全新创作的作品；（2）根据万达影视公司与原告的合同约定，允许被控侵权图书使用电影海报、电影预告片等，这些均是被告的正常履约行为，并无虚假宣传的内容；（3）原告主张的人物形象、盗墓的规矩和禁忌等并非故事情节，属于思想范畴，不是著作权法保护的对象；（4）张某某与原告在《鬼吹灯Ⅱ》著作权转让协议中的约定仅限制了张某某在新作品中使用"鬼吹灯"三个字作为作品名称或主要章节标题，并没有限制张某某创作类似题材的作品；（5）"鬼吹灯"不能作为知名商品特有名称保护，"胡八一""Shirley 杨""王胖子"只是该小说中的主要人物名称，并不能作为商品名称保护；（6）本案中，张某某使用自己创作的人物形象、设定、方法再创作，是行业中作者继续创作的正常方式，并不违反商业伦理道德。综上，被告既不侵犯著作权也不构成不正当竞争，请求法院驳回原告全部诉讼请求。

2. 法院裁判

上海市浦东新区人民法院经审理认为，被控侵权图书虽然使用了与原告权利作品相同的人物名称、关系、盗墓规矩等要素，但《摸金校尉》有自己独立的情节和表达内容，形成了一个全新的故事内容，与原告作品在情节上并不相同或相似，也无任何延续关系，不构成对原告著作权的侵犯。被控侵权图书封面使用电影《寻龙诀》海报等行为，易使相关公众将被控侵权图书误认为电影《寻龙诀》的原著或与原著内容有关联，可能会造成取代电影原著小说地位的后果，对原告利益造成实质性损害，从而构成引人误解的虚假宣传。法院判决：被告新华文化公司、先锋出版公司、群言出版社停止虚假宣传行为并刊登声明消除影响；被告新华公司停止销售涉案图书；被告先锋文化公司、先锋出版社赔偿玄霆公司经济损失90万元，群言出版社对其中的60万元承担连带赔偿责任，三被告共同承担合理费用12.6万元；驳回原告玄霆公司的其余诉讼请求。

该案一审判决后受到社会各界广泛关注，被多家媒体报道，入选2017年度中国十大版权热点案件和2019年度中国十大娱乐法事例。

参考阅读资料

[1] 孙玉荣，等. 著作权法前沿热点问题探究 [M]. 北京：知识产权出版社，2020.

[2] 孙玉荣，李贤. 同人作品著作权合理使用问题探析 [J]. 科技与法律，2020（6）.

[3] 王迁. 同人作品著作权侵权问题初探 [J]. 中国版权，2017（3）.

[4] 王迁. 知识产权法教程 [M]. 北京：中国人民大学出版社，2019.

[5] 冯晓青，刁佳星. 转换性使用与版权侵权边界研究——基于市场主义

与功能主义分析视角［J］. 湖南大学学报（社会科学版），2019（5）.

［6］卢海君. 同人创作、同人作品与版权责任——《此间的少年》案所引发的思考［J］. 中国出版，2017（11）.

［7］张伟君. 从"金庸诉江南"案看反不正当竞争法与知识产权法的关系［J］. 知识产权，2018（10）.

［8］晏凌煜. 美国司法实践中的"转换性使用"规则及其启示［J］. 知识产权，2016（6）.

［9］熊琦. "用户创造内容"与作品转换性使用认定［J］. 法学评论，2017（3）.

［10］林莺. 同人作品合法性问题探究［J］. 中国版权，2015（5）.

第二编

商标权

第六章　商标的注册

第一节　立体商标注册

一、典型案例：克里斯蒂昂迪奥尔香料公司与国家工商行政管理总局商标评审委员会商标申请驳回复审行政纠纷案❶

1. 案情介绍

涉案申请商标为国际注册第 1221382 号图形商标"♗"，申请人为迪奥尔公司，申请日为 2014 年 4 月 16 日，指定使用商品（第 3 类，类似群 0301；0305－0306）：香料制品、芳香淋浴凝胶、肥皂、香水、浓香水、花露水、香水精、身体芳香乳液、身体用芳香洗剂和油等。2015 年 7 月 13 日，国家工商行政管理总局商标局（以下简称"商标局"）根据《商标法》第 11 条的规定，作出《驳回通知书》，驳回申请商标全部指定商品在中国的领土延伸保护申请。

在法定期限内，迪奥尔公司向商标评审委员会提出复审申请。2016 年

---

❶　参见北京知识产权法院（2016）京 73 行初 3047 号行政判决书、北京市高级人民法院（2017）京行终 744 号行政判决书、最高人民法院（2018）最高法行再 26 号行政判决书。

2月22日，商标评审委员会作出商评字〔2016〕第13584号《关于国际注册第1221382号图形商标驳回复审决定书》（以下简称"第13584号决定"），认定：申请商标是一个由瓶子构成的图形，易被识别为指定商品的常用容器，以此作商标指定使用在第3类香水等商品上，消费者不易将其作为商标识别，难以起到区别商品来源的作用，缺乏商标应有的显著性。商标评审采用个案审查原则，迪奥尔公司所提类似的商标已获准注册的理由不能成为本案申请商标获准注册的当然理由。迪奥尔公司提交的在案证据不足以证明申请商标经过宣传、使用与迪奥尔公司形成唯一对应关系，具备商标应有的显著特征。商标评审委员会决定：对申请商标指定使用在第3类复审商品上在中国的领土延伸保护申请予以驳回。

迪奥尔公司不服第13584号决定，向北京知识产权法院提起行政诉讼。迪奥尔公司主张申请商标为三维立体和指定颜色的商标，商标局和商标评审委员会在商标档案中错误地将申请商标记录为未指定颜色的普通商标，属于重要事实漏审。另外，迪奥尔公司主张第13584号决定未对其在复审阶段提交的申请商标使用证据进行评述，属于程序错误，存在漏审。

一审北京知识产权法院认为：（1）申请商标不具有商标标志所应具有的显著特征，缺乏注册为商标所应具备的固有显著性。迪奥尔公司提交的证据不能证明申请商标经使用已经具有区分商品来源的显著性。（2）是否以三维标志申请注册商标，迪奥尔公司负有主动向商标局予以说明的义务，但是迪奥尔公司在向商标局递交的申请书中对此事实未予说明；且商标局和商标评审委员会在商标档案中录入申请商标信息是否存在错误之处，并非本案的审理范围，迪奥尔公司可通过其他途径寻求救济；迪奥尔公司在复审程序中亦未明确将申请商标档案信息录入错误这一事实作为复审理由之一；即使考虑到申请商标为三维立体标志和指定颜色的商标这一事实，基于前述分析，申请商标仍不具备显著性。（3）迪奥尔公司主张第13584号决定未对其在复审阶段提交的申请商标使用证据进行评述，属于程序错误，存在漏审。但商标评审委员会对迪奥尔公司提交的证据进行了综合性评述，并未遗漏审查，迪奥尔公司的该项主张没有事实和法律依据。

迪奥尔公司不服一审判决，向北京市高级人民法院提起上诉，请求撤销原审判决及第 13584 号决定并判令商标评审委员会重新作出决定。二审北京市高级人民法院认为：（1）本案应适用 2013 年 8 月 30 日修正的《商标法》及 2014 年《商标法实施条例》进行审理。本案中，迪奥尔公司并未在国际局国际注册簿登记之日起 3 个月内向商标局声明申请商标为三维标志并提交至少包含三面视图的商标图样，而是直至驳回复审阶段在第一次补充理由书中才明确提出申请商标为三维标志并提交三面视图。根据 2014 年《商标法实施条例》第 13 条第 3 款、第 43 条的规定，在迪奥尔公司未声明申请商标为三维标志并提交相关文件的情况下，商标局将申请商标作为普通图形商标进行审查，并无不当。商标局在商标档案中对申请商标的指定颜色、商标形式等信息是否存在登记错误，并非本案的审理范围，迪奥尔公司可通过其他途径寻求救济。（2）迪奥尔公司在向商标评审委员会提出复审申请时并未明确提出申请商标为三维标志的主张，商标局亦未将申请商标作为三维标志加以审查，因此，商标评审委员会基于商标局登记的商标档案，对申请商标按照普通图形商标进行审理并无不当。迪奥尔公司关于商标评审委员会未对申请商标为指定颜色的三维标志的事实予以评述的漏审理由不能成立。（3）判断申请商标是否具有显著特征，应当综合考虑商标标志本身、商标指定使用商品、相关公众的认知习惯以及商标指定使用商品所属行业的实际使用情况等因素。本案中，申请商标是由圆锥形香水瓶图案构成的图形商标，虽然该图案在瓶体造型和装饰上具有一定特点，但作为图形商标指定使用在香水、香料制品等商品上，根据一般消费者的识别能力，易将其作为商品包装或装饰图样进行识别，难以起到区分商品来源的作用。申请商标缺乏固有的显著特征，属于《商标法》第 11 条第 1 款第 3 项规定的不得作为商标注册的情形。迪奥尔公司关于申请商标设计独特、具有较强显著性的上诉理由不能成立，法院不予支持。（4）在申请商标标志本身缺乏显著特征的情形下，应当结合相关证据判断该标志是否属于通过实际使用取得显著特征并便于识别的情形。本案中，迪奥尔公司提交的证据虽然能够证明该公司"J'adore 真我"香水系列商品在中国市场上进行了较为广泛的销售，但尚不足以证明在申请商标作为普通图形商标的情况下，相关公众能够在该商标指定使用的香水、香料制品等商品上将其作为标示商品来源的标志进行识别从而获得显著特征。

因此，迪奥尔公司关于申请商标经过长期广泛的使用已获得显著性的上诉理由不能成立，法院不予支持。

迪奥尔公司不服二审判决，向最高人民法院申请再审，请求撤销一审、二审判决和第 13584 号决定，并判令商标评审委员会重新作出复审决定。最高人民法院经审理认为，关于第 13584 号决定是否违反法定程序，审查对象的申请商标应当为指定颜色的三维立体商标，一审、二审法院对第 13584 号决定予以维持的做法不当，商标评审委员会应当基于迪奥尔公司在复审程序中提出的与商标类型有关的复审理由，纠正商标局的不当认定，并根据三维标志是否具备显著特征的评判标准，对申请商标指定中国的领土延伸保护申请是否应予准许的问题重新进行审查。

2. 法院裁判

北京知识产权法院判决：驳回迪奥尔公司的诉讼请求。

北京市高级人民法院判决：驳回上诉，维持原判。

最高人民法院判决：（1）撤销北京市高级人民法院（2017）京行终 744 号行政判决；（2）撤销北京知识产权法院（2016）京 73 行初 3047 号行政判决；（3）撤销国家工商行政管理总局商标评审委员会商评字〔2016〕第 13584 号关于国际注册第 1221382 号图形商标驳回复审决定书；（4）判令国家工商行政管理总局商标评审委员会对国际注册第 1221382 号商标重新作出复审决定。

3. 焦点分析

本案涉及非传统商标注册的问题，在实践中引发较大的争议。结合本案具体案情而言，其不仅关涉商标注册中的实体内容，还涉及重要的延伸领土保护的程序内容。

涉案的"第 13584 号决定"是否违反法定程序，是本案展开讨论的前提。商标评审委员会作出的第 13584 号《关于国际注册第 1221382 号图形商标驳回复审决定书》是本案被诉对象。根据双方无争议的事实，申请商标国际注册信息中明确记载，申请商标指定的商标类型为"三维立体商标"，且其三维形式被具体地描述为：商标如同精致拉长的数字"8"，上部是一个小的圆球，底部为椭圆形状。瓶身装饰为金色。商标评审委员会对上述事实予以认可。在无相反证据的情况下，申请商标国际注册信息中关于商标具体类型的记载，应当视为迪奥尔公司关于申请商标为三维标志的声明形式。也可合理推定，在申请商标指定国进行领土延伸保护的过程中，世界知识产权组织国际局（以下简称"国际局"）向商标局转送的申请信息与之相符，商标局应知晓上述信息。因国际注册商标的申请人无须在指定国家再次提出注册申请，故由国际局向商标局转送的申请商标信息，应当是商标局据以审查、决定申请商标指定中国的领土延伸保护申请能否获得支持的事实依据。根据现有证据，申请商标请求在中国获得注册的商标类型为"三维立体商标"，而非记载于商标局档案并作为商标局、商标评审委员会审查基础的"普通商标"。这是对本案其他问题展开讨论的前提。

　　基于上诉问题的阐述，第 13584 号决定是否违反法定程序也是在诉讼程序中备受争议的焦点问题之一。根据《商标法实施条例》第 52 条第 1 款的规定，商标评审委员会审理不服商标局驳回商标注册申请决定的复审案件，应当针对商标局的驳回决定和申请人申请复审的事实、理由、请求及评审时的事实状态进行审查。本案中，迪奥尔公司在商标评审程序中提交的复审理由书曾明确提出：申请商标为指定颜色的三维立体商标，因申请商标为国际注册，迪奥尔公司无法就此向商标局作出说明，也未能获得补正机会。迪奥尔公司同于评审程序中向商标评审委员会提交了申请商标的三面视图。以上事实足以说明，迪奥尔公司已经在评审程序中明确了申请商标的具体类型为三维立体商标，并通过补充三面视图的方式提出了补正要求。但是商标评审委员会既未在第 13584 号决定中予以如实记载，也未针对迪奥尔公司提出的上述主张，对商标局驳回决定依据的相关事实是否有误予以核实，而仍将申请商标作为"图形商标"进行审查并径行驳回迪奥尔公司复审申请，这种做法违反了法定程序。对于商标局的复审机关——商标评审委员会，在迪奥尔公司已经明确提出复审理由并提供了佐证其主张的相关证据的情况下，应当依据申请商标的其实状态，纠正商标局对申请商标类型作出的错误认定。

　　实际上这也关涉对《马德里协定》及其议定书精神的理解。《马德里协定》及其议定书制定的主要目的是通过建立国际合作机制，确立和完善商标国际注册程序，减少和简化注册手续，便利申请人以最低成本在所需国家获得商标保护。本案中，申请商标作为指定中国的马德里商标国际注册申请，有关申请材料应当以国际局向商标局转送的内容为准。迪奥尔公司已经在商标国际注册程序中对申请商标为三维立体商标这一事实作出声明，说明了申请商标的具体使用方式并提供了申请商标的一面视图。即迪奥尔公司已经根据《马德里协定》及其议定书的规定，完成了申请商标的国际注册程序，以及《商标法实施条例》第 13 条规定的声明与说明义务，属于申请手续基本齐备的情形。在申请材料仅欠缺《商标法实施条例》规定的部分视图等形式要件的情况下，商标行政机关应当秉承积极履行国际公约义务的精神，给予申请人合理的补正机会。具体而言，首先，商标局应当根据迪奥尔公司在国际注册程序中作出声明与说明的内容，将申请商标的类型如实记载为"三维标志"。其次，在迪奥尔公司已经对申请商标的类型予以明确，而仅欠缺部分视图等申请材料的形式要件的情况下，商标局应当充分考虑商标国际注册程序的特殊性，参照《商标法实施条例》第 40 条第 2 款的规定，给予迪奥尔公司补正申请材料的机会，以平等、充分保障包括迪奥尔公司在内的国际注册申请人的合法利益。本案中，商标局并未如实记载迪奥尔公司在国际注册程序中对商标类型作出的声明，且在未给予迪奥尔公司合理补正机会，并欠缺当事人请求与事实依据的情况下，径行将申请商标类型变更为普通商标并作出不利于迪奥尔公司的审查结论，商标评审委员会对此未予纠正的做法，均缺乏事实与法律依据。

对于商标的审查最重要的是看商标是否具有显著性，这也是商标相关行政纠纷中的核心问题。本案中，申请商标是否具备显著特征首先应当确定涉案商标的性质。由于迪奥尔公司在国际注册程序中已将申请商标类型明确为三维立体商标，商标评审委员会应当基于迪奥尔公司在复审程序中提出的与商标类型有关的复审理由，纠正商标局的不当认定，并根据三维标志是否具备显著特征的评判标准，对申请商标指定中国的领土延伸保护申请是否应予准许的问题重新进行审查。

关于显著性的考察，不仅要考虑商标本身的显著性——固有显著性，还要考虑商标后续获得的显著性——获得显著性。在考察商标显著性时，应当对以下要素进行审查：一是申请商标的固有显著性与获得显著性，特别是申请商标进入中国市场的时间，在案证据能够证明的实际使用与宣传推广的情况，以及申请商标因此而产生识别商品来源功能的可能性。二是审查标准一致性的原则。商标评审及司法审查程序虽然要考虑个案情况，但审查的基本依据均为商标法及其相关行政法规规定，不能以个案审查为由忽视执法标准的统一性问题。

二、法理探究

（一）该案的典型价值及社会影响

该案表面看是一个商标显著性问题的案件，但是其本质是国际商标在国内获得领土延伸保护的程序问题。申请商标经国际注册后，根据《商标国际注册马德里协定》《商标国际注册马德里协定有关议定书》的相关规定，迪奥尔公司通过国际局，向澳大利亚、丹麦、芬兰、英国、中国等提出领土延伸保护申请。本案即发生于迪奥尔公司向我国申请领土延伸保护的过程。

2015年7月13日，商标局向国际局发出申请商标的驳回通知书，以申请商标缺乏显著性为由，驳回全部指定商品在中国的领土延伸保护申请。后续迪奥尔公司先后经过一审、二审、再审，最终获得了最高人民法院对相关问题的纠错。本案历经时间之长、影响之大、商标法意义之重大使得其典型性十足。首先，在该案中，最高人民法院公开审理并当庭宣判该案再审判决，对涉案争议问题尤其是核心问题进行了详细的焦点辨析，平等保护了中外商标权人的合法权益，对树立我国知识产权规范保护、平等保护的良好形象非常有帮助。且因为本案的知名度非常高，社会对之也非常期待，因此获得了社会的广泛关注，影响范围广而深远。其次，在本案中，最高人民法院对根据《马德里协定》及其议定书完成申请商标的国际注册程序后，如何履行国内程序，其与国内《商标法实施条例》规定如何协调，做出了重要的关系梳理，对商标国际注册国际程序与国内程序的衔接做出了清晰的关系界定，对相关程序规范具有较大的指引作用。最后，本案的典型意义还在于我国对商标申请人提供了非常及时的司法救济，对境外当事人提供了全面的保护，是我国践行国际义务的一种积极体现，意义深远。

基于本案例的典型性和重要性，其被纳入"2018年度中国十大影响性诉讼""2018年中国法院10大知识产权案件"，2019年12月24日该案被作为"中国指导性案例114号"发布。

（二）商标国际注册延伸领土保护的国内程序

1. 商标局对延伸领土保护审查的依据

我国是《马德里协定》及议定书的签署方，应当践行相关国际义务。在商标国际注册流程中，按照国际注册申请中国领土延伸保护的审查流程，该国际注册商标由国际局直接将相关材料转至商标局进行审查，而非由商标申请人向商标局提交。根据《商标法实施条例》（2014）第43条规定："指定中国的领土延伸申请人，要求将三维标志、颜色组合、声音标志作为商标保护或者要求保护集体商标、证明商标的，自该商标在国际局国际注册簿登记之日起3个月内，应当通过依法设立的商标代理机构，向商标局提交本条例第十三条规定的相关材料。未在上述期限内提交相关材料的，商标局驳回该领土延伸申请。"《商标法实施条例》（2014）第13条第3款规定："以三维标志申请商标注册的，应当在申请书中予以声明，说明商标的使用方式，并提交能够确定三维形状的图样，提交的商标图样应当至少包含三面视图。"这就产生了在实际的商标领土延伸保护申请中商标局审查的依据是国际局转至商标局的材料还是商标领土延伸申请人向商标局提交的相关材料的问题。

本案中，商标评审委员会认为：申请商标为国际注册并指定中国进行领土延伸保护的商标，国际局于2014年11月6日将申请材料移交至商标局，同时在国际注册簿中进行登记。迪奥尔公司应在此后3个月内向商标局提交《商标法实施条例》第 13 条规定的材料，由于迪奥尔公司并未在期限内向商标局补充材料，商标局将申请商标作为普通商标进行审查并无不当。

迪奥尔公司涉案申请商标国际注册信息中明确记载，申请商标指定的商标类型为"三维立体商标"，且其三维形式被具体地描述为：商标如同精致拉长的数字"8"，上部是一个小的圆球，底部为椭圆形状。瓶身装饰为金色。商标评审委员会对上述事实予以认可。在无相反证据的情况下，申请商标国际注册信息中关于商标具体类型的记载，应当视为迪奥尔公司关于申请商标为三维标志的声明形式。在申请商标指定中国进行领土延伸保护的过程中，国际局向商标局转送的申请信息与之相符，商标局应知晓上述信息。基于此，本案中商标审查机关应当以"三维立体商标"作为审查对象，而不应以迪奥尔公司未另行提交"三维立体商标"的材料为由作出案中决定。

2. 延伸领土保护国内阶段的补正机会

《商标法实施条例》第 52 条第 1 款规定，商标评审委员会审理不服商标局驳回商标注册申请决定的复审案件，应当针对商标局的驳回决定和申请人申请复审的事实、理由、请求及评审时的事实状态进行审查。迪奥尔公司认为，其已经在评审程序中提出申请商标为指定颜色的三维立体商标并补充了三面视图，商标评审委员会遗漏迪奥尔公司该主张，并以"普通商标"为基础作出决定的行为违反法定程序。

正如最高人民法院在再审判决中所述，"《马德里协定》及其议定书制定的主要目的是通过建立国际合作机制，确立和完善商标国际注册程序，减少和简化注册手续，便利申请人以最低成本在所需国家获得商标保护"。尤其是在国际局已经将相关材料转至国家商标局时，国家商标局理应知晓相关材料内容——当事人的商标为"三维立体商标"，而非图形商标，而无须以当事人没有另行提交明确的三维立体商标的材料即产生与国际局材料明显相违背的认知。《马德里协定》及其议定书是我国要践行的国际规则之一，之所以要建立国际商标注册的规则就是要提高效率。在当事人提交材料不满足相关规定之际，应当给予当事人补正的机会。这样方显程序正义，即在申请材料仅欠缺《商标法实施条例》规定的部分视图等形式要件的情况下，商标行政机关应当秉承积极履行国际公约义务的精神，给予申请人合理的补正机会。

综合来讲，本案中申请人已经完成商标国际注册马德里协定及其议定书规定的国际注册程序，相关国际注册信息即为申请人的商标申请声明，商标局也应以由国际局转送的申请商标信息为依据进行审查。在当事人依据《商标法实施条例》的规定提交材料仅欠缺《商标法实施条例》规定的部分视图等形式要件的情况下，补正机会是商标局应当给当事人予以保障的内容。

（三）立体商标显著性的判断

显著性是商标获得注册的必要条件，也是商标能够发挥识别来源功能的最重要的基础，因此在商标法体系中显著性处于非常关键的地位。立体商标在我国 2001 年《商标法》修改时才被纳入可注册商标范围。自此之后，对于立体商标显著性的认定一直比较有争议，实践中也出现了较为明显的对立体商标显著性认识不一的现象，比如金莎巧克力商标案[1]、之宝打火机案[2]等均可见商标评审机关与司法机关的认定差异。立体商标与平面商标不同，其能够被文字表述及图示表示的精准度也较为有限。更重要的是，三维标志的显著性之所以判断比较困难，是因为其本身即为一定的容器或商品的形状设计，这种具有功能性负载的标识如何能够让人认为其表示来源，区分于功能性而独立形成其商标功能，这是难点和重点。这种非功能性的限制是立体商标与平面商标显著性判定的最大区别。[3]

就立体商标本身显著性的判断而言，商标注册申请人经常以其标识为独特设计而认为其具有固有显著性，但实际上独特设计并不一定等于具有固有显著性。[4] 从消费者的认知层面看，立体商标有关的相关公众也常常

---

[1] 北京市第一中级人民法院（2007）一中行初字第 815 号行政判决书。
[2] 北京市高级人民法院（2013）高行终字第 1249 号行政判决书。
[3] 袁博. 论立体商标的注册条件：非功能性和显著性 [J]. 中华商标，2013（3）：77 - 81.
[4] 程德理. 立体商标固有显著性认定研究 [J]. 电子知识产权，2019（10）：16 - 29.

将相关设计看作商品或者包装的形状设计本身。❶ 立体商标的显著性从获得显著性角度来看或许会有更大的被认可空间。

获得显著性也称后发显著性。获得显著性是通过对商标使用使得商标负载商誉进而使得其自身获得区分功能的一种认可，其维护的是商标法中的诚实信用、商标秩序。《商标法》第 11 条第 2 款规定，"前款所列标志经过使用取得显著特征，并便于识别的，可以作为商标注册"。这是获得显著性的直接法律依据。《最高人民法院关于审理商标授权确权行政案件若干问题的规定》第 9 条第 1 款规定，"仅以商品自身形状或者自身形状的一部分作为三维标志申请注册商标，相关公众一般情况下不易将其识别为指示商品来源标志的，该三维标志不具有作为商标的显著特征"。第 2 款规定，"该形状系申请人所独创或者最早使用并不能当然导致其具有作为商标的显著特征"。第 3 款规定，"第一款所称标志经过长期或者广泛使用，相关公众能够通过该标志识别商品来源的，可以认定该标志具有显著特征"。其中需要着重理解的是：第一，本身不具有显著性的标志得到了"长期"的使用或者"广泛"的使用。第二，商标使用达到了一定的结果，这个结果的核心是其获得了区分来源的商标基本功能，即相关公众能够通过该标志识别商品来源。

本案中，商标局对申请商标是否为立体商标和是否缺乏显著性等问题进行了全面审查。迪奥尔公司认为，其申请商标设计独特，具有固有显著性。申请商标是著名香水品牌 J'adore 的三维立体商标，对应中文品牌为"真我"，由法国艺术家尚 – 米歇尔·欧托尼耶（Jean-Michel Othoniel）等为"真我"（J'adore）香水量身定制，瓶身细节精美，玻璃与金属拉丝完美结合，表现出高贵干练而又率真自信的女性形象，并非普通或者常用的产品包装形式，也不是通用的香水瓶设计，已成为个性化的符号，完全能够作为立体商标起到识别商品来源的作用。此外，迪奥尔公司拥有的、与申请商标完全相同的第 7505828 号（指定颜色）图形商标已经获准注册。可见，申请商标具有固有显著性，应予核准注册。不仅如此，迪奥尔公司还认为，申请商标通过持续、广泛、大量地使用及宣传推广，获得了极高

---

❶ 袁博. 论立体商标的注册条件：非功能性和显著性［J］. 中华商标，2013（3）：77 – 81.

的知名度与显著性。其表示，真我香水自1999年进入中国市场以来，一直统一使用本案申请商标的设计，迪奥尔公司为真我系列香水投入各种广告宣传费用上亿元。2001年起，真我香水即已被中国媒体广泛报道，并为相关公众所知悉、认可。

虽然商标评审委员会以图片商标对显著性进行认定，但是也可体现出其对显著性所持的观点。商标评审委员会认为，申请商标是一个由瓶子构成的图形，易被识别为指定商品的常用容器，以此作商标指定使用在第3类香水等商品上，消费者不易将其作为商标识别，难以起到区别商品来源的作用，缺乏商标应有的显著性。商标评审采用个案审查原则，迪奥尔公司所提类似的商标已获准注册的理由不能成为本案申请商标获准注册的当然理由。迪奥尔公司提交的在案证据不足以证明申请商标经过宣传、使用与迪奥尔公司形成唯一对应关系，具备商标应有的显著特征。

关于获得显著性，具体到本案，"涉案商标并非基于商品自身性质产生的形状，也并非基于获得商品技术效果或者使用而具有的实质性价值的形状（如香水的功效、原料等），因而可以被认定为具有显著性"。❶ 即其本身具有固有显著性。"当然，本案申请人提出的诸多证据用以表明其通过使用增强了涉案商标的显著性，也可以作为补强证据加以认识。"❷ 即迪奥尔公司提请的相关证据也说明了其涉案立体标志在中国的使用、投入以及获得的效果。这种持续广泛的投入使用确实能够为该标志获得一种区分商品来源的功能。因此，即使其不具有固有显著性，其获得显著性方面也有一定的可信度。

值得注意的是，本案发生之前，与本案基本近似的第7505828号立体商标在我国就已经获得注册。也因之，最高人民法院在判决中也对商标局予以了审查标准统一性的善意提醒。这也足以说明在商标相关问题的认识上及在程序上的规范、统一等问题，还值得持续关注和践行。

马德里注册程序简单、费用较为经济，深受市场商标注册主体的欢

---

❶ 冯晓青. 立体商标在我国的领土延伸保护［N］. 人民法院报，2018－05－03（002）.
❷ 冯晓青. 立体商标在我国的领土延伸保护［N］. 人民法院报，2018－05－03（002）.

迎,❶在我国对相关规范进行合理化考虑也符合马德里注册的便捷化精神。

三、延伸阅读案例

立体商标作为商标注册,在我国典型案例较多,以下两个案例具有较大的典型价值,供参考。

费列罗有限公司诉国家工商行政管理总局商标评审委员会商标纠纷案中,原告费列罗有限公司于2001年12月3日在意大利首次提出注册涉案商标的申请,并于2002年5月23日在该国被核准注册,费列罗公司为商标权人,国际注册号为G783985,指定使用商品为第30类面包、饼干、蛋糕等。2002年9月28日,费列罗公司通过国际局向中国提出对于申请商标的领土延伸保护申请,申请商标指定使用的商品为第30类面包、饼干、蛋糕等。申请商标为一个三维标志,由一块包在金黄色纸里的球形三维形状组成,在该图形的上半部分,有一个白底椭圆形小标记,带有一条金边和一条白色细边,该三维图形放置在一个栗色和金黄色的底座上。申请商标指定使用色彩为金黄色、红色、白色、栗色。国家商标局以该商标缺乏显著性为由,对其在我国的领土延伸保护申请予以驳回。费列罗公司向国家商标评审委员会提出复审申请,国家商标评审委员会做出第3190号决定。费列罗公司不服,向北京市第一中级人民法院提起诉讼。北京市第一中级人民法院经审理认为,申请商标作为一个三维标志,由一个栗色和金黄色相间并带有波纹形状的底座和在底座之上放置的具有皱褶状包装效果的金黄色球形三维形状组成。国家商标评审委员会认定申请商标系常用的包装形式,但并未就该认定提供相关的证据予以支持。相反,申请商标对于色彩和商品包装形式的选择均不在本行业和指定使用商品包装形式的常规选择范围之内,申请商标的独特创意,已经使之成为原告产品的一种标志性设计,使得消费者在看到申请商标后,就能够清楚地判断出该商标所

---

❶　何薇,蒋怡芸,邓仕举.关于在马德里商标国际注册过程增加领土延伸保护补正机会的建议 [J]. 中华商标,2020 (9):64 - 72.

附着商品的来源，申请商标已经具有商标所应具备的显著性，应当在我国作为注册商标予以保护，被告对申请商标的领土延伸保护申请亦应予以核准。鉴于申请商标已经具备显著特征，国家商标评审委员会对其在中国的领土延伸保护申请应当予以核准。法院判决撤销国家商标评审委员会做出的商评字〔2006〕第 3190 号《关于国际注册第 783985 号"图形（三组标志）"商标驳回复审决定书》。●

开平味事达调味品有限公司诉雀巢产品有限公司确认不侵犯注册商标专用权案亦涉及立体商标的争议。2008 年 10 月 23 日，雀巢公司委托商标事务所向味事达公司发出《关于要求你公司立即停止商标侵权行为的函》，称味事达公司在其调味品（酱油）上使用了雀巢公司已经注册的商标，已侵犯雀巢公司的注册商标专用权。后味事达公司函复雀巢公司表明味事达公司的行为不构成侵权。雀巢方后再次向味事达公司发出《再次要求你公司立即停止侵权行为的函》。2008 年 11 月 24 日，味事达公司向广东省江门市中级人民法院提起诉讼，称其早在 1983 年就已经使用"棕色方形瓶"作为中高端味极鲜酱油的包装，并一直使用至今，味事达公司系合理使用"棕色方形瓶"，没有侵犯雀巢公司的商标专用权，请求法院判令确认味事达公司在其生产销售的酱油等商品上使用棕色方形瓶、透明方形瓶包装的行为，不构成对雀巢公司第 G640537 号注册商标专用权的侵犯。一审法院认为，味事达公司在其生产销售的"味事达 Master"牌味极鲜酱油产品上所使用的棕色方形包装瓶虽然与雀巢公司涉案立体商标构成近似，但消费者在购买该产品时并不会与雀巢公司的商标相混淆，亦不会认为该产品与雀巢公司存在特定联系进而产生误认，因此味事达公司使用该款棕色方形包装瓶的行为并不构成对雀巢公司商标专用权的侵犯。判决确认味事达公司在其生产销售的酱油等商品上使用棕色（或透明）方形包装瓶的行为，不构成对雀巢公司第 G640537 号注册商标专用权的侵犯。● 雀巢公司上诉。二审广东省高级人民法院经审理认为，雀巢公司第 G640537 号注册商标是

● 费列罗有限公司诉国家工商行政管理总局商标评审委员会商标纠纷案，北京市第一中级人民法院（2007）一中行初字第 815 号行政判决书。

● 广东省江门市中级人民法院（2008）江中法知初字第 123 号民事判决书。

三维标志，为"棕色方形瓶黄色尖顶瓶盖"，该三维标志属于商品的容器，该标识被注册为商标之前，已在中国大陆地区被众多酱油生产企业作为包装物使用，故雀巢公司在核定使用商品"食用调味品"上使用该注册商标，商标本身所具有的显著性较弱。现有证据尚不足以证明雀巢公司涉案注册商标在中国境内具有较高知名度，也不足以证明消费者已将该商标与雀巢公司建立直接的、较强的对应关系。味事达公司在其所使用的棕色方形瓶瓶身上以立体凸刻的方式标明"味事达 Master"商标，其瓶贴上也包含"味事达 Master"文字商标、产品名称"味极鲜酱油"以及企业名称、地址、产品简介等信息。由于味事达公司的"味事达 Master"商标已认定为驰名商标，具有显著的识别性，在中国境内也为相关公众广为知晓，消费者将"味事达 Master"商标与味事达公司紧密联系在一起，故消费者不会对味事达公司被诉侵权商品的来源产生误认或者认为其来源与雀巢公司涉案注册商标的商品有特定联系。味事达公司使用该棕色方形瓶作为包装，主观上不具有非正当的"搭便车"意图，客观上也未造成消费者的混淆误认，故味事达公司不构成侵权。二审法院判决驳回上诉，维持原判。❶

参考阅读资料

[1] 杰里米·菲利普斯. 商标法：实证性分析 [M]. 马强，译. 北京：中国人民大学出版社，2014.

[2] 程德理. 立体商标固有显著性认定研究 [J]. 电子知识产权，2019（10）：16 – 29.

[3] 党晓林. 商标权注册取得制度研究 [M]. 北京：法律出版社，2020.

[4] 冯晓青. 立体商标在我国的领土延伸保护 [N]. 人民法院报，2018 – 05 – 03（2）.

[5] 何薇，蒋怡芸，邓仕举. 关于在马德里商标国际注册过程增加领土延

---

❶ 广东省高级人民法院（2010）粤高法民三终字第 418 号民事判决书。

伸保护补正机会的建议 [J]. 中华商标, 2020 (9).

[6] 何颖, 季连帅, 韩立丽. 商标显著性研究 [M]. 北京: 中国政法大学出版社, 2013.

[7] 胡骋. 论非传统商标的显著性认定: 价值立场与论证框架 [J]. 知识产权, 2020 (1).

[8] 袁博. 论立体商标的注册条件: 非功能性和显著性 [J]. 中华商标, 2013 (3).

[9] 湛茜. 非传统商标国际注册问题研究 [M]. 北京: 知识产权出版社, 2016.

[10] 郑其斌. 论商标权的本质 [M]. 北京: 人民法院出版社, 2009.

第二节　特殊位置单一颜色商标

一、典型案例: 克里斯提·鲁布托与国家工商行政管理总局商标评审委员会商标申请驳回复审行政纠纷案❶

(一) 案情介绍

克里斯提·鲁布托作为涉案商标申请人, 申请涉案商标 的领土延伸保护, 指定使用类别为第 25 类女高跟鞋。原商标评审委员会作出商评字 [2015] 第 8356 号《关于国际注册第 1031242 号图形商标驳回复审决定

---

❶ 参见北京知识产权法院 (2015) 京知行初字第 3648 号行政判决书、北京市高级人民法院 (2018) 京行终 2631 号行政判决书、最高人民法院 (2019) 最高法行申 5416 号再审审查与审判监督行政裁定书。

书》，驳回了申请人的申请。❶

克里斯提·鲁布托不服诉至北京知识产权法院。北京知识产权法院认为，本商标标志应当属于三维标志，被诉决定关于申请商标属于图形商标的认定有误，判决撤销商标评审委员会的被诉决定。

克里斯提·鲁布托和商标评审委员会均不服一审判决，上诉至北京市高级人民法院。

涉案商标在克里斯提·鲁布托提交的《世界知识产权组织—ROMARIN‑国际注册详细信息》中载明，"该商标由图样显示的红鞋底（潘通号18.1663TP）构成（高跟鞋的外形不属于商标的一部分，仅用于指示商标的位置）"（图样见图1），后二审中涉案商标翻译改为"用于鞋底的红色（潘通号18.1663TP）构成（高跟鞋的外形不属于商标的一部分，仅用于指示商标的位置）"。申请商标最初指定使用的商品为"女鞋"，后克里斯提·鲁布托提交商品和服务列表限缩申请，将申请商标指定使用的商品限缩为"女士高跟鞋"。

图1　涉案红鞋底商标图样

北京市高级人民法院经审理认为，根据《商标法实施条例》第44条

---

❶　商评委认为：申请商标由常用的高跟鞋图形及鞋底指定单一的颜色组成，指定使用在女高跟鞋商品上，相关公众不易将其作为区分商品来源的标志加以认知，缺乏商标应有的显著性。克里斯提·鲁布托提交的证据尚不足以证明申请商标整体标志在指定使用商品上，经其实际有效的商业使用已具有商标应有的显著性，申请商标已构成《商标法》第11条第1款第（3）项规定之情形。商标确权审查遵循地域原则，克里斯提·鲁布托所述其他商标域外注册的情况不能成为准予本案申请商标初步审定之依据。依照《商标法》第11条第1款第（三）项、第30条、第34条的规定，商标评审委员会做出上述决定。

的规定，其审查的对象应当根据世界知识产权组织对该商标的公告加以确定。根据本案中百嘉翻译公司提供的《世界知识产权组织－ROMARIN－国际注册详细信息》中文译文，高跟鞋外形不属于商标一部分的情况下，即不应将该高跟鞋外形作为申请商标标志构成要素纳入审查范围。被诉决定与上述审查范围不同，明显错误。一审法院未对之纠正，亦属于审查对象的认定错误。基于二审中，百嘉翻译公司出具书面说明，将其对《世界知识产权组织－ROMARIN－国际注册详细信息》相关中文译文的错误予以了更正，二审根据纠正后的中文译文进行认定。一审判决虽然亦存在相同错误，但其判决撤销被诉决定的裁判结论正确。一审判决和被诉决定在事实认定方面存在错误，予以纠正。商标评审委员会应当根据法院查明的事实和相应认定，重新作出复审决定。克里斯提·鲁布托的部分上诉理由成立，对其在纠正一审判决错误的基础上维持一审判决结论的上诉请求，予以支持。商标评审委员会的上诉理由缺乏事实依据，对其撤销一审判决的上诉请求，不予支持。

国家知识产权局不服二审判决，向最高人民法院申请再审。

（二）法院裁判

一审北京知识产权法院判决：（1）撤销商标评审委员会作出的被诉决定；（2）商标评审委员会重新作出驳回复审决定。

二审北京市高级人民法院判决：驳回上诉，维持原判。

再审最高人民法院裁定：驳回国家知识产权局的再审申请。

（三）焦点分析

本案是关于非传统商标注册的案例。作为商标注册纠纷，首先需要明确商标审查对象。我国《商标法实施条例》第44条规定："世界知识产权组织对商标国际注册有关事项进行公告，商标局不再另行公告。"本案诉争商标系克里斯提·鲁布托申请在中国获得领土延伸保护的商标国际注册申请，根据《商标法实施条例》第44条的规定，审查对象应当根据世界知识产权组织对该商标的公告加以确定。根据《世界知识产权组织 – RO-MARIN – 国际注册详细信息》，诉争商标由图样中显示的"用于鞋底的红色（潘通号 18.1663TP）构成（高跟鞋的外形不属于商标的一部分，仅用于指示商标的位置）"，即诉争商标由指定使用位置的红色构成，属于限定使用位置的单一颜色商标。被诉决定认为"诉争商标由常用的高跟鞋图形及鞋底指定单一的颜色组成"，系属未准确界定诉争商标的商标标志及其构成要素。

　　本案更重要的一点是对于《商标法》第8条"等"字的理解争议。我国《商标法》第8条规定："任何能够将自然人、法人或者其他组织的商品与他人的商品区别开的标志，包括文字、图形、字母、数字、三维标志、颜色组合和声音等，以及上述要素的组合，均可以作为商标申请注册。"其中"等"是否包含列举之外的其他要素，成为本案的核心争议之一。最高人民法院的观点是，虽然本案诉争商标的标志构成要素不属于《商标法》第8条中明确列举的内容，但其并未被商标法明确排除在可以作为商标注册的标志之外，国家知识产权局认为其不属于《商标法》第8条保护之商标类型无法律依据，即对"等"作了"等外"的理解。

　　诉争商标是否符合显著性欠缺也是本案的重要内容。我国《商标法》第11条第3项规定，下列标志不得作为商标注册——"其他缺乏显著特征的"被诉决定认定，诉争商标由常用的高跟鞋图形及鞋底指定单一的颜色组成，指定使用在女高跟鞋商品上，相关公众不易将其作为区分商品来源的标志加以认知，缺乏商标应有的显著性。实际上随之而来的问题是，涉案商标是否具有获得显著性。克里斯提·鲁布托提交的证据是否足以证明诉争商标在指定使用商品上经其实际有效的商业使用已具有商标应有的显著性，成为其是否能够获得保护的关键。

二、法理探究

　　随着经济贸易的全球化，商标这一具有重要商业价值的无形资产，也随之成为全球范围内承载积累商誉的重要载体之一。因此，有很多商标权人在进行全球布局时通常会申请国际商标注册——马德里注册，并因此获得不同国家的商标法保护。本案即在此背景下申请领土延伸保护的商标国际注册的典型案例之一，经历了长达十年的法律程序之后，2020 年 1 月本案得到最高人民法院再审的裁定。最终本案因涉及程序问题、特定位置单一颜色商标及其显著性判断的问题等方面在最高人民法院再审中一锤定音，相关问题和争议终于尘埃落定。

（一）领土延伸申请商标保护

国际商标申请中，向我国申请领土延伸商标保护的，商标局审查的对象是世界知识产权组织对商标国际注册有关事项公告。《商标法实施条例》第 44 条对之有明确规定，即"世界知识产权组织对商标国际注册有关事项进行公告，商标局不再另行公告"。在本案中，审查对象的确定争议即为本案最复杂的内容之一。具体来讲：商标局和商标评审委员会认为涉案的商标为图形商标，以该图形商标缺乏显著性为由予以驳回。一审北京知识产权法院将审查对象认为立体商标，并据此撤销了商标评审委员会的决定。二审北京市高级人民法院认为涉案红色鞋底为限定使用位置的单一颜色商标。再审最高人民法院最终对二审观点予认可，认为诉争商标由指定使用位置的红色构成，属于限定使用位置的单一颜色商标。

本案诉争商标系克里斯提·鲁布托申请在中国获得领土延伸保护的商标国际注册申请，根据《商标法实施条例》第 44 条的规定，审查对象应当根据世界知识产权组织对该商标的公告加以确定。根据《世界知识产权组织 – ROMARIN – 国际注册详细信息》，诉争商标由图样中显示的"用于鞋底的红色（潘通号 18.1663TP）构成（高跟鞋的外形不属于商标的一部分，仅用于指示商标的位置）"，即诉争商标由指定使用位置的红色构成，属于限定了使用位置的单一颜色商标。被诉决定认为"诉争商标由常用的高跟鞋图形及鞋底指定单一的颜色组成"，系属未准确界定诉争商标的商标标志及其构成要素。二审法院对之予以了纠正，并获得最高人民法院再审的认可。

（二）我国商标可注册标识范围——"等"的解释

随着商业环境、国际商标环境的变化及商业需求，我国可注册商标的范围也一直在发生改变。1982 年《商标法》将商标可注册范围限定于"商标使用的文学、图形或者其组合"。❶ 1993 年我国《商标法》第一次修改，将商标可注册范围限定于"商标使用的文字、图形或者其组合"。❷ 2001 年我国《商标法》第二次修改，明确了商标可注册的范围为可视性标志且进行了列举"任何能够将自然人、法人或者其他组织的商品与他人的商品区别开的可视性标志，包括文字、图形、字母、数字、三维标志和颜色组合，以及上述要素的组合，均可以作为商标申请注册"。❸ 2013 年《商标法》第三次修改，对可注册商标的要素不仅做了扩大，而且在列举之外增加了"等"，其表述为"任何能够将自然人、法人或者其他组织的商品与他人的商品区别开的标志，包括文字、图形、字母、数字、三维标志、颜色组合和声音等，以及上述要素的组合，均可以作为商标申请注册"。❹ 2019 年《商标法》第四次修改，对商标可注册条款未作修改。至此，我国商标可注册标识的要素可以是"文字、图形、字母、数字、三维标志、颜色组合和声音等"以及"文字、图形、字母、数字、三维标志、颜色组合和声音等的组合"，对此进行理解的重点是"等"的解释。

对其作何解释直接关系到我国商标可注册要素是封闭的还是开放的。从"等"的立法过程可以看出，《商标法》有意将我国商标可注册要素从封闭转向开放，但是这个开放的度有多大是《商标法》规范理解的关键。商标最基本的功能是识别商品来源，但是能够识别商品来源的不一定是商标，这就关涉相关公众的认识。比如在一些场合相关公众可能通过某一特殊气味识别商品的来源，但是相关公众可能并没有把这种气味的独特设计

---

❶ 《商标法》（1982）第 7 条。
❷ 《商标法》（1993）第 7 条。
❸ 《商标法》（2001）第 8 条。
❹ 《商标法》（2013）第 8 条。

作为一种商标来看待。● 也就是说，这种识别来源的功能并不是基于商标表明来源，而是通过其他的非商标性因素。我国《商标法》中"等"的理解也应当结合相关场合具体确定。现在如其他国家有的气味商标、位置商标、单一颜色商标等是否可以通过显著性来达到可注册的"等"字范围，在实践中颇有争议。比如有观点认为，"等"应当作"等内"理解，● 但有的观点认为"等"应当作"等外"理解，● 还有相对折中的观点认为，对于位置商标的问题宜将"位置"认定为显著性的辅助要素。● 本案再审最高人民法院的观点为"等"的理解作出了较为权威的解释，即"等"为"等外"，商标可注册要素包括明确列举的文字、图形、字母、数字、三维标志、颜色组合和声音之外的其他可作为商标注册的标识。

在本案进行中，"等"也经历了不同的解读。国家知识产权局的观点认为，我国《商标法》第8条中"等"为"等内"，也即该处的"等"字是所列举的"等"，不具有开放性，仅指列明的各种构成要素的排列组合，并且指出，将"等"作开放性解释将为商标授权工作造成不可估量的负面影响。最高人民法院再审裁定中表明，只要没有被商标法明确排除在可注册标志之外，即使其没有被明确列举，那么也可以认为其未被《商标法》第8条"等"排除，即可获得商标注册。因此基于此论调，该案的争议核心就转向了显著性的认定。

这一判断要点虽然简明扼要，但是其对我国商标注册秩序将产生较大的影响，即对于未明确列举的商标注册要素来讲，只要其符合显著性等商标注册条件、不违背商标注册消极要件规范的规定，就可以作为商标注册。这将扩大我国可注册商标的范围。于个案具体商标标识而言，只要该涉案商标具有显著性等符合《商标法》规定的其他要件，就可以作为商标

● 何潇. 商标的可注册性探析——在《商标法》第八条的基础上展开 [J]. 中华商标，2020（7）：60-64.

❷ 何潇. 商标的可注册性探析——在《商标法》第八条的基础上展开 [J]. 中华商标，2020（7）：60-64.

❸ 李超光. 位置商标的注册可能性辨析——从"阿迪达斯三道杠"到"红色鞋底"[J]. 电子知识产权，2020（1）：58-68.

❹ 何莹，林星成. 位置商标概念重塑与规范完善——以"红鞋底"案切入 [J]. 科技与法律，2020（5）：49-57.

予以注册，并不因为其未被《商标法》第 8 条明确列举而排除注册。

（三）位置商标或单一颜色商标的显著性判断

虽然本案在认定涉案标识的商标类别时曾有争议，但是无论是位置商标还是特定位置的单一颜色商标，其判断要点均集中于显著性的问题。对于无论是位置商标还是单一颜色商标，其都可以分为固有显著性和获得显著性。所谓固有显著性即商标本身具有的能够区分商品来源的功能。所谓获得显著性即商标标识本身不具有区分商品来源的功能，但是通过使用获得了能够区分商品来源的功能。固有显著性和获得显著性均是商标显著性的积极构成，这也足以证明商标使用对商标标识本身带来的加持其识别性的重要过程效果。一般而言，对非传统的商标显著性判断，宜先排除所属行业的通用选择，然后申请人证明标识的第二含义，最后根据相关公众认知对显著性进行认定。❶

对于本案如司法过程中认定的将其视为特殊位置的单一颜色商标而言，其本质是单一颜色商标。单一颜色商标本身天然不具有我国商标法意义上的显著性，而且之所以一般不将单一颜色作为商标准予注册原因还在于，单一颜色资源有限，如果将其作为商标注册虽然不会影响其他大众的使用，但是无形中仍然会对其他人使用相关单一颜色的行为及秩序带来一定的负面影响。对之持何种态度，直接关系到公共利益的保护程度。但是使用在特殊位置上的单一颜色商标，又为单一颜色商标增加了一定的限定，在再审中克里斯提·鲁布托提交意见称其申请注册的商标是位置与颜色的组合，具有识别功能，即具有固有显著性，而且其通过使用也增强了其显著性。

单一颜色标识注册为商标容易对公共资源带来私人的"垄断"，产生不当的排除竞争的效果。对于本案的特殊位置的单一颜色商标与垄断问题，最高人民法院在再审中并没有给予相应的回应，因此这一问题也成了

---

❶　胡骋. 论非传统商标的显著性认定：价值立场与论证框架［J］. 知识产权，2020（1）：39－50.

可以继续思考的问题。对于有其他限定的单一颜色商标，如果能够产生相应的显著性，那么也不排除其可注册效果，但是这样的商标并不能产生单一颜色的垄断。虽然其不产生单一颜色的垄断，但其对市场仍然有一定的排除他人使用的限制。如将相应的单一颜色标识附加相应的位置，如本案的标识，那么就会产生很多其他竞争对手等市场主体颜色设计使用备受限制的现实。对于这一问题如何处理直接关系到我国商标注册的根基，可以说本案是一个"风向标"类似的典型案例，虽然本案再审并没有对其本身显著性作出审查，而是将相应的问题留给商标评审机关重新判断其是否具备显著特征，但是本案仍然具有非常独特的追踪研究价值，也将直接对我国相应的商标法规定产生深刻的影响。

（四）单一颜色商标的未来

对于单一颜色能否获得商标注册在不同的国家有不同的做法，与此同时也有不同的争议。对于特定位置的颜色商标在获得商标法的保护上，同样需要将重点置于该商标获得了第二含义，即突出的是标识是否具有可识别性及指示商品来源。[1]《商标法》修改过程中，曾考虑过将单一颜色商标纳入可注册范围，但因某些原因最终未纳入。如 2013 年在《商标法》修正案草案修改情况的汇报中就指出：一些地方、专家和企业提出，单一颜色资源有限，如果允许作为商标注册极易产生垄断，而且单一颜色本身区别商品来源难度较大、也容易产生混淆；对此，法律委员会认为，我国企业暂时没有单一颜色作为商标注册的需求，且在商标注册及管理等环节缺乏实践，可暂不在法律中明确，基于此删除草案关于单一颜色可以注册商标的规定。[2] 将此与最高人民法院在本案中的观点相比较，可以看出我国对单一颜色商标的态度转变。

随着经济全球化的推进，单一颜色商标在未来可能会产生一定的注册

---

[1] 李明德. 美国知识产权法［M］. 2 版. 北京：法律出版社，2014：473.
[2] 全国人民代表大会法律委员会关于《中华人民共和国商标法修正案（草案）》修改情况的汇报——2013 年 6 月 26 日在第十二届全国人民代表大会常务委员会第三次会议上全国人大法律委员会副主任委员谢经荣.

需求，本案可以被视为一种"尝试"，对于我国后续立法及司法实践也将产生积极的影响。

三、延伸阅读案例

在欧文斯·科宁玻璃纤维公司绝缘层的粉红色商标案中，涉案商标申请人科宁玻璃纤维公司在其生产销售的隔离板上使用粉红颜色，该颜色商标注册被美国商标局驳回，商标复审委员会认为其不能起到指示商品来源的作用。联邦巡回上诉法院认为，商标具有广泛的指向，包括所有可以指示商品来源的标识。且随着商标范围的发展，单一颜色不能作为商标注册也不再被商标局和法院坚持。本案粉红色的颜色可以作为商标注册使用在隔离板上，能够指示商品来源。[1] 但是直到1995年在美国的考利泰克斯金绿色（green-gold colour）干洗衬垫商标案中，单一颜色作为商标使用的原则才被确定下来。[2] 在考利泰克斯案中，原告生产的干洗衬垫是金绿色的（green-gold colour），并就其获得了商标局的注册。被告也生产销售金绿色干洗衬垫。原告起诉，地方法院认为侵权，但是第九巡回上诉法院认为被告不构成侵权，原因是单一颜色不得作为商标注册使用。美国联邦最高法院为了解决各个巡回区相关问题的分歧受理了原告上诉，并最终认为其他商标获得了第二含义可以作为商标注册使用，那么单一颜色也一样。[3]

实际上，单一颜色商标是否可以作为商标予以注册，最本质的担忧就是单一颜色商标可能引发有限颜色资源的垄断。对照美国对单一颜色商标的认可逻辑，也可以对我国单一颜色是否允许作为商标予以注册做一定的参考。

---

[1]　In re Owens-Corning Fiberglas Corp. ，774 F. 2d 1116（Fed. Cir. 1985）.

[2]　李明德. 美国知识产权法［M］. 2版. 北京：法律出版社，2014：474.

[3]　Qualitex Co. v. Jacobson Prods. Co. ，514 U. S. 159（1995）.

参考阅读资料

[1] 杰里米·菲利普斯. 商标法：实证性分析 [M]. 马强，译. 北京：中国人民大学出版社，2014.

[2] 董慧娟，武佳欣. 从"红鞋底"案看位置商标在中国之未来 [J]. 中国发明与专利，2019，16（6）.

[3] 耿宁. 单一颜色商标的可注册性——以 Qualitcx Co. v. Jacobson Prods. Co. 案为切入点 [J]. 中华商标，2014（3）.

[4] 何莹，林星成. 位置商标概念重塑与规范完善——以"红鞋底"案切入 [J]. 科技与法律，2020（5）.

[5] 何颖，季连帅，韩立丽. 商标显著性研究 [M]. 北京：中国政法大学出版社，2013.

[6] 胡聘. 论非传统商标的显著性认定：价值立场与论证框架 [J]. 知识产权，2020（1）.

[7] 黄亮. 单一颜色商标注册保护的可行性分析及启示 [J]. 天津法学，2014，30（4）.

[8] 李超光. 位置商标的注册可能性辨析——从"阿迪达斯三道杠"到"红色鞋底" [J]. 电子知识产权，2020（1）.

[9] 湛茜. TRIPS 协定下的非传统商标注册义务 [J]. 世界贸易组织动态与研究，2012，19（3）.

[10] 湛茜. 非传统商标国际注册问题研究 [M]. 北京：知识产权出版社，2016.

第三节　其他不良影响的判断

一、典型案例：上海俊客贸易有限公司与原国家工商行政管理总局商标评审委员会、姚某某商标权无效宣告请求行政纠纷案❶

（一）案情介绍

涉案第 8954893 号"MLGB"商标（"涉案商标"）由上海俊客贸易有限公司（以下简称"上海俊客公司"）于 2010 年 12 月 15 日申请注册，2011 年 12 月 28 日核准注册，核定使用在第 25 类服装、婚纱、鞋、帽、袜、领带、围巾、皮带（服饰用）、运动衫、婴儿全套衣商品上，该涉案商标有效期至 2021 年 12 月 27 日。2015 年 10 月 9 日，姚某某向原国家工商行政管理总局商标评审委员会提起注册商标无效宣告申请，其主要理由为：争议商标容易让人想到不文明用语，作为商标使用在服装、帽子等商品上，有害于社会主义道德风尚，具有不良影响，请求依据 2013 年修正的《商标法》第 10 条第 1 款第 8 项、第 44 条第 1 款的规定，对争议商标予以宣告无效。

2016 年 11 月 9 日，商标评审委员会作出《关于第 8954893 号"MLGB"商标无效宣告请求裁定书》（"被诉裁定"）❷，认定：争议商标由英文字母"MLGB"构成，该字母组合在网络等社交平台上广泛使用，有某不文明用语的含义，该含义消极、格调不高，用作商标有害于社会主义道德风尚，易产生不良影响。上海俊客公司称争议商标是指"My Life's Getting Better"，但上海俊客公司提交的证据尚难以证明该含义已为社会公众

---

❶　北京知识产权法院（2016）京 73 行初 6871 号行政判决书、北京市高级人民法院（2018）京行终 137 号行政判决书。

❷　商评字［2016］第 93833 号。

所广为认知，相反，社会公众更易将"MLGB"认知为不文明用语。商标评审委员会依照 2001 年修正的《商标法》第 10 条第 1 款第 8 项，裁定：争议商标予以宣告无效。

上海俊客公司不服，向北京知识产权法院提起行政诉讼，请求法院判决撤销被诉裁定，并责令商标评审委员会重新作出裁定。

（二）法院裁判

北京知识产权法院判决驳回上海俊客公司的诉讼请求。

上海俊客公司不服一审判决，提起上诉。北京市高级人民法院经审理认为，网络环境下已有特定群体认为"MLGB"具有不良影响的含义，应认定涉案商标含义消极、格调不高。据此判决驳回上诉，维持一审判决。

（三）焦点分析

作为商标注册的绝对禁止条件，在我国《商标法》第 10 条有明确的体现。尤其是《商标法》第 10 条第 1 款第 8 项的规定，在实践中产生了多种理解。《商标法》第 10 条第 1 款第 8 项规定，有害于社会主义道德风尚或者有其他不良影响的标志不得作为商标使用。国家工商行政管理总局商标局、商标评审委员会作为商标授权确权主管部门颁布的《商标审查及审理标准》第 9 条对"社会主义道德风尚"进行了界定，是指我国人们共同生活及其行为的准则、规范以及在一定时期内社会上流行的良好风气和习惯。从审查标准的视角理解《商标法》第 10 条第 1 款第 8 项所涉及的道德风尚包括人们日常生活中所形成的公认的行为准则和价值观念。行为准则和价值观念在一定时期内是相对稳定的。因此，传统上含义相对固定的标志作为商标申请注册时，是否违背道德风尚并不都引起判断上的分歧。伴随着互联网的发展，信息载体的变化导致人们表达的方式也发生了变化。具有新含义的文字组合，包括以拼音字母替代汉语词汇表达的方式不断出现。网络环境下语言使用的习惯、风格、方式形成其自身鲜明的特点，甚至在特定群体中形成具有相对固定含义的"网络语言"，并逐渐融入人们的日常语言环境中，产生为社会广为接受的新词汇或者新含义。对这样的词语认定是否属于《商标法》第 10 条第 1 款第 8 项所规定的"有害于社会主义道德风尚或者有其他不良影响"时，出现了分歧。

本案焦点问题便是基于此而产生——涉案商标"MLGB"是否为商标法中规定的"其他不良影响"而不可作为商标使用的情形。在本案审理过程中，对之也产生了一系列理解上的差异。

例如，一审北京知识产权法院内部就产生了两种不同的观点。

少数意见认为，争议商标"MLGB"的注册不违反《商标法》第 10 条第 1 款第 8 项的规定，主要基于以下几个方面的理由：（1）作为网络流行语，用"MLGB"指代不文明用语的现象，形成的时间不长，局限于网络环境，主要是年轻人群，在日常生活中并不常见，"MLGB"尚不能构成不文明用语的固定含义。社会道德风尚取决于大多数人的认知，不能因为有人将"MLGB"指代不文明用语，就认为两者建立了固定联系。汉语中并没有以汉语拼音首字母理解英文组合含义的习惯，用"MLGB"指代不文明用语是由于不正当的联想产生了危害社会道德风尚的含义，不能认为"MLGB"标志本身就具有危害道德风尚的含义，否则会不适当地限制语言文字或者拼音字母的使用。（2）在商标无效宣告请求程序中，争议商标在取得注册之后，商标权人基于对行政授权行为的信赖，在商标的推广、宣传过程中投入了大量资源，争议商标实际持续使用并有一定规模。对于商标核准注册日之后，争议商标含义发展演变从而"有害于社会主义道德风尚"或者具有"其他不良影响"，在证据的采信和认定上应当尤其慎重，采用较授权程序中相对严格的标准，以保护权利人对商标注册行为的信赖。（3）《商标法》第 10 条第 1 款第 8 项用于评价标志本身以及标志使用在核定商品是否会对社会主义道德风尚造成危害，至于上海俊客公司注册争议商标是否有意迎合部分网络上的低俗品位，并不属于《商标法》第 10 条第 1 款第 8 项调整的范围。

多数意见认为，争议商标"MLGB"注册在第 25 类商品上属于《商标法》第 10 条第 1 款第 8 项规定的有害于社会主义道德风尚的情形，应予宣告无效，被诉决定认定正确。主要是基于以下理由：（1）《商标法》第 10 条第 1 款第 8 项的立法目的在于维护社会生活中的伦理道德，属于商标禁用的绝对条款。从立法目的出发，在适用该条时关注的是裁判作出时的社会公共利益和道德秩序的维护。依据该条审查注册商标是否需要宣告无效时，应该充分考虑裁判作出时争议商标标志的含义，确保商标的持续存续不与社会伦理道德相违背，而不仅仅限于商标标志在申请日或者核准注册日的含义。因此，对于产生于核准注册日之后，用于证明争议商标标志现有含义的证据可以作为认定的根据。现有证据表明"MLGB"最早出现即是用来指代不文明用语，在争议商标核准使用日之前这种用法已经存在，并在一定的群体范围特别是部分年青的网络用户中使用并具有一定的影响。在争议商标核准注册后，这种指代使用和认知的范围随着网络的发展逐渐扩展，甚至扩大出现在日常生活中。上海俊客公司虽然主张其使用的"MLGB"标志是"My life is getting better"的缩写，但并无证据表明这种缩写方式是英文中常见的表达，也没有证据表明这种用法为公众所知悉或者能够打消"MLGB"与不文明用语之间的对应关系给人带来的厌恶感。（2）争议商标核定使用商品是第25类服装、鞋、帽等商品，通过上海俊客公司提供的广告宣传等证据可以看出，争议商标在品牌定位上突出新奇前卫、与众不同，主要消费群体为猎奇心理较强、追求彰显个性的青年群体。恰恰这些群体几乎百分百的是网络的使用者，几乎都知晓"MLGB"与不文明用语之间的指代关系。从商品使用的群体定位看，争议商标申请注册时即具有迎合低级趣味和叛逆心理的意图。该认定进一步确定了争议商标的注册造成危害社会主义道德风尚后果的可能性。（3）将"MLGB"与不文明用语的含义之间建立联系的主要限于经常进行网络社交的青少年群体。对某些年龄阶段的人群来说，通常不会将"MLGB"识别为不文明用语的含义。标志含义的识别范围并不等同于该含义可能造成影响的范围，标志特定含义造成的影响并不局限于该含义被认知的范围。仅对特定群体而言具有负面含义的标志，同样可以波及整个社会的道德风气。在青少年群体网络社交中，以"MLGB"指代不文明用语比较普遍，用"MLGB"指代不文明用语已经形成相对固定的含义。网络社交日益成为青少年生活不可缺少的部分，特别是青少年猎奇和反叛心理强烈，三观尚在形成阶段，争议商标注册使用在服装、鞋、帽等商品上，广告宣传等证据表明，主打的营销卖点为"时尚""个性""潮流"，其目标定位群体正是青少年。

一审法院最终依据合议庭评议案件实行少数服从多数的原则，判决驳回原告上海俊客贸易有限公司的诉讼请求。

本案二审中，北京市高级人民法院对相关问题做了分解，并进而得出涉案商标的可注册性与否的判断，这种方式笔者认为非常值得称赞。以下对之进行阐述。

（1）关于"其他不良影响"的判断主体。"其他不良影响"情形与其他商标禁止使用情形一样，其属于绝对禁止条款，即不仅禁止作为商标注册，还禁止作为商标使用，因而其本质上来看，不同的主体判断应当结果是一致的，在商标法体系下采取"社会公众"的概念。因上述条款系针对相关标志禁止作为商标使用的绝对情形予以规定，以相关标志可能损害社会公共利益和公共秩序为前提，从保护"公序良俗"的视角出发，故对此问题的判断主体应当为全体社会公众，而非诉争商标指定使用的商品或者服务的"相关公众"，否则所得出判断结论容易"以偏概全"，不利于对社会公共利益和公共秩序的保护。

（2）是否属于"其他不良影响"产生的判断时间。在审查判断商标标志或者其构成要素是否具有"其他不良影响"的情形时，一般应当以诉争商标申请注册时的事实状态为准。若申请时不属于上述情形，但在核准注册时诉争商标已经具有"其他不良影响"的，考虑到为避免对我国政治、经济、文化、宗教、民族等社会公共利益和公共秩序产生消极、负面影响，也可以认定诉争商标构成《商标法》第 10 条第 1 款第 8 项所规定的情形。此外，应当区分商标授权和确权程序的制度差异。特别在商标确权案件中，即使由于公众使用文字的习惯、方式发生了改变，使已注册商标标志被赋予了其他含义，但从保护商标权利人信赖利益的角度出发，应当合理平衡私有权利与公共利益的关系，除非存在维持诉争商标注册会明显违背公序良俗的情形，否则一般不宜将注册日之后的事实状态作为评价诉争商标是否具有"其他不良影响"的依据。

（3）是否属于"其他不良影响"含义的判断标准。在审查判断诉争商标标志或者其构成要素是否具有"其他不良影响"的情形时，一般应当根据其"固有含义"进行判断，特别是对由单独字母或者字母组合构成的标志，就诉争商标标志或者其构成要素含义的理解，应以我国公众通常认知为标准，即以辞典、工具书等正式官方出版物或者能够为公众广泛接触的具有"公信力"的信息载体等所确定的内容为准，但是若我国公众基于生活常识已经对相关内容形成普遍认知的情况下，亦可以经过充分说明予以确定。

避免将诉争商标标志或者其构成要素在特殊语境、场合等情况下，通过演绎、联想等方式后，所形成的非通常含义负载于诉争商标标志或者其构成要素之上，作为认定其具有"其他不良影响"的标准。否则势必造成对经营者在商业活动中应属自由表达创造空间的不当限缩，亦不利于对我国社会主义道德文化进行积极、正向的指引。

若对诉争商标含义的认识存在分歧，为了得出更加符合社会公众普遍认知的结论，可以通过参考诉争商标申请注册主体、使用方式、指定使用的商品或者服务等因素，就诉争商标的使用是否可能对我国社会公共利益和公共秩序产生消极、负面的影响形成"高度盖然性"的内心确认。例如，将特定经济领域的公众人物姓名申请注册为商标时，可能会因申请注册主体的差异，而导致是否具有"其他不良影响"认定结论的不同。

（4）是否属于"其他不良影响"的举证责任问题在实践中很容易被忽视，对于该待证明对象，一般应当由主张诉争商标具有"其他不良影响"的当事人承担举证证明责任。当事人主张标志固有含义的，应当提交辞典、工具书等予以证明，但是若诉争商标的含义基于生活常识已经能够形成普遍认知的，此时经过充分说明亦可以予以接受。然而，应当避免在诉争商标含义存在不确定性或者并未形成普遍认知的情况下，仅凭特定群体的心理预设就赋予诉争商标特定含义。

本案争议商标由字母"MLGB"构成，虽然该字母并非固定的外文词汇，但是结合姚某某在行政审查阶段提交的部分形成于争议商标申请注册日前的相关网页截图，以及考虑到我国网络用户数量规模之大、网络与社会公众生活密切相关等因素，在网络环境下已经存在特定群体对"MLGB"指代为具有不良影响含义的情形下，为了积极净化网络环境、引导青年一代树立积极向上的主流文化和价值观，制止以擦边球方式迎合"三俗"行为，发挥司法对主流文化意识传承和价值观引导的职责作用，争议商标本身存在含义消极、格调不高的情形应当得到认可。

在整个"其他不良影响"的判定下，还可以结合商标权人的主观意图来综合分析其使用或者意图使用涉案商标的目的。本案中，虽然上海俊客公司主张其使用涉案"MLGB"商标具有美好的寓意，但是实际上其还申请了"caonima"等商标。这些词汇实际上确实蕴含一定的不文明意思，将之作为商标注册，综合考虑可以推测出当事人意图以媚俗的方式迎合不良文化倾向，尤其是其在商业方面的实际活动中进行低俗、恶俗的宣传。

二、法理探究

（一）商标法中"其他不良影响"制度价值

不良影响是商标法中为了维护公共利益而设置的商标禁用情形，也称为商标绝对禁止条款，在我国《商标法》中主要体现于第 10 条第 1 款第 8 项。因为具有其他不良影响的规定较为抽象，因此在实践中对其如何判断也有一定的争议。有观点认为"其他不良影响"是"有害于社会主义道德风尚"的兜底规定，也有观点认为"其他不良影响"是不得作为商标使用列举情形的兜底性规定。一般认为其他不良影响指的是有害于社会主义道德风尚以外的情况，商标的文字、图形或其他构成要素对我国政治、经济、文化、宗教、民族等社会公共利益和公共秩序产生消极的、负面的影响。❶

近年来，商标法实践中对商标不良影响的判断经常引发热议。本案在相关案件丛林中具有非常大的价值。本案 MLGB 商标的争议时间较长，而且该案的判决，尤其是二审判决，对相关问题的分析较为全面，有些分析

---

❶　国家工商行政管理总局商标局，商标评审委员会．商标法理解与适用［M］．北京：中国工商出版社，2014：28.

还具有创新性，值得借鉴。如明确了判断其他不良影响的考量因素、判决书对于不同的观点采取了观点呈现并少数服从多数。整体来讲对于"其他不良影响"的司法判断具有一定的指导意义及参考价值。基于此，本案被纳入了2019年度北京法院知识产权司法保护十大案例及2019年中国法院十大知识产权案件。

商标法中其他不良影响的制度价值最直观的体现是对公共利益的保护，其包括两个层面——维护商标注册制度的严肃性、防止公众对商品来源的误认。❶ 商标注册制度的严肃性实际上还衍生出对公众语言环境净化的积极保护的公共利益实现效果。净化商标注册及语言使用规范，国家知识产权局2020年6～10月开展的打击使用未注册商标禁用条款"净化"专项行动，就是印证。商标最本质的功能就是区分商品来源，避免不良影响的商标使用产生对消费者误认的可能，也可能产生不良影响，但是这种不良影响是否指代本条规定的不良影响，实际上应当给予一定的区分。❷ 本条规定的公共利益体现在很多案例中均得到了认可，但是反过来也必须认识到并非涉及公共利益保护就需要用到该条款，比如在"微信"商标案中就产生了相应的争议。❸

（二）商标法中"其他不良影响"的界定

关于其他不良影响的对象。关于商标具有其他不良影响，是应当以该标识为限，还是应当考量商标使用的商品类别等商标使用其他因素，也是有争议的。一种观点认为，商标是否具有其他不良影响的规定是商标禁止使用的规定，即是一种绝对禁止的规定，其是否具有其他不良影响应当以标识本身为限。另一种观点认为，商标是否具有不良影响应当根据其商品类别、是否已经有相对稳定的市场等综合判断。后者观点下，产生如下两

---

❶ 张韬略，张伟君. 《商标法》维护公共利益的路径选择——兼谈禁止"具有不良影响"标志注册条款的适用 [J]. 知识产权，2015（4）：61－71.

❷ 实践中，经常有将容易导致公众误认的商标以不良影响来判定的现象。

❸ 邓宏光. 商标授权确权程序中的公共利益与不良影响：以"微信"案为例 [J]. 知识产权，2015（4）：53－60，71.

种情形：第一，商标标识本身具有其他不良影响，但是经过使用形成稳定市场，就可以认为其不具有不良影响。第二，商标标识本身是否有不良影响不得而知，但是将其使用特定的商品类别上就会有不良影响。比较明显的是，相关实践中明显对后一种观点更为青睐，即在判断商标是否有其他不良影响时，要综合商品类别等因素判断涉案商标是否有其他不良影响。

关于其他不良影响的范围。其他不良影响的种类也比较繁多，根据《商标审查及审理标准》的规定，具有其他不良影响的包括：具有政治上不良影响的；商标含有我国国家名称，导致国家名称的滥用，可能对社会公共利益和公共秩序产生其他消极、负面影响的；有害于种族尊严或者情感的；有害于宗教信仰、宗教感情或者民间信仰的；与我国各党派、政府机构、社会团体等单位或者组织的名称、标志相同或近似的；与我国党政机关的职务或者军队的行政职务和职衔的名称相同的；与各国法定货币的图案、名称或者标记相同或者近似的；商标含有不规范汉字或系对成语的不规范使用，容易误导公众特别是未成年人认知的；商标中含有政治、宗教、历史等公众人物的姓名相同或与之近似文字，足以对我国政治、经济、文化、宗教、民族等社会公共利益和公共秩序产生消极、负面影响的；具有其他不良影响的。❶ 从该规定看，可以认为其他不良影响条款的规定是整个《商标法》第 10 条第 1 款前述列举 7 项的规定，而非仅仅是"有害于社会主义道德风尚"的兜底规定。同时，根据《最高人民法院关于审理商标授权确权行政案件若干问题的规定》，商标标志或者其构成要素可能对我国社会公共利益和公共秩序产生消极、负面影响的，人民法院可以认定其属于《商标法》第 10 条第 1 款第 8 项规定的"其他不良影响"，将政治、经济、文化、宗教、民族等领域公众人物姓名等申请注册为商标，属于前款所指的"其他不良影响"。❷ 因此，从以上比较而言，商标行政判定中不良影响的规定更为明细，且明确的范围更宽泛。但是这绝不意味着司法裁判对不良影响的认定更严格。

关于其他不良影响判断中对商标申请人主观的考量。不良影响判断对

---

❶ 《商标审查及审理标准》第 9 条。

❷ 《最高人民法院关于审理商标授权确权行政案件若干问题的规定》第 5 条。

商标注册申请人的主观态度的考量也是对商标法中诚信秩序的维护。有的商标申请人往往喜欢利用一些哗众取宠的标识，以期投入市场后能够尽快获得消费者的"青睐"。这种哗众取宠的标识有一部分即为不良影响的标识，其用语一般为低俗或者有负面暗示的意思。例如在本案中，商标申请人不仅注册了本案"MLGB"商标，还曾经对"caonima"等低俗骂人用语拼音等申请注册商标，足以显示出商标申请人对这些低俗用语的有意用之。虽然在庭审中，商标申请人表达出其注册商标"MLGB"的意思不是指代骂人用语，而是指代"My Life Is Getting Better"，但是综合其提请注册商标的系列行为可以综合判断其主观意图并不是美化或者好好利用该商标，甚至扭转该缩写所指代意思转向积极正面的意思——"My Life Is Getting Better"。

关于市场消费者等相关公众的理解也应当被考量。商标投入市场后，受影响最直接的为消费者以及其他相关公众，其中消费者为最主要的人群力量。往往这些负面标识通过消费者购买相关商品后，使用相关商标商品，比如 T 恤上带有"MLGB"，衣着者本身可能将这个商标用来表达一种愤怒、低俗的情绪。对于整个商业环境甚至社会来讲，影响是非常负面的，这种负面影响甚至还会带有传染性。

需要认识到商标是否具有不良影响是具有地域性和流动性的。地域性方面，比如商标标识在国外来讲具有不良影响的解读，但是在我国不一定产生不良影响。比如在"VEDA"商标案中，北京知识产权法院就认为，"VEDA"虽然是印度宗教用语，但其在我国并未广泛传播，并不能认为注册该商标有损宗教感情而认定其具有不良影响，该观点在二审北京市高级人民法院也得到了进一步的认可。❶ 另外，某一标识具有不良影响，随着人们对语言使用的变化，某些不良影响可能消退、消失、产生新的主流含义，在此情况下标识的不良影响也会产生变化。如果一个商标在该商标标识没有其他不良影响情况下申请了注册，但是在使用的过程中，该商标标识在人们的日常交流中产生了其他不良影响的含义，不应当将这种后产生

---

❶ 北京知识产权法院（2017）京 73 行初 7496 号行政判决书、北京市高级人民法院（2018）京行终 743 号行政判决书。

的不良影响含义赋予在先注册的商标标识，即在后产生的不良影响不应当对之产生影响。

（三）商标法中"其他不良影响"滥用的规制

不良影响条款本身在商标法中的定位无论是何种兜底条款，但是普遍共识是其为兜底性条款。在现实中不良影响条款被利用得非常普遍以致近乎形成不良影响的泛化。如本应该用商标显著性、商标侵权救济等条款，却引用"其他不良影响"条款来解决涉案问题。[1] 这不仅是一种法律适用的不规范，更是一种对"其他不良影响"条款的误读，更进一步讲，也是一种裁判便利懒惰心理的作祟。这使得商标是否具有其他不良影响，往往存在一定的不确定性，缺乏可预期性。[2] 这种现象得到了一定的关注，[3] 但是对于应否得到规制、如何规制的关注尚显不足。

首先，要对"其他不良影响"条款与其他条款的关系予以厘清。比如应该适用诚实信用原则、在先权利和抢注、《商标法》第10条第1款列举的前七项等条款以及"有害于社会主义道德风尚"规定的，[4] 不应当也没有必要再"借用"其他不良影响条款。这在实践中也得到了广泛的认可，比如北京市高级人民法院就明确在在先权利保护中区分了是否适用其他不良影响：将政治、宗教、历史等公众人物的姓名作为商标申请注册，足以对我国政治、经济、文化、宗教、民族等社会公共利益和公共秩序产生消极、负面影响的，可以认定属于《商标法》第10条第1款第8项规定的"有其他不良影响"的情形；将在世自然人的姓名作为商标申请注册从而损害该自然人姓名权的，不宜认定属于《商标法》第10条第1款第8项

---

❶ 许静. "其他不良影响"条款的适用——基于240个案例的实证分析 [J]. 中华商标，2018（6）：35－39.

❷ 陶钧. 关于标志具有"其他不良影响"的价值界定与判定方法——以"符号学"为视角进行认知 [J]. 法律适用，2020（16）：94－104.

❸ 张韬略，张伟君.《商标法》维护公共利益的路径选择——兼谈禁止"具有不良影响"标志注册条款的适用 [J]. 知识产权，2015（4）：61－71.

❹ 许静. "其他不良影响"条款的适用——基于240个案例的实证分析 [J]. 中华商标，2018（6）：35－39.

规定的"有其他不良影响"的情形。❶

其次，在对"其他不良影响"适用时，应当穷尽其他明确列举条款不能适用而必须适用"其他不良影响"条款才能适用。因为对于兜底条款的兜底性有必要做清楚的认识，所谓兜底条款其兜的是哪些底，为何不适用其他明确列举的而顺延至其他不良影响，需要得到谨慎的对待。以此避免乱用、错用、滥用其他不良影响条款，保持该条款适用的严谨性。

最后，其他不良影响判定本身也有其虽弹性十足的一面，但不可被随意地被概括性适用。对于其他不良影响，无论是我国商标的行政评审还是司法实践中，实际上都有对该规定的明确"共识"性规定。但是从目前该条款被引用的情况来看，仍然需要对其弹性保持一定的严谨认识，比如在司法实践中应当由相应的主体对涉案商标具有其他不良影响承担相应的举证责任。❷

（四）商标法中"其他不良影响"规则的未来趋势分析

我国并不是唯一的禁止不良影响类似标识作为商标注册的国家，在其他国家也有类似规定，不过这些规定貌似可以作为"有害于社会主义道德风尚"和"其他不良影响"的综合。比如美国《兰哈姆法》第2条也规定对毁誉性、歧视性、贬损性、诽谤性标识禁止作为商标注册，另如《欧盟理事会指令89/104》第3（1）（f）条及《欧盟理事会条例40/94》第7（1）（f）条也规定违反公共政策或者公认的道德准则的标识不能被注册为商标。人们怀着对净化语言环境、降低商标使用对人们产生的负面影响的信赖，对违反社会公德的商标注册予以否定。

与此同时，有关本问题产生的一个侧面也值得被关注——商标资源的短缺问题。巴顿·毕比（Barton Beebe）和珍妮·弗罗默（Jeanne C. Fromer）曾经通过实证研究指出，可用的商标资源越来越少、找到一个

---

❶ 《北京市高级人民法院关于商标授权确权行政案件的审理指南》第14~15条。

❷ 陶钧. 以类型化为视角探析标志具有"其他不良影响"的"共性与个性"——兼评《商标法》第10条第1款第8项的判定规则［J］. 法大研究生，2019（1）：419-442.

可以注册的商标的成本也越来越大。❶ 随着对商标使用行为与注册行为的性质认知变化，商标的可用范围可能会产生一定的微调。❷

另外随着人们对商业标识使用的接触，商标所表达的意思是否有不良影响也可能发生变化。如随着街头穿着带有"FUCT"商标衣服的现象习以为常，人们用"FUCT"表达愤怒的情绪也会减少。❸ 这反而说明，具有不良影响的标识通过频繁的商业使用，是有可能对其不良影响的意思有所改观的。比如本案中，商标申请人表示其"MLGB"意图表达"My Life Is Getting Better"，如果真是如此，那可谓对社会是一种良性的引导，也可能随着该标识的使用真的会使"MLGB"本身负面含义消退，转而成为"My Life Is Getting Better"的意蕴表达。可惜的是本案中上海俊客公司主观的意图并不能被证明，因为其还有其他注册类似低俗标识作为商标的行为。

三、延伸阅读案例

Matal v. Tam 案❹中，美国专利商标局驳回了一个音乐乐队"丹凤眼"（"THE SLANTS"）❺ 商标注册的申请，理由是"THE SLANTS"标识是对亚洲人的贬损，违反《兰哈姆法》中侵犯性标识禁止作为商标注册的规定。美国联邦最高法院不仅在判决中全盘否定了政府主张的商标是政府言论的观点，更是从美国宪法第一修正案对言论自由保护的规定认为《兰哈姆法》中的禁止侵犯性标识作为商标注册是对商标申请人第一修正案之言论自由权利的剥夺，因此认定《兰哈姆法》中的禁止侵犯性标识作为商标

---

❶　Barton Beebe, Jeanne C. Fromer. Are We Running Out of Trademarks? An Empirical Study of Trademark Depletion and Congestion［J］. Harv. L. Rev. , 2018, 131: 945.

❷　比如在美国 Matal v. Tam 案中，法院就认为美国《兰哈姆法》中该禁止商标注册的规定是一种违反宪法修正案对言论自由保障的规定，基于此，相关案例关于商标的注册认定也将随之受到影响。Matal v. Tam, 137 S. Ct. p. 1744（2017）.

❸　杰里米·菲利普斯. 商标法: 实证性分析［M］. 马强，译. 北京: 中国人民大学出版社，2014: 312.

❹　Matal v. Tam, 137 S. Ct. 1744（2017）.

❺　也有学者翻译成"斜眼角人"。参见: 金海军. 美国最高法院 2016 年度知识产权判例解析［J］. 知识产权，2017（9）.

注册的规定违宪。该案在美国商标注册方面是具有历史里程碑意义的典型案例。

我国关于"其他不良影响"的商标注册案例较多。例如，在泰山石膏股份有限公司与山东万佳建材有限公司、国家工商行政管理总局商标评审委员会商标争议行政纠纷案中，第 3011175 号"泰山大帝"商标（争议商标）由泰安泰山元帅纸面石膏板厂于 2001 年 11 月 5 日申请注册，2003 年 3 月 21 日核准注册，核定使用在第 19 类石膏板商品上。2008 年 7 月 2 日，该商标经核准转让于山东北新建材有限公司。2010 年 4 月 14 日，该商标经核准转让给万佳公司。泰山石膏公司于 2013 年 5 月 17 日向商标评审委员会提出争议申请，认为根据 2001 年修正的《商标法》第 10 条第 1 款第 8 项的规定，争议商标应予以撤销，即"泰山大帝"商标有害于宗教信仰、宗教感情或者民间信仰，容易使公众对商品的质量等特点或者提供者的资质产生误认。一审北京市第一中级人民法院经审理认为，"东岳泰山大帝"又称为"泰山大帝"，为道教众神之一，其不但被历代帝王封禅或诏封，同时在民间百姓和道教信众中长期受到供奉和膜拜，具有极高的宗教地位。万佳公司及争议商标原申请注册人均位于山东，应当知晓"泰山大帝"的宗教意义，其将"泰山大帝"申请注册为商标并进行使用，容易伤害宗教人士、道教信众的宗教感情，从而产生不良影响。因此，争议商标已构成《商标法》第 10 条第 1 款第 8 项规定的情形。❶ 二审北京市高级人民法院经审理认为，根据查明的事实，在山东省当地宗教信仰中确有"东岳大帝"或"泰山神"称谓，并无正式确定将"泰山大帝"作为神灵称谓的国家官方记载。泰山石膏公司提交的说明、网络报道等证据缺乏历史考证，且上述报道主要系文学杜撰，无其他证据印证。同时，万佳公司提交了泰山石膏公司认可的《泰安市志》《泰安地区志》等涉宗教书籍，在对"东岳大帝"或"泰山神"记载介绍中，均未提及"泰山大帝"，至少可以证明"泰山大帝"与上述神灵称谓并非唯一对应或客观存在。综合考虑在案证据，尚不足以证明"泰山大帝"真实、确定地在宗教领域为信仰者或崇拜者使用或直接关联。一审法院及商标评审委员会认定"泰山大

---

❶ 北京市第一中级人民法院（2014）一中知行初字第 6325 号行政判决书。

帝"即为道教山东泰山地区独有的神灵名称，缺乏依据，应予纠正。❶ 再审最高人民法院认为，如果某标志具有宗教含义，不论相关公众是否能够普遍认知，该标志是否已经使用并具有一定知名度，通常可以认为该标志的注册有害于宗教感情、宗教信仰或者民间信仰，具有不良影响。判断"泰山大帝"是否系道教神灵的称谓，是否具有宗教含义，不仅需考量本案当事人所提交的相关证据，也需考量相关宗教机构人士的认知以及道教在中国民间信众广泛的历史渊源和社会现实。即使二审认定的官方记载未记载"泰山大帝"为"泰山神"或"东岳大帝"，"泰山大帝"不是"东岳大帝"或"泰山神"称谓的唯一对应，但相关证据和宗教界机构人士的认知表明，"泰山大帝"均指向"泰山神"或"东岳大帝"，而不是指向其他道教神灵，"泰山大帝"的称谓系客观存在，具有宗教含义。万佳公司以及争议商标原申请注册人将"泰山大帝"作为商标加以注册和使用，可能对宗教信仰、宗教感情或者民间信仰造成伤害，从而造成不良影响。因此，争议商标的注册属于《商标法》第 10 条第 1 款第 8 项规定的情形，应予撤销。❷

在北京风华秋实文化传媒有限公司（以下简称"风华秋实公司"）诉国家工商总局商标评审委员会商标申请驳回复审行政案中，注册商标为非规范性使用成语，这种是否构成商标法中的不良影响，在审理中也产生了一定的争议。风华秋实公司于 2014 年 4 月 3 日向商标局申请第 14313616 号"新花怒放"商标 新花怒放 ，指定使用在第 16 类的名片、影集、剪贴集、小册子、印刷品、海报、期刊、歌曲集、文具商品上。商标局对申请商标的注册申请予以驳回。风华秋实公司向商标评审委员会申请复审。商标评审委员会于 2015 年 9 月 6 日作出商评字［2015］第 60463 号《关于第 14313616 号"新花怒放"商标驳回复审决定书》，认为：申请商标为成语的不规范使用，易误导公众，产生不良影响，已构成《商标法》第 10 条第 1 款第 8 项规定不得作为商标使用和注册的情形，决定：申请商标在复审商品上的注册申请予以驳回。

---

❶ 北京市高级人民法院（2014）高行（知）终字第 3390 号行政判决书。
❷ 最高人民法院（2016）最高法行再 21 号行政判决书。

风华秋实公司不服商标评审委员会的决定书，诉至法院。一审北京知识产权法院认为，申请商标源于成语"心花怒放"，风华秋实公司将之改为"新花怒放"申请注册商标属于对成语"心花怒放"的不规范使用，该种对成语不规范的使用容易对我国传统语言文化的正确认识和理解产生消极作用，构成对社会公共秩序和善良风俗的不良影响，因此申请商标的注册申请违反《商标法》第 10 条第 1 款第 8 项规定，判决驳回风华秋实公司的诉讼请求。❶

风华秋实公司不服，向北京市高级人民法院提起上诉。北京市高级人民法院认为，申请商标"新花怒放"属于对成语"心花怒放"的不规范使用，相关公众仍会将申请商标标志与相应成语产生联系，此种对成语不规范使用的商标标志若大量广泛地使用，容易对我国的语言文字事业产生消极、负面影响，不利于我国语言历史文化的传承及国家文化建设的发展，因此，申请商标构成具有其他不良影响的标志，不应予以核准注册，判决驳回上诉，维持原判。❷

参考阅读资料

[1] 杰里米·菲利普斯. 商标法：实证性分析 [M]. 马强，译. 北京：中国人民大学出版社，2014.

[2] 党晓林. 商标权注册取得制度研究 [M]. 北京：法律出版社，2020.

[3] 邓宏光. 商标授权确权程序中的公共利益与不良影响：以"微信"案为例 [J]. 知识产权，2015 (4).

[4] 陶钧. 关于标志具有"其他不良影响"的价值界定与判定方法——以"符号学"为视角进行认知 [J]. 法律适用，2020 (16).

[5] 陶钧. 以类型化为视角探析标志具有"其他不良影响"的"共性与个性"——兼评《商标法》第 10 条第 1 款第 8 项的判定规则 [J]. 法

---

❶ 北京知识产权法院（2015）京知行初字第 5546 号行政判决书。
❷ 北京市高级人民法院（2016）京行终 1667 号行政判决书。

大研究生，2019（1）.

［6］许静．"其他不良影响"条款的适用-——基于 240 个案例的实证分析
［J］．中华商标，2018（6）.

［7］张韬略，张伟君．《商标法》维护公共利益的路径选择——兼谈禁止
"具有不良影响"标志注册条款的适用［J］．知识产权，2015（4）.

［8］张玉敏．商标注册与确权程序改革研究［M］．北京：知识产权出版
社，2016.

［9］周贺微．论商标注册中的言论自由保护及其规范——基于中美侵犯性
标识商标注册比较视角［J］．研究生法学，2018（5）.

第七章　商标权的保护

第一节　涉外定牌加工中商标侵权的判定

一、典型案例：本田技研工业株式会社与重庆恒胜鑫泰贸易有限公司、重庆恒胜集团有限公司侵害商标权纠纷案❶

（一）案情介绍

本田株式会社是一家专业生产摩托车等产品的大型跨国企业，于 1988 年 5 月 30 日经中国国家商标局核准注册，取得第 314940 号（**HONDA**）注册商标权，核定使用类别为第 12 类，核定使用商品包括飞机、船舶、车辆和其他运输工具等，该商标专用权期限经续展至 2018 年 5 月 29 日。于 1998 年 8 月 14 日经中国国家商标局核准注册，取得第 1198975 号（**H**）注册商标权，核定使用商品类别为第 12 类，核定使用商品包括车辆、陆用机动运载器、空用机动运载器、水用机动运载器、汽车、摩托车等，该商标专

---

❶ 云南省德宏傣族景颇族自治州中级人民法院（2016）云 31 民初 52 号民事判决书、云南省高级人民法院（2017）云民终 800 号民事判决书、最高人民法院（2019）最高法民再 138 号民事判决书。

用权期限经续展至 2018 年 8 月 13 日。于 1988 年 12 月 17 日经中国国家商标局核准注册，取得第 503699 号（　）注册商标，核定使用商品类别为第 12 类，核定使用商品包括摩托车、拖拉机以及上述商品零部件等，该商标专用权期限经续展至 2019 年 11 月 9 日。被告恒胜集团公司系 1998 年 9 月 29 日登记注册的有限责任公司，被告恒胜鑫泰公司系 2001 年 6 月 19 日登记注册的有限责任公司，两被告的法定代表人均为万迅，系总公司和子公司关系。

后海关查获扣留恒胜鑫泰公司委托瑞丽凌云货运代理有限公司申报出口的标有"HONDAKIT"标识的摩托车整车散件 220 辆，申报总价118 360美元，目的地为缅甸，该批货物系由缅甸美华公司授权委托恒胜集团公司加工生产。对于上述出口的摩托车是否构成侵权，海关难以认定。本田株式会社根据相关规定，以恒胜鑫泰公司、恒胜集团公司侵害其商标权为由，向云南省德宏傣族景颇族自治州中级人民法院提起诉讼，请求：（1）判令两被告立即停止侵犯原告注册商标专用权的行为；（2）判令两被告赔偿原告经济损失 300 万元（含原告为制止侵权行为支付的合理费用），两被告对该赔偿承担连带责任；（3）判令两被告承担本案全部诉讼费用。

一审法院经审理认为，被告行为构成侵犯他人商标权，应立即停止侵权，综合考虑酌定由两被告连带赔偿原告经济损失人民币 30 万元。

恒胜鑫泰公司及恒胜集团公司不服一审判决，提起上诉，上诉请求：（1）撤销（2016）云 31 民初 52 号民事判决书第一项和第二项，驳回被上诉人的全部诉讼请求；（2）本案一审、二审的诉讼费均由被上诉人承担。

二审撤销了一审判决。本田技研工业株式会社不服二审判决，向最高人民法院提请再审，最高人民法院裁定对本案提审。本田株式会社申请再审请求法院撤销二审判决、维持一审判决，案件受理费由恒胜鑫泰公司、恒胜集团公司承担。

（二）法院裁判

一审云南省德宏傣族景颇族自治州中级人民法院判决：（1）被告重庆恒胜鑫泰贸易有限公司、重庆恒胜集团有限公司立即停止侵犯原告本田技研工业株式会社第 314940 号、第 1198975 号、第 503699 号 "HONDA" 系列文字及图形注册商标专用权的行为；（2）被告重庆恒胜鑫泰贸易有限公司、重庆恒胜集团有限公司于本判决生效之日起 30 日内连带赔偿原告本田技研工业株式会社经济损失 30 万元；（3）驳回原告本田技研工业株式会社的其他诉讼请求。

云南省高级人民法院二审判决：（1）撤销一审判决；（2）驳回被上诉人本田技研工业株式会社的诉讼请求。

最高人民法院再审判决：撤销二审判决，维持一审判决。

（三）焦点分析

涉外定牌加工情形下是否构成商标侵权，在实践中不同案例情形下认定具有一定的差异。本案最重要的争议焦点即为，恒胜鑫泰公司、恒胜集团公司涉案行为是定牌加工还是销售行为。要看涉案行为是定牌加工行为还是销售行为，其最关键的是看涉案行为是否具有定牌加工的特性。在本案中，两被告在其生产和销售的涉案摩托车头罩、发动机盖、左右两边的风挡、铭牌上使用 "HONDAKIT" 文字及图形，并且突出增大 "HONDA" 的文字部分，缩小 "KIT" 的文字部分。但是在本案中，涉案行为具有的最大特征是，恒胜鑫泰公司与缅甸美华公司于 2016 年 4 月 3 日签订的合同名为《销售合同》，实为涉外定牌加工合同。合同明确约定了以下主要内容：买方订购的产品为：125CCMOTORCYCLEINSKDFORM，BRAND：HONDKIT（125CCHONDKIT 牌摩托车散件）；数量 220 套；单价 538 美元；总价 118 360 美元；发运目的地缅甸；买方收货后质量异议期为 30 日。这些合同条款符合定牌加工的定做条件。而且，恒胜集团公司与恒胜鑫泰公司之间在涉案产品问题上并非销售关系，两者系母子公司，恒胜鑫泰公司负责为该批产品办理出口事宜，实际进行生产的是恒胜集团公司，这属于恒胜集团内部的业务安排，缅甸美华公司明确知晓该情形。此外，从定牌加工的普通情形来看，涉案行为也符合相关涉案承揽加工的产品全部交付定作方、不进入中国市场的特征，中国境内的相关公众不可能接触到该批产品。在商标权的合法授权方面，缅甸公民吴德孟昂已经履行了缅甸的商标登记制度的相关程序要求，享有涉案"HONDAKIT"注册商标权，而且恒胜集团公司获得了吴德孟昂的商标使用授权。因而，总体来看，本案的涉案行为属于定牌加工的行为。

但是即使涉案行为属于定牌加工行为，也不能直接认为其不构成商标侵权。因为涉外定牌加工行为，也可能在我国国内构成商标侵权。要构成商标侵权，首先就是要对涉案使用标识的行为是否是商标性使用进行判定。本案中，对之产生了观点上的争议。

一审法院认为：恒胜鑫泰公司、恒胜集团公司在原告取得系列注册商标权的相同和类似的商品类别为第12类的摩托车上使用"HONDAKIT"文字及图形商标并突出"HONDA"的文字部分，缩小"KIT"的文字部分，其明显在突出和强调涉案商品中"HONDA"文字及图形的使用和视觉效果，构成在相同或者类似的商品上使用与其注册商标相同或者近似的商标，其行为已经构成侵犯原告注册商标专用权，依法应当立即停止其侵权行为。

二审法院认为：恒胜鑫泰公司、恒胜集团公司使用涉案图标的行为不属于商标法意义上的商标使用行为。根据《商标法》第48条对"商标的使用"的定义，商标法在保护商标使用问题上的本义是保护商标在商业活动中的识别性。以此含义推知，如果某种标识的使用不是在商业活动中用于识别商品的来源，自然不能满足《商标法》第57条第2项关于"使用"的前提性要求。上诉人恒胜鑫泰公司、恒胜集团公司办理出口的220套摩托车散件系全部出口至缅甸，不进入中国市场参与"商业活动"，中国境内的相关公众不可能接触到该产品，上诉人的这种使用行为不可能在中国境内起到识别商品来源的作用，因此这并非商标法意义上的商标使用行为。

最高人民法院认为：《商标法》第48条规定的"用于识别商品来源"指的是商标使用人的目的在于识别商品来源，包括可能起到识别商品来源的作用和实际起到识别商品来源的作用。商标使用行为是一种客观行为，通常包括许多环节，如物理贴附、市场流通等，是否构成商标法意义上的"商标的使用"应当依据商标法作出整体一致解释，不应该割裂一个行为而只看某个环节，要防止以单一环节遮蔽行为过程，要克服以单一侧面代替行为整体。在生产制造或加工的产品上以标注方式或其他方式使用了商标，只要具备了区别商品来源的可能性，就应当认定该使用状态属于商标法意义上的"商标的使用"。相关公众除被诉侵权商品的消费者外，还应该包括与被诉侵权商品的营销密切相关的经营者。本案中被诉侵权商品运输等环节的经营者即存在接触的可能性。而且，随着电子商务和互联网的发展，即使被诉侵权商品出口至国外，亦存在回流国内市场的可能。同时，随着中国经济的不断发展，中国消费者出国旅游和消费的人数众多，对于"贴牌商品"也存在接触和混淆的可能性。

对于以上几种观点，笔者认为，最高人民法院的观点与之前观点相比较而言更加开放。这与我国目前定牌加工在规范知识产权使用上的需求密切关联。尤其是对于国内定牌加工者的合理注意义务的规范化约束，将在未来能够起到更好的作用。当然，对于这种开放的解读也有其他不同的理解。

在定牌加工过程中，有商标性使用的行为，进而是否侵犯他人商标权成为对涉案行为定性的最终焦点。本案中，二审法院认为，恒胜鑫泰公司、恒胜集团公司的行为并不构成对本田株式会社涉案三商标的侵害。只有容易引起相关公众对商品或服务来源产生混淆的使用行为，才可能发生近似商标使用行为侵害他人商标权的情况，离开这些条件和情形谈论商标侵权没有基础。在本案中，220套摩托车散件均全部出口至缅甸，不进入中国市场销售，中国境内的相关公众不可能接触到该产品，因此不存在让中国境内的相关公众产生混淆的问题，没有损害本田株式会社的实际利益，即不具备构成商标侵权的基础要件。再者，商标权具有地域性特征，我国商标法只能保护在我国依法注册的商标权，保护范围不能延伸到我国领域之外。本案涉及的220套定牌加工的产品，其流通市场不在中国而在缅甸，恒胜鑫泰公司、恒胜集团公司将HONDAKIT中的HONDA部分的文字突出使用，是否容易导致缅甸国内的相关公众对商品来源产生混淆，这个问题不在我国商标法可以评判的范围之内。对于上述二审法院的观点，最高人民法院予以了否定。依据最高人民法院的观点，商标侵权行为的归责原则应当属于无过错责任原则，且不以造成实际损害为侵权构成要件。商标法规定的"容易导致混淆的"一语，指的是如果相关公众接触到被诉侵权商品，有发生混淆的可能性，并不要求相关公众一定实际接触到被诉侵权商品，也并不要求混淆的事实确定发生。最高人民法院认为，本案被诉恒胜鑫泰公司、恒胜集团公司的侵权行为构成商标的使用，亦具有造成相关公众混淆和误认的可能性，容易让相关公众混淆。

对于此，也基本通过判决厘清了在定牌加工场合并不排除商标性使用认定，也不排除商标侵权的基调。基于此，笔者认为，最高人民法院的判决具有非常大的启发意义。尤其是当前有些企业名为定牌加工，实际上却行侵犯他人商标权的行为之实，对于明显的具有一定的注意力即可辨别出是否具有侵犯他人商标权故意的场合，将起到一定的震慑作用。随着经济全球化的发展，在认识定牌加工场合下商标权保护问题上，是否以发展的眼光看问题，确实值得深入思考。

二、法理探究

（一）本案的典型意义

定牌加工的问题是我国制造业发达而衍生出的一种商业贸易模式，随着全球经济贸易的发展，我国的定牌加工为世界经济发展作出了突出贡献。随着定牌加工中商标问题的一再出现，关于定牌加工是否属于商标侵权成为司法实践中争议的重要商标法问题，不同的法院对之形成了不同的观点，因之也产生了对定牌加工中商标权保护的参差不齐。这对于统一司法裁判标准、保护权利人的知识产权等相对较为不利。

本案是众多涉外定牌加工商标纠纷案例之一，其经过最高人民法院再审，对定牌加工核心问题——商标法意义上的"商标的使用"进行的阐述是本案的典型意义所在。最高人民法院认为对商标的使用的判断要根据商标法的立法宗旨及"商标的使用"的制度目的来进行解释，并对相关使用不应当割裂一个行为而只看某个特定的环节，而是要避免单一环节遮蔽行为过程、整体看待商标的使用。基于此，最高人民法院对相关公众范围的界定及商标的使用观点，直接导致最后对涉外定牌加工商标侵权的认定结果。

此外，商标法具有地域性，我国商标法维护在我国注册的商标，在他国注册的商标而授权在我国使用的相关商标权不是我国商标法要维护的商标权。基于此，本案也厘清了商标法在保护对象上的"地域性"规则。对我国涉外定牌加工中商标相关行为的认定，给出了较为明确的指引。

基于本案的典型意义，本案被列入"2019年十大知识产权案件"。其对后续的定牌加工产业将产生较大的影响，对于规范定牌加工、避免以定牌加工掩盖侵害他人商标权之实将产生较大的影响力；对于维护我国司法权威、严格知识产权保护、促进我国知识产权高质量发展，将具有重要的推动作用。

（二）定牌加工行为的认定

定牌加工（Original Equipment Manufacture，OEM）又称"贴牌加工"，一般认为指的是，我国境内企业接受境外商标权人或商标使用权人的委托，按照其要求加工产品，贴附其提供的商标，并将加工的产品全部交付给境外委托人的贸易形式。[1] 涉外定牌加工行为的认定主要围绕相关授权来进行解释。有合法授权，并且授权中明确在国内生产、贴附相关商标后，产品直接全部交付境外委托人，这也表明整个涉外定牌加工的过程与国内的消费者是不相接触的。而有了合法授权的涉外定牌加工行为虽然是定牌加工的定性，但是并不一定全部豁免商标侵权，例如，涉外定牌加工方的行为与委托方的行为不同，甚至有的通过定牌加工委托而多生产贴有相关商标的商品在国内进行销售或变相销售，这些行为就涉及商标侵权。严格意义上的商标定牌加工因为正当使用他人的商标，且对国内商标权人的利益没有产生损害，相关公众也不会产生混淆误认，因此一般被认定为不侵权。但是现实中也有相关假借定牌加工之名行侵权之实的行为。

本案中，关于恒胜鑫泰公司、恒胜集团公司的涉案行为是定牌加工的

---

[1] 张玉敏. 涉外"定牌加工"商标侵权纠纷的法律适用 [J]. 知识产权，2008（4）：70 – 74.

行为抑或产品生产和销售行为产生了争议。（1）恒胜鑫泰公司、恒胜集团公司认为，其行为为定牌加工行为，其认为，"HONDAKIT"商标的注册人吴德孟昂已经履行了缅甸的商标登记制度的相关程序要求，获得了相应的商标权利，而吴德孟昂系缅甸美华公司常务董事。在其同缅甸美华公司磋商定牌加工相关事宜的过程中，缅甸美华公司向其提供了其商标登记的相关权属证书。恒胜鑫泰公司、恒胜集团公司获得了缅甸公民吴德孟昂的商标使用授权。在缅甸美华公司及该公司常务董事吴德孟昂出具的《授权委托书》中载明，由缅甸美华公司委托恒胜集团加工生产相应摩托车散件，并贴附吴德孟昂作为权利人的"HONDAKIT"商标，同时要求上诉人在发动机盖、左右挡风及头罩等处贴附相关商标图样。因而，认为该行为为涉外定牌加工的行为。（2）本田株式会社认为涉案的使用行为并非涉外定牌加工行为，理由是：恒胜与缅甸美华公司之间签订的是买卖合同，而非委托加工合同，从合同内容看，是恒胜将HONDKIT品牌的摩托车销售给缅甸美华公司，而缅甸美华公司与缅甸HONDAKIT商标无任何关联，也未得到所谓"商标权利人"的授权，而且，缅甸美华公司成立于2016年3月18日，但在该公司成立之前，上诉人已经大量出口HONDAKIT的摩托车。（3）一审法院以恒胜方的证据不足以认定其行为系受缅甸美华公司授权的定牌加工行为。二审法院认为涉案行为不是商品销售行而是涉外定牌加工行为。理由是：①涉案名为《销售合同》实为涉外定牌加工合同。②缅甸美华公司明确知晓恒胜鑫泰公司系恒胜集团公司控股的子公司而负责该批产品办理出口事宜，实际进行生产的是恒胜集团公司，这属于恒生集团内部的业务安排。③涉案承揽加工的产品全部交付定作方，不进入中国市场，中国境内的相关公众不可能接触到该批产品。④缅甸公民吴德孟昂在缅甸享有涉案"HONDAKIT"注册商标权。⑤恒胜集团公司获得了缅甸公民吴德孟昂的商标使用授权。最高人民法院对涉外定牌加工的性质予以了确认。

（三）如何理解定牌加工中的商标使用

所谓的商标使用，又称"商标性使用"。我国《商标法》第三次修改之前，商标的使用定义在《商标法实施条例》中有规定，即"商标法和本条例所称商标的使用，包括将商标用于商品、商品包装或者容器以及商品交易文书上，或者将商标用于广告宣传、展览以及其他商业活动中"。❶《商标法》第三次修改时，直接将商标性使用定义纳入了规定。我国《商标法》第 48 条规定："本法所称商标的使用，是指将商标用于商品、商品包装或者容器以及商品交易文书上，或者将商标用于广告宣传、展览以及其他商业活动中，用于识别商品来源的行为"。商标性使用是判断商标侵权的基础前提，因为只有商标的使用构成商标法意义上的使用，才可能造成相关公众的混淆误认，影响商标权人商标价值的发挥。而且，商标性使用在商标侵权判定中是与相关公众的混淆误相独立的一个要件。❷ 但是在判断的时候，需要对相关商标使用行为进行综合认定。

涉外定牌加工中，相关商品不在中国流通，因此一般认为不会对中国的商标权人的利益产生损害，也不会造成相关公众的混淆误认，基于此一般认为定牌加工不构成商标法意义上的商标使用行为。2010 年，最高人民法院办公厅在回复海关总署《关于对〈"贴牌加工"出口产品是否构成侵权问题〉的复函》中明确指出："贴牌加工"产品所贴商标只在我国境外具有商品来源的识别意义，并不在国内市场发挥识别商品来源的功能，我国的相关公众在国内不可能接触到涉案产品，不会造成国内相关公众的混淆误认，此种情形不属于《商标法》规定的侵犯注册商标专用权的行为。

2010 年，关于青岛、上海等地海关依据鳄鱼恤有限公司申请扣留侵犯该公司"CROCODILE"商标专用权的"定牌加工"出口货物，在最高人民法院函复海关总署上述货物是否侵权的函（法办〔2010〕350 号文）中表示，最高人民法院"倾向于同意"该类定牌加工行为不属于《商标法》第 52 条规定的侵犯注册商标专用权的行为。该函应视为最高人民法院对该问题的态度开始发生转变。❸ 但是，在实践中也有一些定牌加工中被定性

---

❶ 《商标法实施条例》（2002）第 3 条。

❷ 吕炳斌. 商标侵权中"商标性使用"的地位与认定［J］. 法学家，2020（2）：73 – 87，193.

❸ 袁秀挺，凌宗亮. 涉外定牌加工商标侵权行为的行政查处［EB/OL］.［2021 – 05 – 30］. https：//www. cnipa. gov. cn/art/2015/12/31/art_1415_133081. html.

为商标侵权的案例，通过对这些案例的分析可知，这些定牌加工场合之所以被认定为商标侵权，是基于商标的实际使用构成了商标法上的使用。如在福建泉州匹克体育用品有限公司与无锡市振宇国际贸易有限公司等侵害商标权纠纷案中，"PEAK SEASON"商标的服装出口后，被告涉嫌侵权的商品"PEAK SEASON"在海外会通过亚马逊进行销售，由于互联网的无国界性，导致中国消费群体也能够通过亚马逊购买，因而形成在中国境内的商标侵权。❶ 因而虽然有定牌加工的行为，但是其并未排除商标侵权性质的同时存在。

商标法中商标使用的规定是为了积极维护商标使用的正当秩序，保护商标的识别能力，也因此一般认为如果商标不是在商标使用的定义中所属的商业活动中使用，就可能不构成商标法意义上的商标使用。基于此，二审法院认为，恒胜鑫泰公司、恒胜集团公司办理出口的涉案220套摩托车散件系全部出口至缅甸，不进入中国市场参与"商业活动"，中国境内的相关公众不可能接触到该产品，因而恒胜鑫泰公司、恒胜集团公司的这种使用行为不可能在中国境内起到识别商品来源的作用，因此这并非商标法意义上的商标使用行为。对此最高人民法院做了不同的解释，这也是本案的突破点所在。最高人民法院明确，"商标使用行为是一种客观行为，通常包括许多环节，如物理贴附、市场流通等等，是否构成商标法意义上'商标的使用'应当依据商标法作出整体一致的解释，不应该割裂一个行为而只看某个环节，要防止以单一环节遮蔽行为过程，要克服以单一侧面代替行为整体"。言下之意，判定涉案恒胜鑫泰公司、恒胜集团公司的行为是否为商标性使用，不能仅看其出口行为本身，也应当注意其出口过程及出口后产生的效果。基于整体的考虑，最高人民法院认为涉案行为是商标使用的行为。

据考察，我国在司法实践中将商标性使用作为商标侵权判定的要件始于2009年。❷ 商标性使用的逐步发展显示，商标性使用的独立性也在慢慢

---

❶　上海知识产权法院（2016）沪73民终37号民事判决书。

❷　吕炳斌. 商标侵权中"商标性使用"的地位与认定［J］. 法学家，2020（2）：73－87，193.

脱离相关公众的混淆误认的结果导向。商标性使用在定牌加工中其使用只要构成了《商标法》第48条规定的情形，无论其是否可能产生相关公众的混淆误认及可能性，都可能构成商标性使用，即这种商标性使用更加贴近事实的客观判断。比如在本案中，两被告在其生产和销售的涉案摩托车头罩、发动机盖、左右两边的风挡、铭牌上使用"HONDAKIT"文字及图形，并且突出增大"HONDA"的文字部分，缩小"KIT"的文字部分。而缅甸美华公司的授权商标图样中的"HONDAKIT"文字及图形商标并未突出"HONDA"的文字部分，缩小"KIT"的文字部分，而是同一大小字体的文字及图形。从中可以看出，两被告的行为不仅客观上使用了"HONDA"商标，也在事实上表现出"搭便车"的意图。

实际上，在判断商标性使用等相关问题时，"相关公众"是不可忽略的一个因素。根据《最高人民法院关于审理商标民事纠纷案件适用法律若干问题的解释》（2020年修正）第8条的规定，"商标法所称相关公众，是指与商标所标识的某类商品或者服务有关的消费者和与前述商品或者服务的营销有密切关系的其他经营者"。关于"相关公众"究竟指什么，在实践中确实很多场合都没有得到充分的重视，如有些是混用"相关公众"与"消费者"，有些是直接默认"相关公众"仅仅包含"消费者"因而两者可以直接替换使用，这些习以为常的惯用方法在本案中有了新的严肃认识。在本案中最高人民法院特别注意到了对相关公众的界定，重新强调，相关公众的内涵除了消费者之外，还有"与前述商品或者服务的营销有密切关系的其他经营者"。在本案中，最高人民法院认为，被诉侵权商品运输等环节的经营者是相关公众的范围，其存在接触的可能性。不仅如此，最高人民法院还认为，随着中国经济的不断发展，中国消费者出国旅游和消费的人数众多，这也属于相关公众的范围，其对于定牌商品也存在接触和混淆的可能性。因此，并非相关公众不具有接触到该产品的机会。也基于对相关公众的考虑，最后最高人民法院认为二审法院的观点——恒胜鑫泰公司、恒胜集团公司办理出口的220套摩托车散件系全部出口至缅甸，不进入中国市场参与"商业活动"，中国境内的相关公众不可能接触到该产品——是错误的，最高人民法院对二审的上述认定予以了纠正。

（四）侵犯他人商标权的赔偿问题

侵犯他人商标权的，应当依法承担相应的民事责任，包括停止侵权、赔偿损失等。根据我国《商标法》（2017）第 63 条的规定，"侵犯商标专用权的赔偿数额，按照权利人因被侵权所受到的实际损失确定；实际损失难以确定的，可以按照侵权人因侵权所获得的利益确定，权利人的损失或者侵权人获得的利益难以确定的，参照该商标许可使用费的倍数合理确定。对恶意侵犯商标专用权，情节严重的，可以在按照上述方法确定数额的一倍以上三倍以下确定赔偿数额。赔偿数额应当包括权利人为制止侵权行为所支付的合理开支。人民法院为确定赔偿数额，在权利人已经尽力举证，而与侵权行为相关的账簿、资料主要由侵权人掌握的情况下，可以责令侵权人提供与侵权相关的账簿、资料；侵权人不提供或者提供虚假的账簿、资料的，人民法院可以参考权利人的主张和提供的证据判定赔偿数额。权利人因被侵权所受到的实际损失，侵权人因侵权所获得的利益，注册商标许可使用费难以确定的，由人民法院根据侵权行为的情节判决给予三百万元以下的赔偿"。❶ 在我国侵犯他人商标权的侵权赔偿按照法定赔偿

---

❶ 2019 年《商标法》修改，本条有变化。第 63 条具体规定为：

　　侵犯商标专用权的赔偿数额，按照权利人因被侵权所受到的实际损失确定；实际损失难以确定的，可以按照侵权人因侵权所获得的利益确定；权利人的损失或者侵权人获得的利益难以确定的，参照该商标许可使用费的倍数合理确定。对恶意侵犯商标专用权，情节严重的，可以在按照上述方法确定数额的一倍以上五倍以下确定赔偿数额。赔偿数额应当包括权利人为制止侵权行为所支付的合理开支。

　　人民法院为确定赔偿数额，在权利人已经尽力举证，而与侵权行为相关的账簿、资料主要由侵权人掌握的情况下，可以责令侵权人提供与侵权行为相关的账簿、资料；侵权人不提供或者提供虚假的账簿、资料的，人民法院可以参考权利人的主张和提供的证据判定赔偿数额。

　　权利人因被侵权所受到的实际损失、侵权人因侵权所获得的利益、注册商标许可使用费难以确定的，由人民法院根据侵权行为的情节判决给予五百万元以下的赔偿。

　　人民法院审理商标纠纷案件，应权利人请求，对属于假冒注册商标的商品，除特殊情况外，责令销毁；对主要用于制造假冒注册商标的商品的材料、工具，责令销毁，且不予补偿；或者在特殊情况下，责令禁止前述材料、工具进入商业渠道，且不予补偿。

　　假冒注册商标的商品不得在仅去除假冒注册商标后进入商业渠道。

来计算的比例非常高，❶ 依据 2017 年修订的《商标法》规定，法定赔偿的限额为 300 万元以下。之所以利用法定赔偿数额的比例较高，原因在于举证难，即对于权利人因被侵权所受到得实际损失、侵权人因侵权所获得的利益、注册商标许可使用费比较难以通过举证证明具体数额。在利用法定赔偿时，要考虑相关因素综合确定，如"侵权行为的性质、期间、后果，侵权人的主观过错程度，商标的声誉及制止侵权行为的合理开支等因素"❷。

本案中，原、被告双方未能提交证据证明原告的损失和被告获得的利益，以及原告注册商标许可使用费的依据，故一审综合考虑原告注册商标的知名度、两被告的主观过错、侵权情节、被告获利的可能性及原告为制止侵权行为所支出的合理开支等因素，酌定由两被告连带赔偿原告经济损失 30 万元。二审法院因认定涉案行为定牌加工而不构成商标侵权，因而对赔偿问题就不再予以判定。再审法院认为，本田株式会社对之并未提起上诉亦未在申请再审中对此提出异议，因此最终对之予以维持。

（五）对加强知识产权保护的理解

值得关注的是，最高人民法院的判决看似改变了之前对定牌加工商标使用问题的性质认定，但其从分析层面来看应当认为是具有充分的理由的，而且最高人民法院判决书阐述得非常到位。

最高人民法院在判决书中表示，"应当充分考量国内和国际经济发展大局，对特定时期、特定市场、特定交易形式的商标侵权纠纷进行具体分析，准确适用法律，正确反映'司法主导、严格保护、分类施策、比例协调'的知识产权司法政策导向，强化知识产权创造、保护、运用，积极营造良好的知识产权法治环境、市场环境、文化环境，大幅度提升我国知识

---

❶ 据统计这一比例高达 99.6%。参见：詹映. 我国知识产权侵权损害赔偿司法现状再调查与再思考——基于我国 11984 件知识产权侵权司法判例的深度分析［J］. 法律科学（西北政法大学学报），2020，38（1）：191－200.
❷《最高人民法院关于审理商标民事纠纷案件适用法律若干问题的解释》（2020 修正）第 16 条。

产权创造、运用、保护和管理能力"。众所周知，加强知识产权保护是我国近年来一直在贯彻和执行的政策，对知识产权加强保护不仅意在维护权利人的创新创造积极性，更在于维护权利人的私有财产权不受侵犯的秩序，对于侵犯他人知识产权的行为在加强知识产权保护过程中受到严格的限制，这对于加强我国知识产权保护带来的创新驱动发展、知识产权诚信秩序将具有极大的推动作用。

针对定牌加工这种传统的商业模式来讲，在司法实践中一般认为，其仅仅在中国生产，并没有对我国的相关公众产生混淆误认的机会，因此不是商标法意义上的商标使用，一般不认为是商标侵权行为。但是随着这种商业模式产生的商标法问题越来越多，尤其是在海关知识产权保护中定牌加工的问题逐渐增多，这也引发了外国商主体对我国知识产权保护能力的质疑。因此，对于该种商标的使用也不应当固化地"一刀切"排除在商标法的适用范围之外。最高人民法院在该案的判决书中表示"自改革开放以来，涉外定牌加工贸易方式是我国对外贸易的重要方式，随着我国经济发展方式的转变，人们对于在涉外定牌加工中产生的商标侵权问题的认识和纠纷解决，也在不断变化和深化。归根结底，通过司法解决纠纷，在法律适用上，要维护法律制度的统一性，不能把某种贸易方式（如本案争议的涉外定牌加工方式）简单地固化为不侵犯商标权的除外情形，否则就违背了商标法上商标侵权判断的基本规则，这是必须加以澄清和强调的问题"。这也表明，随着经济的发展和商业模式在经济交往互动频繁、出国游流行的背景下，定牌加工中的商标使用也不再屏蔽于我国相关公众，尤其是相关公众的内涵不仅包括消费者，还包括"与前述商品或者服务的营销有密切关系的其他经营者"，从该角度看，我国对定牌加工场合的商标规范性使用将有更进一步的行动。

三、延伸阅读案例

刘某某与延边东方生物科技有限公司侵害商标权纠纷案中，刘某某提起诉讼请求判决东方公司停止全部侵犯"高丽村"商标的行为，并销毁

"高丽材"商标标识、赔偿损失。刘某某于 2005 年 5 月 7 日获得商标局颁发的第 3743813 号商标注册证，注册商标为"高丽村"文字商标，核定适用商品为第 33 类（包括：含酒精液体；含酒精浓汁；烧酒；含水果的酒精饮料；葡萄酒；含酒精果酒；蒸馏酒精饮料；汽酒；米酒；酒饮料），注册有效期限为 2005 年 5 月 7 日至 2015 年 5 月 6 日，后经商标局核准续展注册有效期至 2025 年 5 月 6 日。刘某某为延边边城酒业有限公司法定代表人。2007 年 8 月 9 日，刘某某许可边城酒业使用第 3743813 号"高丽村"注册商标，许可期限自 2007 年 8 月 9 日至 2015 年 5 月 5 日，商标续展后许可商标期限延至 2025 年 5 月 5 日。"高丽村"商标被使用以来，获得商标评审委员会"中国驰名商标"认证、"吉林省著名商标证书"，边城酒业为其生产的"高丽村"系列白酒进行了大量、广泛的宣传，使"高丽村"白酒在中华人民共和国境内，尤其是吉林延边地区享有较高的知名度。边城酒业自 2007 年起开始在韩国境内销售"高丽村"白酒。边城酒业与大韩民国（株）江帛签订独家销售授权合同，授权（株）江帛在韩国独家经销"高丽村"系列白酒。边城酒业于 2011 年 1 月 12 日在韩国注册了"高丽村 Gao Li Cun"商标，注册号为第 0849667 号，核准使用商品类别为第 33 类高粱酒（限于中国产）、中国式酿造酒（老酒，限于中国产）；于 2012 年 1 月 25 日在韩国注册了"高丽村"商标（与在中国注册的第 3743813 号汉字商标表达方式相同），注册号为第 0900790 号，核准使用商品类别为第 33 类高粱酒、老酒、毒蛇酒、薄荷酒、蜜蜂酒、保命酒、松针酒、药米酒、药用酒、五加啤酒、中国式白酒、中国式酿造酒（老酒）、虎骨酒。2016 年 8 月 20 日，案外人金银麇向韩国法院申请上述商标无效。2017 年 9 月，韩国专利审判法院作出 2016 第 2530 号判决，对金银麇关于第 849667 号商标无效的申请予以驳回。

2017 年 6 月，刘某某发现东方公司生产的带有"高丽材"标识的白酒在出境检疫部门、大连海关鲅鱼圈港口等地欲出口销往韩国，遂向延边朝鲜族自治州工商行政管理局举报。延边州工商局采取行政强制措施对东方公司生产的"高丽材"白酒、标签、背标、瓶盖、酒箱进行了扣押，后延边州工商局解除了上述扣押措施。刘某某遂提起诉讼。本案受理后，经刘某某申请，一审法院对在东方公司处的上述 2934 箱白酒进行了查封保全；

经刘某某申请又对东方公司位于大连海关鲅鱼圈港口的 2771 箱"高丽材"白酒进行了保全。除此之外，一审辩论终结前，东方公司又多次向延边出入境检验检疫局对共计 9374 箱"高丽材"白酒申请了货物出口报检。

对于涉案定牌加工合同，一审法院与二审法院有不同的看法。被告提供证据证明，2017 年 5 月 16 日东方公司与案外人（株）成林签订了标题为"OEM 合同书"的协议，并约定（株）成林委托东方公司加工生产"高丽材"商标的产品，产品全部由（株）成林回购，同时约定商标除了（株）成林指定的产品外东方公司不得在其他产品上任意粘贴、使用该商标。被告认为，OEM 合同证明韩国（株）成林与被告为委托加工关系，被告按照定做人要求生产白酒，生产白酒禁止在中国销售，全部出口至韩国，被告与定做人（株）成林之间是承揽加工关系的事实。一审经质证，原告对该证据合法性、真实性、关联性均有异议，一审法院认为被告虽对真实性有异议，但不能提供相反证据反驳，且该证据从形式上不能确定为域外证据，故对合法性予以确认，对证明内容及关联性综合予以认定。二审法院认为，该协议第 3 条（样本）同时亦约定："1. 本产品的设计须提前取得乙方（东方公司）的同意后由甲方〔（株）成林〕设计并交付乙方。2. 如设计产品需要做修改甲方需与乙方进行协商后才能对该设计产品做修改。"由此可知，东方公司并非单纯接受（株）成林委托就（株）成林的商标进行产品生产加工，而是在双方合作过程中对产品设计有独立的表意行为，参与产品包装、装潢设计，东方公司的生产行为已不仅仅属于对商标进行物理贴附行为；同时，东方公司生产的被控侵权产品亦未完整使用案外人在韩国申请注册的"高丽材 GAOLICAI"注册商标，而仅仅突出使用了该商标的与刘某某涉案"高丽村"商标极为近似的汉字部分，故东方公司的涉案生产行为已超出了仅接受委托生产贴附国外注册商标产品而不在国内销售、不具有国内产品来源区分功能的"定牌加工"的范畴。

对东方公司的行为是否构成对刘某某注册商标专用权的侵害进行判断，一审、二审也有不同的看法。

一审法院认为，"高丽材"与"高丽村"前两个文字完全相同，"材"字与"村"字仅有一笔之差，其产品商标上的字体形态与"高丽村"商标的字体形态亦高度相似，容易导致混淆。东方公司辩称其生产的产品全部销往韩国，不在国内销售，使用该商标属物理贴附，不具有商标属性，并非商标法意义上的使用行为。我国商标法并未对商标的使用行为或者处于生产、加工、销售等不同环节的地域限制有所区分。东方公司生产"高丽材"商标白酒的行为发生在中华人民共和国境内，应受《中华人民共和国商标法》约束。东方公司生产"高丽材"商标白酒虽不在中华人民共和国境内销售，专门销往韩国，但权利人刘志东授权的边城酒业的"高丽村"牌系列白酒亦出口韩国，并已在韩国占有一定的市场，为相关公众所知悉。东方公司生产的"高丽材"白酒流往韩国，必然与"高丽村"白酒在韩国产生市场竞争关系。"高丽材"白酒一旦流入韩国市场，由于其商标与"高丽村"商标存在高度相似，极易导致消费者对两种商品产生混淆，从而使"高丽村"商标权人及被授权人的利益受到实质性损害。东方公司作为中华人民共和国境内的生产企业，在从事生产、经营时应遵守诚实信用原则，在履行 OEM 合同时，对生产、加工产品是否涉及侵犯他人商标权也应当尽到合理的审查注意义务。刘某某授权许可使用的边城酒业于2007 年即开始使用"高丽村"商标，东方公司作为延边朝鲜族自治州的酒类生产企业，对同为延边朝鲜族自治州内企业边城酒业生产的"高丽村"白酒的商标知名度及商标权属情况应当知晓。郑聿理在韩国注册的"高丽材 GAOLICAI"商标注册时间晚于刘某某在我国商标局注册的"高丽村"商标注册时间。另外，东方公司生产产品中使用的"高丽材"商标与在郑聿理在韩国注册的"高丽材 GAOLICAI"商标并不相同，"高丽材"文字部分在商品正面标签，"GAOLICAI"汉语拼音部分则标注在商品背面标签，是分开使用，而根据商标的一般使用规范，对注册商标应当整体使用，不能任意分割；并且韩国注册的"高丽材 GAOLICAI"商标中的"高丽材"汉字字体与东方公司在其产品上贴附的"高丽材"商标字体形态亦不相同。东方公司不能仅以其系按照韩国委托加工方的要求而对产品进行包装、贴附商标标识为由，而证明其对生产产品是否涉及侵权尽到了合理注意义务。一般 OEM 模式生产的产品均在其包装上载明品牌厂商，即委托生产企业的信息，以便消费者区分品牌的来源；而在本案中"高丽材"酒在包装上仅标明了实际生产加工企业即东方公司的名称、地址等信息，仅在包装后贴附的根据食品卫生法及酒税法的韩文标示中以韩国文字注明了"进口商"为（株）成林；并且在"高丽材"酒包装明显位置标有"延边特产"字样，使相关消费者更易对该商品与边城酒业生产的"高丽村"系列白酒相混淆，由此也可见东方公司没有尽到合理审查义务，主观上对侵害刘某某"高丽村"注册商标行为存在一定的过错。综上，东方公司侵害了刘某某享有的"高丽村"注册商标专用权，应当承担侵权责任。❶

　　二审法院经审理认为，"高丽村"商标作为驰名商标，在延边朝鲜族自治州具有较高的知名度，东方公司作为同地区同样生产白酒的生产企业，其应当知晓他人已享有"高丽村"注册商标专用权，对其生产的白酒所使用的商标是否侵害该注册商标专用权合法权益，应当具有高于一般公众的审慎适当的注意义务。东方公司与案外人签订了标题为"OEM 合同书"的协议，应当按照（株）成林要求的商标生产本产品，其全部产品出口给（株）成林并且禁止在国内出售。东方公司并非单纯接受（株）成林委托就（株）成林的商标进行产品生产加工，而是在双方合作过程中对产品设计有独立的表意行为，参与产品包装、装潢设计，东方公司的生产行为已不仅仅属于对商标进行物理贴附行为；同时，东方公司生产的被控侵权产品亦未完整使用案外人在韩国申请注册的"高丽材 GAOLICAI"注册商标，而仅仅突出使用了该商标的与刘志东涉案"高丽村"商标极为近似的汉字部分，故东方公司的涉案生产行为已超出仅接受委托生产贴附国外注册商标产品而不在国内销售、不具有国内产品来源区分功能的"定牌加工"的范畴。东方公司对其涉案生产行为未尽到其应尽的合理注意义务，且具有对"高丽村"注册商标专用权的主观侵权故意；故东方公司生产的涉案产品虽不在我国国内销售，但其欲通过规避我国法律规定以达到侵害"高丽村"商标权利人合法权益的不当目的，其行为构成对刘某某"高丽村"注册商标专用权的侵权，应当承担侵权责任。❷

　　上海柴油机股份有限公司（以下简称"上柴公司"）与江苏常佳金峰

---

❶　吉林省延边朝鲜族自治州中级人民法院（2017）吉 24 民初 230 号判决书。
❷　吉林省高级人民法院（2018）吉民终 229 号民事判决书。

动力机械有限公司（以下简称"常佳公司"）侵害商标权纠纷案，也是定牌加工的典型案例。上柴公司是我国注册商标"东风"文字和图形组合商标（商标注册证第 100579 号、第 624089 号）的商标权人。其中，第 100579 号商标 🔖 最早于 1962 年 8 月 1 日核准注册，注册号为 41765，用于柴油机（出口商品），后于 1981 年 5 月 1 日重新核准注册，注册号为第 100579 号，使用商品为柴油机。第 624089 号商标 🔖 于 1992 年 12 月 30 日核准注册，核定使用的商品为第 7 类柴油机、内燃机配件。2000 年 9 月 27 日，上柴公司注册并使用在柴油机商品上的"东风"商标被认定为驰名商标，商标图样包括涉案第 100579 号与第 624089 号注册商标。2013 年 10 月 1 日，常佳公司与印度尼西亚企业 PT ADI PERKASA BUANA（以下简称"印尼 PTADI 公司"）签订一份委托书——印尼 PTADI 公司以"DONG FENG（东风）"商标持有人的身份委托常佳公司以该商标生产柴油机及柴油机组件，出口至进出口商，但仅可以在印度尼西亚销售。印尼 PTADI 公司系在印度尼西亚注册成立的公司，其于 1987 年 1 月在印度尼西亚注册"东风 DONG FENG"商标 🔖，核定于柴油发动机等商品上。2013 年 10 月 8 日，常佳公司向常州海关申报出口柴油机配件，运抵国印度尼西亚。该批货物上的标识与上柴公司涉案商标相同，与印尼 PTADI 公司的商标亦相同。

上柴公司认为常佳公司未经其许可，在柴油机等同一种商品上使用与其注册商标相同的商标，构成商标侵权，遂向法院提起诉讼。一审法院经审理认为，常佳公司主张其根据印度尼西亚商标权人的委托，依照委托人提供的印度尼西亚商标证书生产制造涉案柴油机配件且全部出口印度尼西亚，构成定牌加工。在定牌加工过程中，全部用于境外销售、在我国境内不进入市场流通领域的附加商标行为，在我国境内不具有识别商品来源的功能，因而不构成商标法意义上的商标使用行为，故常佳公司的行为未落入上柴公司涉案商标权的保护范围，不构成侵权，一审判决驳回上柴公司的全部诉讼请求。❶

---

❶ 江苏省常州市中级人民法院（2014）常知民初字第 1 号民事判决书。

上柴公司不服一审判决，提起上诉。二审江苏省高级人民法院经审理认为，一般而言，如果国内加工企业不以销售为目的，接受境外委托人的委托，贴牌加工生产的产品全部出口不在国内销售的，以认定国内加工企业定牌加工行为不构成商标侵权为宜，但定牌加工不侵权仍要以国内加工企业对境外委托贴牌的商标本身已尽到合理的审查或注意义务为前提。对于本案而言，虽然常佳公司接受印尼PTADI公司的订单生产加工的产品全部出口至印度尼西亚，可以认定其行为属于涉外定牌加工行为，但常佳公司系明知上柴公司涉案"东风"商标为驰名商标，仍然接受境外委托，在被控侵权产品柴油机及柴油机组件上使用与上柴公司"东风"商标相同的商标，未尽到合理注意与避让义务，实质性损害了上柴公司的利益，侵犯了上柴公司的注册商标专用权。❶

参考阅读资料

[1] 包红光.从"PRETUL"案到"HONDA"案：涉外定牌加工商标侵权判定的体系化审视与立法应对 [J].社会科学论坛，2021（2）.

[2] 华丹玫.涉外定牌加工中的商标权问题 [J].中国应用法学，2020（5）.

[3] 罗书臻.最高法知识产权法庭第一案——我国知识产权诉讼制度的重大创新和历史性突破 [N].人民法院报，2020-06-10.

[4] 吕炳斌.商标侵权中"商标性使用"的地位与认定 [J].法学家，2020（2）.

[5] 石慧，徐立华.全球价值链中商标权地域性原则的反思——对涉外定牌加工商标侵权的新认识 [J].时代法学，2021，19（2）.

[6] 宋健.对涉外定牌加工商标侵权"合理注意义务+实质性损害"判断标准的解读——以"东风"案为例 [J].知识产权，2016（9）.

[7] 王太平.从"无印良品"案到"PRETUL"案：涉外定牌加工的法律性质 [J].法学评论，2017，35（6）.

---

❶ 江苏省高级人民法院（2015）苏知民终字第00036号民事判决书。

［8］ 夏朝羡. 涉外定牌加工商标侵权问题研究——以最高法院系列再审裁判为对象［J］. 政法学刊，2021，38（2）.

［9］ 袁秀挺，凌宗亮. 涉外定牌加工商标侵权行为的行政查处［EB/OL］. ［2021－05－30］. https：//www. cnipa. gov. cn/art/2015/12/31/art_ 1415_ 133081. html.

［10］ 张伟君，魏立舟，赵勇. 涉外定牌加工在商标法中的法律性质——兼论商标侵权构成的判定［J］. 知识产权，2014（2）.

［11］ 张玉敏. 国际贸易 "定牌加工" 性质分析［J］. 重庆工学院学报（社会科学版），2008（1）.

［12］ 张玉敏. 涉外 "定牌加工" 商标侵权纠纷的法律适用［J］. 知识产权，2008（4）.

第二节　销售假冒注册商标的商品公益诉讼

一、典型案例：邓某某、双善食品（厦门）有限公司等销售假冒注册商标的商品案❶

（一）案情介绍

星巴克公司系第 4773321 号 "STARBUCKS"、第 4773319 号 "星巴克"、第 7126400 号 "STARBUCKSVIA" 等注册商标专用权人，核定使用商品为第 30 类，即咖啡等，商标均在有效期内。

2017 年 5 月至 2019 年 1 月初，被告人邓某某伙同张某某等人明知购入、持有的速溶咖啡为假冒注册商标的商品，仍以 180 余元/件（每件 20

---

❶　江苏省无锡市新吴区人民法院（2019）苏 0214 刑初 647 号刑事判决书。

盒，每盒5条，下同）的价格将21 304件上述商品销售给被告单位双善公司，销售金额计383万余元，被告人邓某某违法所得20万余元。2019年1月4日，公安机关在被告人邓某某及张某某等人租赁的加工点内查获假冒星巴克速溶咖啡货物价值116万余元。

被告单位双善公司成立于2016年8月，主要从事食品生产、销售等经营活动，被告人陈某某、甄某某系该公司实际控制人。被告人张某泉及赵某某、张某等人均系该公司销售员，负责对外推销双善公司经营的假冒注册商标的速溶咖啡及饼干、红酒等食品。被告人甄某系该公司发货员，负责在广东省广州市将假冒注册商标的速溶咖啡发货至无锡、常州。

2017年5月，时任双善公司实际控制人的被告人陈某某、甄某某，以单位名义与被告人邓某某及张某某等人达成合作协议，双方约定双善公司从邓某某等人控制的广州市百益食品贸易有限公司购入假冒注册商标的速溶咖啡予以销售。而后，双善公司陆续从被告人邓某某等人处购入假冒注册商标的速溶咖啡21 304件并对外销售。

2017年12月至2019年1月初，时任双善公司实际控制人的被告人陈某某、甄某某在明知从邓某某等人处购入的速溶咖啡为假冒注册商标的商品情况下，仍以单位名义，通过销售员推销、物流发货等方式，先后销售给无锡市郎诗岚国际贸易有限公司等分布在全国18个省份的50余名商户共计19 264件，涉案销售金额共计724万余元。其中，被告人陈某某、甄某某均参与销售19 264件，涉案销售金额计724万余元；被告人张某泉参与销售9 812件，涉案销售金额计364万余元；被告人甄某参与销售3 396件，涉案销售金额计129万余元。被告单位双善公司、被告人陈某某、甄某某共同违法所得100万元，被告人张某泉违法所得4万元，被告人甄某违法所得2.3万元。

案发后，公安机关查获双善公司待销售的假冒星巴克咖啡货物价值69万余元。

2019年1月4日，被告人陈某某、甄某某、甄某被公安机关抓获；2019年5月20日，被告人邓某某被公安机关抓获；2019年6月27日，被告人张某泉至公安机关投案。归案后，各被告人均如实供述上述犯罪事实。

　　无锡市新吴区人民检察院指控认为：被告人邓某某伙同他人销售明知是假冒注册商标的商品，销售金额数额巨大，其行为应当以销售假冒注册商标的商品罪追究其刑事责任，且系共同犯罪。被告单位双善公司销售明知是假冒注册商标的商品，销售金额数额巨大，被告人陈某某、甄某某作为直接负责的主管人员，被告人张某泉、甄某作为其他直接责任人员，其行为均应当以销售假冒注册商标的商品罪追究其刑事责任，且系单位犯罪、共同犯罪。被告人陈某某、甄某某在共同犯罪中起主要作用，均系主犯。被告人张某泉、甄某在共同犯罪中起次要作用，均系从犯，均应当从轻或者减轻处罚。被告人张某泉犯罪后自动投案，如实供述自己的罪行，系自首，可以从轻或者减轻处罚。被告人邓某某、陈某某、甄某某、甄某归案后均如实供述自己的罪行，均可以从轻处罚，并向法院出具了锡新检量建〔2019〕282号量刑建议书。

　　被害单位星巴克公司委托代理人发表如下意见：本案所涉金额巨大，给其公司造成巨大损失，且涉及18个城市，危害较大，请求从重处罚。

　　上述被告单位及被告人对起诉书的指控均未提出异议，上述被告人均签署了认罪认罚具结书。

　　被告人邓某某的辩护人提出如下辩护意见：（1）对公诉机关指控的罪名及事实不持异议；（2）被告人如实供述自己的犯罪事实，具有坦白情节，认罪认罚；（3）被告人系初犯；（4）被告人在共同犯罪中的地位、作用、分红、销售金额、情节等，明显轻于被告人陈某某等人，建议比照被告人陈某某从轻处罚；（5）被告人是其家庭支柱，希望从轻处罚。

　　被告人陈某某的辩护人提出如下辩护意见：（1）被告人系初犯、偶犯；（2）被告人归案后如实供述全部罪行；（3）被告人当庭自愿认罪；（4）被告人系家中经济支柱，儿子年幼尚需照顾，请求从轻处罚。

　　被告人甄某某的辩护人提出如下辩护意见：（1）被告人系作用较小的主犯，主观恶性较小，可以从轻处罚；（2）被告人具有坦白等法定从轻情节；（3）被告人系初犯、偶犯、认罪悔罪态度较好；（4）被告人系单亲母亲，需抚养孩子，若其长期身陷囹圄，不利于孩子成长，请求对其从轻处罚。

被告人张某泉的辩护人提出如下辩护意见：（1）被告人系从犯，应当从轻、减轻处罚；（2）被告人系自首，可以从轻或者减轻处罚；（3）被告人系偶犯、初犯。建议适用缓刑。

（二）法院裁判

法院经审理判决：（1）被告人邓某某犯销售假冒注册商标的商品罪，判处有期徒刑5年并处罚金300万元。（2）被告单位双善食品（厦门）有限公司犯销售假冒注册商标的商品罪，判处罚金320万元。（3）被告人陈某某犯销售假冒注册商标的商品罪，判处有期徒刑5年，并处罚金200万元。（4）被告人甄某某犯销售假冒注册商标的商品罪，判处有期徒刑4年6个月，并处罚金200万元。（5）被告人张某泉犯销售假冒注册商标的商品罪，判处有期徒刑2年，缓刑2年3个月，并处罚金18万元。（6）被告人甄某犯销售假冒注册商标的商品罪，判处有期徒刑1年9个月，缓刑2年，并处罚金10万元。（7）被告人邓某某违法所得20万元，被告单位双善公司、被告人陈某某、甄某某共同违法所得100万元，依法予以追缴并上缴国库；被告人张某泉主动退出违法所得4万元，被告人甄某主动退出违法所得2.3万元，依法予以没收上缴国库。（8）公安机关扣押的假冒注册商标的商品等，由公安机关依法处理。（9）禁止被告人张某泉、甄某在缓刑考验期内从事生产、销售咖啡的经营活动。

（三）焦点分析

焦点问题是被告人及被告单位是否构成假冒注册商标罪。

被告人邓某某伙同他人销售明知是假冒注册商标的商品，销售金额数额巨大，应当以销售假冒注册商标的商品罪追究其刑事责任，且系共同犯罪。被告单位双善公司销售明知是假冒注册商标的商品，销售金额数额巨大，被告人陈某某、甄某某作为直接负责的主管人员，被告人张某泉、甄某作为其他直接责任人员，其行为均应当以销售假冒注册商标的商品罪追究其刑事责任，且系单位犯罪、共同犯罪。

被告人陈某某、甄某某在共同犯罪中起主要作用，均系主犯，应当按照其所参与的全部犯罪予以处罚。被告人张某泉、甄某在共同犯罪中起次要作用，均系从犯，均应当从轻或者减轻处罚。被告人邓某某、被告单位双善公司、被告人陈某某、甄某某、甄某销售金额和未销售货值金额均达到同一法定刑幅度，在同一法定刑幅度内酌情从重处罚。被告人张某泉犯罪后自动投案，如实供述自己的罪行，系自首，依法可以从轻或者减轻处罚。被告单位双善公司、被告人邓某某、陈某某、甄某某、甄某归案后均如实供述自己的罪行，依法均可以从轻处罚。被告人张某泉、甄某主动退出违法所得，有悔罪表现，可酌情予以从轻处罚。

综合被告人邓某某、被告单位双善公司、被告人陈某某、甄某某、张某泉、甄某的犯罪事实、犯罪性质与情节、对于社会的危害程度、到案后的认罪悔罪表现等因素，结合社区矫正机构出具的评估意见，法院决定对被告人邓某某、被告单位双善公司、被告人陈某某、甄某某均予以从轻处罚，对被告人张某泉、甄某均予以减轻处罚，并依法对被告人张某泉、甄某宣告缓刑。关于被告人邓某某的辩护人提出的比照被告人陈某某从轻处罚的辩护意见，法院认为被告人邓某某系被告单位双善公司销售假冒注册商标的商品来源，且公安机关在被告人邓某某处查获咖啡粉、灌装机等，系本案售假源头，故该项辩护意见与法律规定不符，法院不予采信。

二、法理探究

（一）本案典型意义及影响

2021 年 2 月最高人民检察院发布"第二十六批指导性案例"（检察机关依法保护知识产权主题），其中第一个案例就是该案，即"检例第 98 号"案例。最高人民检察院将该案的典型意义归纳为三点：第一，依法严惩假冒注册商标类犯罪，切实维护权利人和消费者合法权益。第二，对销售假冒注册商标的商品犯罪的上下游人员，应注意结合相关证据准确认定不同环节被告人的主观明知。第三，一体发挥刑事检察和公益诉讼检察职能，维护社会公共利益。❶ 本案涉及对销售假冒注册商标的商品罪进行法律分析之外，还对知识产权领域的公益诉讼有一定的引导价值，基于此本案典型意义十足，值得研究。

（二）销售假冒注册商标的商品罪的认定

据统计，销售假冒注册商标的商品罪在我国主要是以个体工商户为主要实施者，因而犯罪主体以自然人为主，基于不法分子对获利空间的追求，犯罪的对象主要集中于境外高端消费品。❷ 根据我国《刑法》第214条对"销售假冒注册商标的商品罪"的规定❸可知该罪构成的核心为：第一，该罪构成的主观要件是故意，具体而言为"明知是假冒注册商标的商品"。第二，该罪构成的客观要件为销售了明知是假冒注册商标的商品，且对销售额有要求。2020年《刑法修正案》也对本罪名的客观构成做了修改，把"销售金额数额较大"改为"违法所得数额较大或者有其他严重情节"，把"销售金额数额巨大"改为"违法所得数额巨大或者有其他特别严重情节"。

（1）主观故意之"明知"的判断。根据《最高人民法院、最高人民检察院关于办理侵犯知识产权刑事案件具体应用法律若干问题的解释》的规定，明知包括：知道自己销售的商品上的注册商标被涂改、调换或者覆盖的；因销售假冒注册商标的商品受到过行政处罚或者承担过民事责任、又销售同一种假冒注册商标的商品的；伪造、涂改商标注册人授权文件或者知道该文件被伪造、涂改的；其他知道或者应当知道是假冒注册商标的商

---

❶ 《最高人民检察院关于印发最高人民检察院第二十六批指导性案例的通知》。

❷ 廖泽宇. 销售假冒注册商标的商品罪实证研究［D］. 广州：华南理工大学，2020.

❸ 《刑法》第214条规定："销售明知是假冒注册商标的商品，违法所得数额较大或者有其他严重情节的，处三年以下有期徒刑，并处或者单处罚金；违法所得数额巨大或者有其他特别严重情节的，处三年以上十年以下有期徒刑，并处罚金。"

品的情形。❶ 因而，这里的"明知"包括知道或应当知道。"明知"的判断有时在认定中，从商业惯例等方面均可以得以体现。例如，本案中，被告人邓某某伙同张某某等人明知购入、持有的速溶咖啡为假冒注册商标的商品，仍将上述商品销售给被告单位双善公司。时任双善公司实际控制人的被告人陈某某、甄某某在明知从邓某某等人处购入的速溶咖啡为假冒注册商标的商品情况下，仍以单位名义，通过销售员推销、物流发货等方式，先后销售给无锡市郎诗岚国际贸易有限公司等分布在全国的商户。犯罪主体均体现出明显的主观"明知"。本案中，在认定犯罪的主观明知时，不仅考虑了被告人供述，还综合考虑了交易场所、交易时间、交易价格等客观行为，坚持主客观相一致。

（2）数额问题。根据《最高人民法院、最高人民检察院关于办理侵犯知识产权刑事案件具体应用法律若干问题的解释》第 2 条的规定，销售明知是假冒注册商标的商品，销售金额在 5 万元以上的属于"数额较大"，销售金额在 25 万元以上的属于"数额巨大"。❷ 关于销售金额的确定，在销售假冒注册商标的商品罪语境下与其他犯罪情形有所不同。一般实施该犯罪的附有商标的商品为较知名的商品，其销售价值在犯罪活动中往往会低于市场上相同商品的销售价值，因而对之应当以何种方式予以计算成为

---

❶ 《最高人民法院、最高人民检察院关于办理侵犯知识产权刑事案件具体应用法律若干问题的解释》第 9 条规定：

具有下列情形之一的，应当认定为属于刑法第二百一十四条规定的"明知"：

（一）知道自己销售的商品上的注册商标被涂改、调换或者覆盖的；

（二）因销售假冒注册商标的商品受到过行政处罚或者承担过民事责任、又销售同一种假冒注册商标的商品的；

（三）伪造、涂改商标注册人授权文件或者知道该文件被伪造、涂改的；

（四）其他知道或者应当知道是假冒注册商标的商品的情形。

❷ 《最高人民法院、最高人民检察院关于办理侵犯知识产权刑事案件具体应用法律若干问题的解释》第 2 条：

销售明知是假冒注册商标的商品，销售金额在五万元以上的，属于刑法第二百一十四条规定的"数额较大"，应当以销售假冒注册商标的商品罪判处三年以下有期徒刑或者拘役，并处或者单处罚金。

销售金额在二十五万元以上的，属于刑法第二百一十四条规定的"数额巨大"，应当以销售假冒注册商标的商品罪判处三年以上七年以下有期徒刑，并处罚金。

问题。❶ 而且，在销售假冒注册商标的商品罪语境下，中间差价也是计算中一直饱受争议的问题之一，销售与尚未销售的商品的计算价格差异也成为罪责刑相适应的考虑点。❷ 本案中，在确定销售金额时：①被告人邓某某伙同张某某等人以 180 余元/件的价格将 21 304 件上述商品销售给被告单位双善公司，销售金额计 383 万余元，被告人邓某某违法所得 20 万余元。对于未销售的，公安机关在被告人邓某某及张某某等人租赁的加工点内查获假冒星巴克速溶咖啡货物价值 116 万余元。②时任双善公司实际控制人的被告人陈某某、甄某某以单位名义，先后销售给商户共计 19 264 件，涉案销售金额共计 724 万余元。其中，被告人陈某某、甄某某均参与销售 19 264 件，涉案销售金额计 724 万余元；被告人张某泉参与销售 9 812 件，涉案销售金额计 364 万余元；被告人甄某某参与销售 3 396 件，涉案销售金额计 129 万余元。被告单位双善公司、被告人陈某某、甄某某共同违法所得 100 万元，被告人张某泉违法所得 4 万元，被告人甄某某违法所得 2.3 万元。对于待销售的部分，公安机关在案发后查获双善公司待销售的假冒星巴克咖啡货物价值 69 万余元。

在《刑法修正案（十一）》的基础上，如何判断违法所得数额及情节成为难点，而且因为违法所得数额与情节是"或"的关系，故此在实践中可能会产生选择的问题。

（三）销售假冒注册商标的商品罪的刑罚

根据我国《刑法》（2017）的规定，销售假冒注册商标的商品罪的刑罚分为两个等级，分别为"销售金额数额较大的，处三年以下有期徒刑或者拘役，并处或者单处罚金""销售金额数额巨大的，处三年以上七年以下有期徒刑，并处罚金"。基于犯罪数额计算方式不合理、量刑情节没有统一标准、缓刑适用条件宽松、罚金刑适用规则抽象等原因，我国过去对

---

❶　刘晓艳，卢静芳. 销售假冒注册商标商品罪的金额认定［J］. 江西警察学院学报，2017（6）：26－30.

❷　李卫红. 假冒类案件的刑事法认定［J］. 法学杂志，2018，39（11）：107－114.

销售假冒注册商标的商品罪的刑罚整体偏轻。[1] 2020 年《刑法修正案（十一）》对之做了修改，"违法所得数额较大或者有其他严重情节的，处三年以下有期徒刑，并处或者单处罚金""违法所得数额巨大或者有其他特别严重情节的，处三年以上十年以下有期徒刑，并处罚金"。变化主要为：第一，刑罚依据的标准变化了，从"销售金额数额"改为了"违法所得数额"，而且增加了情节——"其他严重情节""其他特别严重情节"。第二，取消了拘役，销售假冒注册商标的商品罪刑罚主刑方面最低为有期徒刑 6 个月。第三，刑罚最重从"七年以下"提升为"十年以下"。

关于适用缓刑与否，我国相关司法解释也做了明确的规定，为了打击知识产权犯罪、破除链条式的知识产权犯罪，有些情形明确不得适用缓刑。《最高人民法院、最高人民检察院关于办理侵犯知识产权刑事案件具体应用法律若干问题的解释（二）》第 3 条规定："侵犯知识产权犯罪，符合刑法规定的缓刑条件的，依法适用缓刑。有下列情形之一的，一般不适用缓刑：（一）因侵犯知识产权被刑事处罚或者行政处罚后，再次侵犯知识产权构成犯罪的；（二）不具有悔罪表现的；（三）拒不交出违法所得的；（四）其他不宜适用缓刑的情形。"《最高人民法院、最高人民检察院关于办理侵犯知识产权刑事案件具体应用法律若干问题的解释（三）》第 8 条规定："具有下列情形之一的，可以酌情从重处罚，一般不适用缓刑：（一）主要以侵犯知识产权为业的；（二）因侵犯知识产权被行政处罚后再次侵犯知识产权构成犯罪的；（三）在重大自然灾害、事故灾难、公共卫生事件期间，假冒抢险救灾、防疫物资等商品的注册商标的；（四）拒不交出违法所得的。"

（四）知识产权公益诉讼检察职能

随着贸易形式的多样化，知识产权犯罪也呈现出新的特点，以商标犯罪为例：第一，手法专业智能化持续上升，制假售假案件中假冒商品仿真程度逐渐提高，侵权商品实行拆分发货、货标分离，加大了侦查难度。第

---

[1] 廖泽宇. 销售假冒注册商标的商品罪实证研究［D］. 广州：华南理工大学，2020.

二，涉案领域逐步扩大渗透。被侵权商标从常见的名烟名酒、奢侈品牌，逐步扩大到包括日化用品、电子产品、五金建材、汽车配件、工业原料等民生工业用品领域，价格低廉但利润高、需求大的商品被假冒的情况也日益严重。第三，犯罪组织架构精细化规模化。传统摊贩式经营逐步减少，犯罪模式向公司化发展，侵权环节分工精细。单位侵权主体利用企业运作模式，更迅速、有规模地实施侵权行为，犯罪波及面更广泛、后果更严重，增加了监管和查处难度。❶ 与这些新的犯罪特点相对应，犯罪被发现、被制裁的难度也加大了，权利人利益的维护、消费者利益的维护、公共利益的维护等也越来越需要检察机关的主动积极参与。为了在应对商标刑事犯罪的同时能够使消费者的利益得到保护，检察机关可以在刑事诉讼的同时在公益诉讼方面有所作为。在本案典型意义中，最高人民检察院也明确指出，"对于侵害众多消费者利益，涉案金额大，侵权行为严重的，检察机关可以建议有关社会组织提起民事公益诉讼，也可以自行提起民事公益诉讼，以维护社会公众合法权益。"检察机关的知识产权公益诉讼的职能在实践中有很多探讨。

本案中，鉴于本案销售假冒注册商标的商品罪涉及的销售行为范围较广，侵犯了消费者权益，并且带来了公共利益的损害，无锡市新吴区检察院基于上述考虑提出检察建议，建议江苏省消费者权益保护委员会对双善公司提起消费民事公益诉讼。这就使得检察机关在刑事案件处理的过程中，还兼顾了对公共利益的维护。后续，江苏省消费者权益保护委员会依法向江苏省无锡市中级人民法院提出了侵害消费者权益民事公益诉讼，主张涉案金额三倍的惩罚性赔偿。最终，无锡市中级人民法院于 2020 年 9 月 18 日立案受理与本案有关的该公益诉讼。实现了对商标犯罪的行为刑事规制与民事公共利益保护相衔接。

根据《最高人民法院、最高人民检察院关于检察公益诉讼案件适用法律若干问题的解释》的规定，人民法院、人民检察院办理公益诉讼案件的主要任务是充分发挥司法审判、法律监督职能作用，维护宪法法律权威，维护社会公平正义，维护国家利益和社会公共利益，督促适格主体依法行

---

❶　参见《2019 年上海知识产权检察白皮书》。

使公益诉权，促进依法行政、严格执法。❶ 这彰显出人民检察院在公益诉讼中的地位和作用，为检察机关进行知识产权公益诉讼及法律监督职能提供了较为明确的导向。在相关案例的处理中，检察机关将为规范知识产权秩序、净化知识产权环境起到更加重要的作用。

与此同时，商标类犯罪也值得关注。从实践看，一方面，商标类犯罪扰乱了市场上知识产权及相关商业秩序；另一方面，其还可能对广大消费者的利益产生巨大损害。据统计，2020 年，全国检察机关共批捕侵犯知识产权犯罪 3 918 件，起诉 5 847 件，从起诉数据看，侵犯商标权案件占总数的 94.2%。❷ 2020 年，地方各级人民法院新收侵犯知识产权刑事一审案件 5 544 件，审结 5 520 件，在审结的侵犯知识产权刑事一审案件中，销售假冒注册商标的商品刑事案件 2 528 件。❸ 可见在整个知识产权犯罪案件中商标类犯罪尤其是销售假冒注册商标的商品罪占比之高。在未来，检察机关在知识产权司法全方位保护中的作用将日趋重要。

三、延伸阅读案例

福州市鼓楼区人民法院 2020 年年末集中宣判的两例销售假冒茅台酒刑事附带民事公益诉讼案件，与本案有一定的相似之处。在该两案中，涉案销售假冒注册商标的商品罪中的商标在日常生活中是知名度较高的茅台，无论是被告人在销售中的刻意隐瞒商品真实信息等行为还是相关定价，均可以得知其有犯罪的故意。被告人不仅侵犯了商标权人的商标权，还侵害了不特定消费者的合法权益。因涉案茅台酒知名度高，社会反响强烈，鼓楼区人民法院邀请人大代表、政协委员、消费者协会工作人员等参与旁听庭审，三名被告人销售假冒茅台酒，侵犯了"贵州茅台"商标权利人知识

---

❶ 《最高人民法院、最高人民检察院关于检察公益诉讼案件适用法律若干问题的解释》第 2 条。

❷ 最高检发布 2020 年度检察机关保护知识产权典型案例 ［EB/OL］. （2021 - 04 - 28）［2021 - 06 - 29］. http：//www. cnipa. gov. cn/art/2021/4/28/art_2587_159033. html.

❸ 参见《中国法院知识产权司法保护状况（2020）》。

产权，扰乱了市场经济秩序，侵害了公共利益。通过本次集中宣判活动，鼓楼区人民法院全方位加大知识产权犯罪打击力度，着力保障消费者的合法权益和社会公共利益，切实维护社会和谐稳定和人民群众生命健康安全。❶

在河北于某等假冒注册商标案中，检察机关充分履行法律监督职责，对上游非法制造他人注册商标标识的和下游明知是假冒注册商标的商品仍予以销售的，依法监督公安机关立案。❷

参考阅读资料

［1］冯文杰．商标权刑法保护之历史演进与立法完善［J］．法治社会，2020（1）.

［2］蒋巍．基于利益平衡角度的商标权刑法保护研究［J］．广西大学学报（哲学社会科学版），2020，42（3）.

［3］李卫红．假冒类案件的刑事法认定［J］．法学杂志，2018，39（11）.

［4］李玉萍．知识产权刑事案件裁判规则［M］．北京：法律出版社，2020.

［5］廖泽宇．销售假冒注册商标的商品罪实证研究［D］．广州：华南理工大学，2020.

［6］刘晓艳，卢静芳．销售假冒注册商标商品罪的金额认定［J］．江西警察学院学报，2017（6）.

［7］王太平．商标法：原理与案例［M］．北京：北京大学出版社，2015.

［8］杨晓培．利益均衡：商标权刑法保护的一种进化［J］．法学杂志，2017，38（9）.

---

❶　福州市鼓楼区人民法院集中宣判销售假冒茅台酒刑事附带民事公益诉讼案件［EB/OL］.（2020－12－11）［2021－06－29］．http://fzglfy.chinacourt.gov.cn/article/detail/2020/12/id/5663280.shtml.

❷　参见《最高检发布12件2020年度检察机关保护知识产权典型案例》（2021年4月25日）之案例九。

[9] 张耕，黄国赛. 民刑交叉视角下商标刑事保护边界研究 [J]. 知识产权，2020（12）.

第三节　商标侵权的赔偿

一、典型案例：小米科技公司等诉中山奔腾电器公司等侵害商标权及不正当竞争纠纷案❶

（一）案情介绍❷

1. 原、被告主体及相关商标的情况

原告小米科技有限责任公司、小米通讯技术有限公司（以下简称"小米科技公司""小米通讯公司"或"小米公司"）成立于 2010 年 3 月和 2010 年 8 月，二者签订有商标许可协议一份，约定小米通讯公司可无偿使用小米科技公司持有的所有商标，许可期限自 2010 年 8 月 25 日至 2020 年 8 月 24 日。小米科技公司于 2010 年 4 月 21 日申请注册"小米"商标，于 2011 年 4 月 28 日核准注册，注册号为第 8228211 号，核定使用商品为第 9 类，包括便携计算机、可视电话、手提电话、手提无线电话、计算机游戏软件等。2016 年 11 月 27 日，小米科技公司受让了"MIJIA 米家"商标，该商标核定使用商品为第 11 类，包括灯、煤气灶、冰箱、排气风扇、厨房用抽油烟机、龙头、浴霸、太阳能热水器、消毒设备、暖器。2016 年 3 月起，小米科技公司、小米通讯公司在互联网上发布生态链产品新品牌米家

---

❶ 案情介绍和焦点分析部分内容由李贤撰写初稿，孙玉荣修改后定稿。

❷ 参见江苏省南京市中级人民法院（2018）苏 01 民初 3207 号民事判决书、江苏省高级人民法院（2019）苏民终 1316 号民事判决书。

的信息，表明"米家＝小米智能家庭"，其品牌理念是"做生活中的艺术品"，其产品包括电饭煲、保温杯、电磁炉、落地扇、空调、电暖器等。2014 年 5 月，小米科技公司及其关联公司北京智米科技有限公司共同申请在第 11 类上注册"智米"商标，于 2015 年 6 月获准注册，该商标于 2018 年 7 月转让给北京智米科技有限公司。2014 年 12 月，小米科技公司在第 9 类上申请注册"智米"商标，于 2016 年 2 月获准注册，于 2018 年 7 月将该商标转让给北京智米科技有限公司。2015 年和 2017 年，中国互联网协会、中国通信工业协会、中国电子信息行业联合会等分别向国家商标局和国家商评委发函，纷纷推荐"小米"商标为驰名商标。国家商评委认为在 2013 年 12 月以前小米公司已通过报纸、期刊等多种形式对"小米"商标及其产品进行了广泛宣传和使用，使之在相关公众中具有较高知名度。

中山奔腾公司与独领风骚公司（原名中山米家生活电器有限公司），分别成立于 2009 年 9 月和 2016 年 6 月，麦某亮和麦某军均是二公司的股东，二人亦是兄弟关系。2015～2017 年，麦某亮陆续出资设立了广东智米电器有限公司和余姚智米生活电器有限公司。2011 年 11 月，中山奔腾公司申请注册"小米生活"商标，小米公司在该商标的初步审定公告阶段提出异议，2015 年国家商标局准予其注册，核定使用商品为第 11 类。2018 年 8 月，国家商评委认为中山奔腾公司申请"小米生活"商标的行为具有借助他人知名品牌进行不正当竞争或牟取非法利益的意图，构成以不正当手段取得注册的情形，故裁定宣告该商标无效。中山奔腾公司不服该裁定，向北京知识产权法院提起行政诉讼，而法院判决驳回中山奔腾公司的诉讼请求。2019 年 1 月，国家商标局亦对中山奔腾公司申请的"智米米家"等商标作出不予注册的决定。

另外，除与小米公司争议"小米生活"商标外，中山奔腾公司还在多个类别商品上围绕"小米""MJ 图形""智米"商标反复注册近似商标，在其注册的 90 余件商标中，还有"百事可乐 PAPSIPAPNE""盖乐世""威猛先生""奔腾大地"等与他人知名品牌相同或近似的商标。

2. 案件经过

经法庭调查，中山奔腾公司在其经营场所楼顶安装着"小米生活电器"标牌，室内展板上有"小米生活"文字，其制造、销售的产品及产品包装箱上标注了"小米生活"标识、"小米生活为品质而生""我们只做生活电器中的艺术品"等文字宣传语。中山奔腾公司的网站（"xiaomi68.com）在产品展示版块显示的标题为"小米生活电器"，产品包括电饭煲、电磁炉、电水壶等。

2017 年 2 月起，中山奔腾公司先后与他人签订商标使用许可合同，将"小米生活"商标以授权贴牌模式授权案外人生产、销售，商标使用费按产品的数量和品类收取。2018 年 1 月，中山奔腾公司在京东网开设的索菲亚生活电器旗舰店（原名小米生活官方旗舰店），销售"小米生活"产品35 535 台，销售总额 13 836 546.66 元。同年 7 月，中山奔腾公司授权案外人在网络交易平台的店铺销售其"小米生活"品牌产品。2017 年 12 月，中山奔腾公司授权余姚智米生活电器有限公司使用其在第 11 类的"小米生活"商标，并收取小米生活品牌使用费，而余姚智米生活电器有限公司需完成共 29 万台/年的销售量。2018 年 11 月，上海市质量技术监督局公布了中山奔腾公司生产的小米生活 Mi001 电磁炉螺钉和连接不合格的监督抽查结果。

独领风骚公司网站（www. 小米生活电器 .com）的主办单位为中山奔腾公司，网站负责人为麦某亮，在网页显示其店铺名称为"小米生活电器旗舰店"。2017 年 3 月，独领风骚公司在淘宝网开设的 Beves 奔腾电器官方店（原名小米生活官方店），销售"小米生活"产品共 22 872 单、41 217台，销售总额 6 499 201.67 元。另外，独领风骚公司还在手机微信公众号上注册有"小米生活之家"官方账号，介绍其为小米生活直营产品零售体验店，同时也是"米粉"的交流聚集场所。中山奔腾公司、独领风骚公司的官方网站及该微信公众号均使用了橙、白配色。

中山奔腾公司与独领风骚公司的自营店铺及经销商店铺共达几十家，除遍及京东网、淘宝网、苏宁易购、1 号店、拼多多等各大电商平台外，还有线下实体经营场所。根据京东网、淘宝网、知乎、百度知道、小米社区、搜狗问问、360 问答、悟空问答等论坛中的用户提问及相关评论可知，不少人对小米手机与小米生活电器、小米与小米生活的关系产生了疑惑和不解。

小米科技公司、小米通讯公司认为，"小米"商标经过长期广泛的使用，在市场上取得了极高的知名度和美誉度，因而构成驰名商标，中山奔腾公司、独领风骚公司等的行为共同侵犯了"小米"驰名商标专用权，被告在相关产品的宣传和推广中使用与"小米"品牌近似的配色、广告语，构成虚假宣传的不正当竞争行为。2019 年 8 月，小米公司向南京市中级人民法院提起诉讼，请求判令：（1）中山奔腾公司、独领风骚公司、麦某亮及苏宁易购公司立即停止侵犯其"小米"注册商标专用权的行为；（2）确认独领风骚公司、麦某亮注册和使用"小米生活电器 . com""xiaomi68. com"域名的行为构成商标侵权；（3）中山奔腾公司、独领风骚公司立即停止虚假宣传的不正当竞争行为；（4）中山奔腾公司、独领风骚公司在相关电商平台网站及中山奔腾公司官方网站连续 1 个月刊登声明，消除影响；（5）中山奔腾公司、独领风骚公司、麦某亮连带赔偿其经济损失 5 000 万元及合理支出 414 198 元。

（二）　法院裁判

南京市中级人民法院经审理后认定中山奔腾公司、独领风骚公司、麦某亮的行为侵犯了涉案"小米"注册商标专用权并构成不正当竞争，判决中山奔腾公司、独领风骚公司、麦某亮停止侵权并赔偿经济损失 5 000 万元及合理开支 414 198 元；中山奔腾公司、独领风骚公司在电商平台网站及中山奔腾公司官方网站刊登声明以消除影响。

中山奔腾公司、独领风骚公司、麦某亮不服一审判决，向江苏省高级人民法院提起上诉。2019 年 12 月 31 日，江苏省高级人民法院作出终审判决，驳回上诉，维持原判。

（三）　焦点分析

1. 焦点问题一：涉案第 8228211 号"小米"商标是否属于驰名商标

本案中，小米公司的"小米"商标注册在第 9 类商品，其中并不包括中山奔腾公司、独领风骚公司制造、销售的挂烫机、电磁炉等小型家用电器等商品；中山奔腾公司、独领风骚公司注册的"小米生活"商标的核定使用范围亦限定在第11类商品上，二者分属于不同商品类别。小米公司认为中山奔腾公司、独领风骚公司在生产经营中使用了与"小米"商标近似的标识，并以侵害商标权纠纷为案由向法院提起诉讼，根据《商标法》第13条❶的规定，商标专用权的保护应以注册时核定使用的商品或服务为限，当构成驰名商标时，才能受到跨类保护。因此，认定"小米"商标在中山奔腾公司的"小米生活"商标注册前是否构成驰名商标成为被诉侵权行为判定的重要事实根据。

被告中山奔腾公司、独领风骚公司指出，小米手机在2011年的销售量为23万部，仅占中国移动手机销售总量的0.02%，品牌知名度极低；最关键的是，从小米公司成立至"小米"商标核准注册，该商标的持续使用时间仅3个月，不符合新旧《驰名商标认定和保护规定》中注册商标至少应当使用3年以上才可被认定为驰名商标的规定。

二审法院认为：首先，小米公司通过"硬件＋软件＋互联网"的商业模式，在较短的时间将小米手机打造成互联网品牌手机。在认定涉案"小米"商标驰名的时间节点、社会公众知晓程度时需结合移动互联网行业的特点，综合考虑《商标法》第14条规定的各项因素，而非机械地适用《驰名商标认定和保护规定》中关于持续3年或5年时间等相关内容的规定。其次，在认定该时间点"小米"商标知名度状态时，应综合分析前后相近一段时间内"小米"商标使用证据，酌情将该时间点之后能够证明"小米"商标知名度状态的使用事实纳入考量范围。最后，企业名称和商标共同承载着企业的商誉，因小米公司的企业名称与"小米"商标相重合，故在认定其商标知名度时，应适当考虑小米公司企业名称的使用情况

---

❶ 《商标法》第13条规定："为相关公众所熟知的商标，持有人认为其权利受到侵害时，可以依照本法规定请求驰名商标保护。就相同或者类似商品申请注册的商标是复制、摹仿或者翻译他人未在中国注册的驰名商标，容易导致混淆的，不予注册并禁止使用。就不相同或者不相类似商品申请注册的商标是复制、摹仿或者翻译他人已经在中国注册的驰名商标，误导公众，致使该驰名商标注册人的利益可能受到损害的，不予注册并禁止使用。"

和知名度。❶

2011年左右正值移动互联网的飞速发展，小米公司通过创新"互联网+商业"模式，凭借互联网营销传播速度快、范围广的特性，打破了传统商品流通的时空限制，在极短时间内就为小米产品积累了一定的市场影响力，一方面，表现为广大用户对相关产品的持续搜索和关注以及可喜的产品销量增长趋势；另一方面，"小米"商标抢注、侵权案件的频发也从侧面反映出"小米"商标具有较高知名度，其蕴含的商业价值不容小觑。在小米品牌的建立和扩张过程中，小米公司亦通过报纸、期刊等多种方式对"小米"进行了广泛而持续的宣传，在广告发布、促销活动等方面投入巨大、花费不菲。此外，自小米横空出世以来，小米公司及其产品、创始人等在2010~2012年密集地获得了一系列荣誉奖项，市场声誉颇佳，足以见得，即使"小米"商标的注册使用时间仅有数月，仍达到了为相关公众所熟知的程度，因而构成驰名商标。驰名商标承载着巨大的商业价值和社会公共利益，我国司法机关及行政部门一贯对驰名商标的认定和保护秉持谨慎态度，本案是国内较为罕见的商标使用时间短而被认定为驰名商标的案件，法院结合互联网时代的新兴商业模式特点认定驰名商标，不仅体现了驰名商标"个案认定、因需认定、事实认定"的基本原则，亦弥补了相关法律规范不足，丰富了司法实践经验。

2. 焦点问题二：被告的涉案行为是否构成商标侵权及不正当竞争

法院对"小米"驰名商标的认定基本上奠定了小米公司的胜诉基础，被告中山奔腾公司及独领风骚公司的行为最终被认定为商标侵权及不正当竞争。

关于商标侵权行为，被告中山奔腾公司和独领风骚公司摹仿小米公司已在先注册使用的"小米"商标，在不同类别的商品上申请注册"小米生活"商标，将"小米生活"授权他人贴牌生产，以收取巨额商标使用费；在其经营场所顶楼、展板、产品包装箱、网站、微信公众号等处，未经授权不正当地使用"小米生活""小米生活电器""小米生活电器旗舰店"

---

❶ 江苏省高级人民法院（2019）苏民终1316号民事判决书。

"小米生活之家"等文字和图标，与"小米"商标构成近似，该行为违反了《商标法》第 13 条所述的禁止注册并使用"复制、摹仿或者翻译他人已经在中国注册的驰名商标，误导公众"的规定。此外，被告还通过对"小米"商标进行摹仿、音译，注册域名"小米生活电器.com"和"xiaomi68.com"并将其用于相关电子商务网站经营，根据《最高人民法院关于审理涉及计算机网络域名民事纠纷案件适用法律若干问题的解释》，该行为亦构成商标侵权。

关于不正当竞争行为，中山奔腾公司与独领风骚公司不仅通过各大电商平台大规模地售卖标识"小米"文字、图形样式的侵权产品，并且在商品包装、经营场所、网站、电商店铺等处，使用"小米生活为品质而生""我们只做生活电器中的艺术品""我们只做生活中的艺术品"等宣传语及醒目的橙白配色等方式对其生产、销售的"小米生活"家电商品进行商业宣传。二审法院认为，中山奔腾公司、独领风骚公司从商标、宣传用语、颜色搭配、粉丝昵称等方面进行全方位的效仿，刻意制造与小米科技公司、小米通讯公司及其商品之间的模糊连接，误导消费者，不正当地掠夺小米科技公司、小米通讯公司的商业信誉、商品声誉以及由此相伴的消费群体，提升自己的竞争优势，显然有违诚实信用原则，属于以引人误解的方式进行商业宣传，构成不正当竞争。尽管被告辩称"为发烧而生""做生活中的艺术品"等语句不能为任何人独享或垄断，二者使用的广告语虽句型一致，但内涵不同；橙白配色也并非小米公司所独有，双方产品的目标消费人群及销售渠道都不同，不会造成混淆。一审法院对此做出回应："宣传广告语的句型、产品包装的颜色搭配虽非小米科技公司、小米通讯公司所独享，但该宣传语和配色方式经过小米科技公司、小米通讯公司的宣传、使用，已经与小米科技公司、小米通讯公司及其商标、商品建立起固定的联系，社会公众看到该宣传语或配色后，即会联想到小米科技公司、小米通讯公司及其商标、商品。"❶ 实际上，随着"小米模式"的成熟和日臻完善，小米公司逐渐建立起自己的产品生态链，其商品种类从单一的智能手机扩展到智能家电等多种类型商品，并通过手机软件控制智能家

---

❶ 江苏省高级人民法院（2019）苏民终 1316 号民事判决书。

电的方式建立了较高的产品关联度，而小米品牌经过多年的发展，已经在市场中具有较高知名度，广大粉丝更是对小米产品追捧有加。在这种背景之下，中山奔腾公司及独领风骚公司的种种行为系以歧义性语言造成公众的混淆误认，不可不谓是巧妙地将"小米"商标的影响力和号召力转移为自己所用，构成恶意攀附。另外，根据法院查明的事实，被告还抢注了大量与知名商标近似或相同的商标，如"百事百乐 PAPSIPAPNE""盖乐世""威猛先生 WEIMENG"等，意图掠夺他人竞争优势，此"搭便车""趁热度"的行为系《反不正当竞争法》第8条所禁止的引人误解的不正当竞争行为。

3. 焦点问题三：侵权成立，被告应如何承担民事责任

自2013年我国《商标法》引入惩罚性赔偿制度以来，司法实践中适用该条款的案件数量却极少，重要原因在于该条款规定的适用条件及赔偿数额计算难以确定。本案的典型性之处就在于它全面分析、阐述了适用惩罚性赔偿制度的考量因素和计算方法，对适用精细化裁判思维确定赔偿数额以及准确适用惩罚性赔偿方式具有借鉴意义，❶ 本案不仅为破除商标侵权惩罚性赔偿制度适用困境提供了指引，更为惩罚性赔偿制度在知识产权保护实践中落地提供了实践样本。

根据《商标法》第63条的规定，恶意侵权，情节严重的，可按权利人的实际损失、侵权人的侵权获利、商标许可使用费倍数的1~5倍确定赔偿数额。本案中，一审法院认为应对中山奔腾公司、独领风骚公司的侵权行为适用惩罚性赔偿，故以被告侵权获利数额为计算基数，酌定以基数的2倍确定惩罚性赔偿数额，故对小米公司要求被告赔偿经济损失5 000万元的诉请予以全额支持，二审法院对一审判决确定的惩罚倍数标准予以调整，最终按照3倍酌定该案损害赔偿额，判决维持原判。以下就法院的裁判考量予以简要分析。

---

❶ 2019年江苏法院知识产权司法保护十大典型案例之四：小米科技有限责任公司等诉中山奔腾电器有限公司等商标侵权及不正当竞争纠纷案——新商标法修订后国内判赔数额最高的适用惩罚性赔偿制度保护"小米"驰名商标案。

（1）本案是否应适用惩罚性赔偿条款？

首先，本案中"小米"商标已合法注册使用并构成为公众所熟知的驰名商标，被告在实施侵权行为时显然对小米品牌及其产品的知名度和市场影响力有所了解，属于故意侵权；其次，除双方争议的商标外，被告还多次围绕小米公司的其他相关商标反复注册，并且抢注其他知名商标，攀附意图明显，被告的主观心态和侵权意图已达到"恶意"程度。关于"情节严重"的认定，第一，根据原告提供的证据显示，被告不仅于线上销售被控侵权产品，店铺遍及各主流电商平台，还拥有线下的实体经营场所，总计店铺数众多，产品种类多样，销售地域阔、规模大，所获利润高达 2 000余万元；第二，除自己生产、销售侵权商品外，被告亦开展商标授权业务并制订产品销售任务，其通过该渠道获得商标许可使用费及产品抽成至少超过 1 000 万元，侵权人获利巨大；第三，在本案二审期间，被告仍在持续宣传、销售侵权商品，侵权时间长达数年；第四，根据相关商品评价及商品质量检测报告，被告所售产品具有质量问题，在一定程度上降低了消费者对小米品牌的信任度，对其商标信誉造成不利影响。综上可知，被告的行为已构成恶意侵权，情节严重的情形，对其适用惩罚性赔偿并无不当。

（2）惩罚性赔偿数额的确定。

首先，关于销售额的确定。根据一审法院从电商平台调取的数据及商品评论数量显示，中山奔腾公司与独领风骚公司开设的四家直营店销售额合计 29 765 427.3 元；19 家经销商的销售额合计为 52 321 310 元，由于部分经销商店铺售价与直营店相比大致在 6～7 折范围，官网亦约定按网络零售价的 6.5 折供货，法院酌情按照经销商销售额的 6 折计算本案侵权获利额，计算额为 31 392 786 元。其次，关于利润率的确定。法院参考格力公司、美的公司年度报告显示的小家电行业毛利率为 29.69%～37.01%，但生产侵权商品的综合成本相对较低，尤其通过线上方式销售成本则更低，故取中间数 33.35% 作为被控侵权商品利润率。

根据侵权人所获利益 = 该侵权产品在市场上销售的总数 × 侵权产品的利润的计算方式，计算出本案被告侵权获利额为 20 396 264.1 元，按照 3 倍计算为 61 188 792.4 元，该数额尚未加上被告作为商标许可方所获利益就已超过小米公司要求赔偿的 5 000 万元，故法院判决被告支付经济损失 5 000万元及为制止侵权行为支出的合理开支 414 198 元并无不当。

二、法理探究

我国《商标法》于 2013 年进行第三次修订时，首次在知识产权立法中引入惩罚性赔偿制度。❶ 2019 年再次修订《商标法》时，为加大对恶意侵权行为的打击力度，又将惩罚性赔偿的倍数限度提高到"一倍以上五倍以下"。为实现对知识产权惩罚性赔偿制度的统一规范，提高立法层级，我国《民法典》对知识产权惩罚性赔偿制度作出了一般性规定。❷

我国《商标法》2013 年修订时正式引入的惩罚性赔偿制度自 2014 年 5 月 1 日起实施，该制度在司法实践中的适用状况如何？笔者在北大法宝网站以"侵害商标权纠纷"为案由进行检索，时间跨度为 2014～2020 年，共显示有 55 270 份判决书，其中原告在诉讼请求中明确要求被告承担惩罚性赔偿责任的有 286 份；法院对此主张有所回应的 37 份判决中，其中 20 个案件法官以"权利人因被侵权所受到的损失、侵权人因侵权所获得的利益以及商标许可使用费的数额均无法查明"为由判决适用法定赔偿，占比接近 60%；7 个案件因原告证据薄弱、举证困难等无法证明侵权人具备"恶意"的主观心态及侵权行为达到"情节严重"的程度，认定该案适用惩罚性赔偿依据不足；最终仅有 5 份判决支持了原告要求适用惩罚性赔偿的主张。由此可见，惩罚性赔偿制度在我国司法实践中遭遇了困境，实际效果远未达到立法者的预期。虽然在立法层面一再试图加大对侵权行为的惩罚力度，但遗憾的是，多年来我国法院很少适用商标侵权的惩罚性条

❶《商标法》（2013 年修订）第 63 条规定："侵犯商标专用权的赔偿数额，按照权利人因被侵权所受到的实际损失确定；实际损失难以确定的，可以按照侵权人因侵权所获得的利益确定；权利人的损失或者侵权人获得的利益难以确定的，参照该商标许可使用费的倍数合理确定。对恶意侵犯商标专用权，情节严重的，可以在按照上述方法确定数额的一倍以上三倍以下确定赔偿数额。赔偿数额应当包括权利人为制止侵权行为所支付的合理开支。"

❷《民法典》第 1185 条规定："故意侵害他人知识产权，情节严重的，被侵权人有权请求相应的惩罚性赔偿。"

款。直至 2019 年 9 月，上海首例商标侵权惩罚性赔偿案件才得以在浦东法院宣判，继而江苏省高院于 2019 年 12 月，在"小米诉奔腾案"中第一次明确适用了惩罚性赔偿制度。2020 年 3 月，杭州互联网法院也在"抖音"商标侵权案中作出了惩罚性赔偿判决。通过阅读裁判文书，笔者发现在已判定适用惩罚性赔偿责任的案件中，各地法院采纳的判赔标准其实并不统一。为增强惩罚性赔偿司法适用的可操作性，最高人民法院于 2021 年 3 月 2 日发布《关于审理侵害知识产权民事案件适用惩罚性赔偿的解释》（法释〔2021〕4 号，以下简称《适用惩罚性赔偿的解释》），对知识产权民事侵权案件中惩罚性赔偿的适用范围、请求内容和时间、故意和情节严重的认定、计算基数和倍数的确定、生效时间等作出了具体规定，明晰了法律适用标准。根据《适用惩罚性赔偿的解释》，原告请求惩罚性赔偿的，应当在起诉时明确赔偿数额、计算方式以及所依据的事实和理由。原告在一审法庭辩论终结前增加惩罚性赔偿请求的，人民法院应当准许；在二审中增加惩罚性赔偿请求的，人民法院可以根据当事人自愿的原则进行调解，调解不成的，告知当事人另行起诉。

（一）商标侵权惩罚性赔偿的适用条件

1. 主观要件

我国《商标法》将适用商标侵权惩罚性赔偿的主观要件限定为"恶意侵犯商标专用权"，《适用惩罚性赔偿的解释》对"恶意"予以进一步明确规定，厘清了"故意"和"恶意"的关系，具体认定时应当综合考虑被侵害知识产权客体类型、权利状态和相关产品知名度、被告与原告或者利害关系人之间的关系等因素。对于下列情形，人民法院可以初步认定被告具有侵害知识产权的故意：（1）被告经原告或者利害关系人通知、警告后，仍继续实施侵权行为的；（2）被告或其法定代表人、管理人是原告或者利害关系人的法定代表人、管理人、实际控制人的；（3）被告与原告或者利害关系人之间存在劳动、劳务、合作、许可、经销、代理、代表等关系，且接触过被侵害的知识产权的；（4）被告与原告或者利害关系人之间有业务往来或者为达成合同等进行过磋商，且接触过被侵害的知识产权的；（5）被告实施盗版、假冒注册商标行为的；（6）其他可以认定为故意的情形。

2. 客观要件

我国《商标法》将适用商标侵权惩罚性赔偿的客观要件限定为"情节严重"，《适用惩罚性赔偿的解释》对"情节严重"予以进一步明确规定，应当综合考虑侵权手段、次数，侵权行为的持续时间、地域范围、规模、后果，侵权人在诉讼中的行为等因素。被告有下列情形的，可以认定为情节严重：（1）因侵权被行政处罚或者法院裁判承担责任后，再次实施相同或者类似侵权行为；（2）以侵害知识产权为业；（3）伪造、毁坏或者隐匿侵权证据；（4）拒不履行保全裁定；（5）侵权获利或者权利人受损巨大；（6）侵权行为可能危害国家安全、公共利益或者人身健康；（7）其他可以认定为情节严重的情形。

（二）如何确定商标侵权惩罚性赔偿数额的基数和倍数

关于惩罚性赔偿的数额计算问题，首先应当确定的便是计算的基数标准。我国《商标法》第 63 条对惩罚性赔偿基数的计算方式作出了明确规定，《适用惩罚性赔偿的解释》进一步明确规定，人民法院确定惩罚性赔偿数额时，应当分别依照相关法律，以原告实际损失数额、被告违法所得数额或者因侵权所获得的利益作为计算基数。如果实际损失数额、违法所得数额、因侵权所获得的利益均难以计算的，人民法院依法参照该权利许可使用费的倍数合理确定，并以此作为惩罚性赔偿数额的计算基数。

由于知识产权侵权行为具有隐匿性强、持续时间长、地域跨度广的特点，权利人在通常情况下可举证证明现有的侵权事实，却难以追溯至侵权行为开始的具体时间，进而精确地计算实际损失。在市场经营活动中，影响产品销量的因素较为复杂，包括市场行情、竞争程度、营销方式、价格波动等不确定因素，权利人难以证明自身营业收入减少与侵权行为之间具有直接因果关系，而在权利人产品销量没有减少的情况下，权利人更是无从证明侵权行为实际给当事人造成了损失。❶ 由于用以证明产品生产、经营的账簿、数据等证据都掌握在侵权人手中，权利人通常难以获得，而出于逃避法律责任的心态，侵权人一般不愿意提交真实、完整的财务资料，甚至法官在审判中要求被告提供相关数据时，侵权人以信息涉及公司商业秘密为由拒绝提供，❷ 而且侵权人通常从实施侵权行为之始便能盈利，而权利人往往在侵权范围、影响较大时才逐渐意识到自己的权益遭受了侵犯，维权时机的滞后无疑增加了证据灭失、损毁的概率，权利人证明侵权人实际获利的难度大大增加。为此，《适用惩罚性赔偿的解释》第 5 条规定："人民法院依法责令被告提供其掌握的与侵权行为相关的账簿、资料，被告无正当理由拒不提供或者提供虚假账簿、资料的，人民法院可以参考原告的主张和证据确定惩罚性赔偿数额的计算基数。构成民事诉讼法第一百一十一条规定情形的，依法追究法律责任。"第6条还对惩罚性赔偿的倍数确定加以明确，应当综合考虑被告主观过错程度、侵权行为的情节严重程度等因素。

（三）厘清惩罚性赔偿与法定赔偿的界限

法定赔偿，是指法院在认定知识产权侵权人应承担的赔偿数额时，在缺少证据无法查清侵权人实际损失、侵权人所获利益以及权利许可费的情况下，法官行使自由裁量权在法定限额内判决赔偿数额的方式。我国现行知识产权立法中有关惩罚性赔偿与法定赔偿的规定采取的是分立模式，即二者并列存在、相互独立，共同承担损害赔偿的功能，❸ 在司法实践中，二者却常混淆不清，甚至被交叉适用，法定赔偿成为带有一定惩罚性因素的赔偿方式，这种功能定位不明晰成为惩罚性赔偿制度发展的障碍之一，因此必须厘清惩罚性赔偿与法定赔偿的界限。

---

❶ 罗亚维. 商标侵权惩罚性赔偿条款适用的思考与探索［N］. 人民法院报，2020 – 05 – 07（005）.

❷ 江西省高级人民法院（2014）赣民三终字第 18 号民事判决书。

❸ 焦和平. 知识产权惩罚性赔偿与法定赔偿关系的立法选择［J］. 华东政法大学学报，2020（4）.

　　首先，从制度设计层面来看，我国《商标法》规定了单独的惩罚性赔偿条款，法定赔偿仅是在其他计算方式无法实现的情形下的一种替代措施，本质上应遵守补偿性原则。

　　其次，从司法实践的角度出发，在法院受案数量井喷、审判人员压力骤增的现状之下，若承认法定赔偿同样具有惩罚性，在相同情形下法院势必更易抛弃审判过程复杂烦琐、判决证成更须充分细致的惩罚性赔偿，而以操作简便、效率更高的法定赔偿加以替代，这不仅无益于从根本上解决当前惩罚性赔偿适用率低的困境，还可能打击当事人的举证积极性，助长法定赔偿的滥用。

　　再次，对侵权人适用惩罚性赔偿是比判令其承担一般民事责任更加严厉的一种制裁，故该条款应具备较为严苛的前提要求，须谨慎适用。在法定赔偿中，"恶意"和"情节严重"仅是确定赔偿数额可酌情考虑的因素，并非前置的必要条件，将法定赔偿纳入惩罚性赔偿计算基数无疑将不适当地降低惩罚性赔偿适用标准，扩大适用范围。

　　最后，司法实践中法定赔偿比例畸高带来的问题之一是法院的判赔金额远远低于权利人的索赔金额。判赔数额偏低的情况在一定程度上表明法定赔偿并未充分实现填平损失的功能，更不必说发挥惩罚、警示的法律效用了。

　　笔者认为，法定赔偿应回归补偿性，作为补偿性赔偿的法定赔偿不应作为惩罚性赔偿的计算基数，因为法定赔偿作为对效果事实的酌定，其证明标准相较于惩罚性赔偿偏低。将法定赔偿排除于基数之外，能够促使权利人为追求更高额赔偿而积极举证，有利于消除权利人消极举证的现状，减轻司法负担。另外，法定赔偿中包含对主观过错及情节程度的评价，在此基础上再施以惩罚性赔偿属于重复评价，对于侵权人有失公平。❶

---

　　❶　孙玉荣，李贤．知识产权惩罚性赔偿制度的法律适用与完善建议［J］．北京联合大学学报（社科版），2021（1）.

三、延伸阅读案例：阿迪达斯公司诉阮某某侵害商标权纠纷案

原告阿迪达斯有限公司向浙江省瑞安市人民法院提出诉讼请求：（1）判令阮某强、阮某义两被告立即停止侵犯原告第 3336263 号、第 3921767 号、第 169865 号、第 3938968 号、第 1485570 号、第 1493354 号、第 G730835 号、第 13770600 号注册商标专用权的行为，即立即停止销售侵犯上述注册商标专用权的商品，并销毁所有侵权商品；（2）判令阮某强、阮某义两被告连带赔偿原告经济损失 2 641 695.89 元及原告为维权所支出的合理费用 40 714.8 元并承担案件受理费。原告主张的事实和理由如下：阿迪达斯公司享有第 3336263 号、第 3921767 号、第 169865 号、第 3938968 号、第 1485570 号、第 1493354 号、第 G730835 号、第 13770600 号（以下简称涉案商标）注册商标专用权，被告阮某强、阮某义出资注册成立的正邦公司于 2015～2017 年连续三年因侵犯原告商标权被行政机关查获并处罚，且侵权鞋帮上标注的侵权标识与阿迪达斯公司的相应商标标识一致，构成对涉案注册商标专用权的侵犯，应当承担停止侵权、赔偿损失的民事责任。

浙江省瑞安市人民法院审理后认定，阿迪达斯公司的"adidas"系列商标具有较高的知名度，被诉侵权的鞋帮与阿迪达斯公司涉案注册商标核定使用商品属于同一种商品，构成侵犯注册商标专用权的行为，但阿迪达斯公司提供的证据不足以证明正邦公司因侵权所获得的利益，故其要求依照正邦公司获利认定赔偿数额并适用惩罚性赔偿的依据不足，应适用法定赔偿。因正邦公司已注销，客观上已无法再次实施侵权行为，阮某强、阮某义并非实施侵权行为的主体，故阿迪达斯公司要求阮某强、阮某义停止侵权并销毁侵权商品的诉请，不予支持。综上，判决阮某强、阮某义于判决生效之日起 10 日内连带赔偿阿迪达斯公司经济损失（含合理费用）20 万元，驳回阿迪达斯公司的其他诉讼请求。

阿迪达斯公司与阮某强、阮某义均不服浙江省瑞安市人民法院（2019）浙 0381 民初 1100 号民事判决，向浙江省温州市中级人民法院提起上诉。

二审法院认为，一审判决认定事实基本清楚，但在确定损害赔偿数额时适用法律错误，导致实体处理不当，应予改判。一审法院未认定阮某强、阮某义与正邦公司构成共同侵权，并无不当；一审法院未能全面、客观认定阿迪达斯公司提供的证据，亦未能引导当事人准确主张计算损害赔偿数额的方式，且最终确定的损害赔偿数额畸低，未能充分反映正邦公司的侵权情节，应予纠正。阿迪达斯公司提出的损害赔偿数额计算方式实为权利人的实际损失标准，其实际损失并未达到"难以确定"的标准。正邦公司多次侵犯阿迪达斯公司的多枚相同商标权的行为，表明其主观恶意非常明显，侵权行为在数量上具有规模性，在时间上具有持续性，在后果上具有恶劣性，故符合适用惩罚性赔偿制度的条件。考虑侵权产品并非成品鞋，尚不能直接用于消费领域，故二审法院酌情扣减其中的40%，即阿迪达斯公司因侵权所遭受的利润损失为：189元/双 ×6050 双 ×50.4% 毛利润率 ×60% = 345 779.28 元，以上述经济损失的 3 倍，即 1 037 337.84 元为赔偿数额。综上，二审法院于 2020 年 7 月 23 日撤销浙江省瑞安市人民法院（2019）浙 0381 民初 1100 号民事判决，判决阮某强、阮某义连带赔偿上诉人阿迪达斯有限公司经济损失及维权合理费用 1 078 016.64 元。❶ 本案为 2021 年 2 月《最高人民法院关于审理侵害知识产权民事案件适用惩罚性赔偿的解释》出台后，最高人民法院于 2021 年 3 月 15 日发布的"侵害知识产权民事案件适用惩罚性赔偿典型案例"之一。

参考阅读资料

[1] 和育东. 知识产权侵权法定赔偿制度的异化与回归 [J]. 清华法学，2020，14（2）.

[2] 冯晓青，罗娇. 知识产权侵权惩罚性赔偿研究——人文精神、制度理性与规范设计 [J]. 中国政法大学学报，2015（6）.

---

❶ 浙江省瑞安市人民法院（2019）浙 0381 民初 1100 号民事判决书、浙江省温州市中级人民法院（2020）浙 03 民终 161 号民事判决书。

［3］孙玉荣，李贤．知识产权惩罚性赔偿制度的法律适用与完善建议［J］．北京联合大学学报（社科版），2021（1）．

［4］王利明．论我国民法典中侵害知识产权惩罚性赔偿的规则［J］．政治与法律，2019（8）．

［5］张广良．知识产权损害赔偿惩罚体系的构建［J］．法学，2020（5）．

［6］舒媛．商标侵权惩罚性赔偿适用情形研究［J］．法学评论，2015，33（5）．

［7］徐焕然，刘建新．中国知识产权惩罚性赔偿制度研究评析［J］．河南财经政法大学学报，2019，34（5）．

［8］钱玉文，李安琪．论商标法中惩罚性赔偿制度的适用——以《商标法》第63条为中心［J］．知识产权，2016（9）．

［9］焦和平．知识产权惩罚性赔偿与法定赔偿关系的立法选择［J］．华东政法大学学报，2020，23（4）．

［10］徐聪颖．制度的迷失与重构：对我国商标权惩罚性赔偿机制的反思［J］．知识产权，2015（12）．

［11］张鹏．知识产权惩罚性赔偿制度的正当性及基本建构［J］．知识产权，2016（4）．

［12］广东省深圳市福田区人民法院课题组，王欣美．商标侵权惩罚性赔偿的制度构建［J］．知识产权，2020（5）．

［13］詹映．我国知识产权侵权损害赔偿司法现状再调查与再思考——基于我国11984件知识产权侵权司法判例的深度分析［J］．法律科学（西北政法大学学报），2020，38（1）．

第四节　商标和域名的冲突

一、典型案例：欧普照明股份有限公司诉深圳市欧普实业有限公司、山景科创网络技术（北京）有限公司侵害商标权及不正当竞争纠纷案

（一）案情介绍[①]

原告欧普照明股份有限公司（以下简称"欧普照明公司"）是一家专业研发、生产、销售家居照明及商业照明的大型灯饰企业。欧普照明公司为"欧普"及"OPPLE"商标合法所有人。欧普照明公司及其关联企业在经营发展过程中，被社会高度认可，"欧普 OPPLE"及其图商标等经过原告长期宣传和使用，早在 2004 年之前就具有极高的知名度。2007 年，第 1424486 号"欧普 opple 及图"商标被国家工商行政管理总局评为中国驰名商标。2014 年 1 月，欧普照明公司注册并使用在灯、浴霸、排气风扇上的"图形 opple"商标被上海市工商行政管理局认定为上海市著名商标。

原告欧普照明公司认为被告深圳市欧普实业有限公司（以下简称"深圳欧普公司"）违法使用欧普照明公司驰名商标及关联企业字号注册，在市场上造成混淆误认，注册网站并大肆销售侵权商品，侵犯了原告的商标专用权及企业字号权。被告山景科创网络技术（北京）有限公司（以下简称"山景公司"）在"赶集网"上为深圳欧普公司进行销售宣传，在消费者中造成严重混淆，侵害了欧普照明公司的涉案商标权，应承担相应责任。原告欧普照明公司向北京市顺义区人民法院提出诉讼请求：（1）判令

[①] 参见北京市顺义区人民法院（2016）京 0113 民初 7281 号民事判决书、北京知识产权法院（2017）京 73 民终 2055 号民事判决书。

深圳欧普公司立即停止使用（变更或注销）"欧普"字号进行经营，注销"olppe. cn. alibaba. com"及"olppe. 1688. com"网站名称；（2）判令深圳欧普公司立即停止使用（销毁或删除）任何带有"欧普""欧普电器"等字样的标识、宣传资料，停止生产、销售侵权产品；（3）判令山景公司立即停止违法宣传的行为，并在赶集网上删除宣传图片及信息；（4）判令深圳欧普公司在《中国知识产权报》《法制日报》刊登声明，消除影响；（5）判令深圳欧普公司赔偿原告经济损失1 000万元；（6）判令深圳欧普公司、山景公司赔偿原告为本案支出的维权费用共计5万元并承担本案全部诉讼费用。

被告深圳欧普公司答辩称：不同意欧普照明公司的诉讼请求。主要理由如下：第一，深圳欧普公司使用的企业名称"深圳市欧普实业有限公司"是经2005年合法登记注册的，欧普照明公司"欧普opple及图"商标注册时间虽早于该企业名称登记时间，但原告未证明其在2005年前已具有较高知名度。欧普照明公司要求深圳欧普公司"变更"企业名称无法律依据。第二，欧普照明公司要求深圳欧普公司注销"olppe. cn. alibaba. corn"及"olppe. 1688. com"无依据。前者并非深圳欧普公司网站，深圳欧普公司已使用"olppe. 1688. com"诚信经营网店9年，早于欧普照明公司"opple"商标核准注册的时间。欧普照明公司不能以上述该商标作为在先权利，指控深圳欧普公司使用"olppe. 1688. com"构成商标侵权或不正当竞争。第三，欧普照明公司无依据要求深圳欧普公司停止使用任何带有"欧普""欧普电器"等字样的标识、宣传资料。另外，欧普照明公司主张的赔偿欧普照明公司经济损失及维权费用无依据，也未证明损失存在、损失程度、损失数额、侵权行为与损失的因果关系。综上，恳请法院驳回欧普照明公司的全部诉讼请求。

被告山景公司答辩称：不同意欧普照明公司的诉讼请求。涉案信息是平台上的免费信息，赶集网是信息发布平台，承担的是"通知—删除"责任，诉前欧普照明公司未向赶集网发布任何通知删除信息，收到法院的应诉材料后，其公司发现相关信息在赶集网上已不存在。

（二）法院裁判

北京市顺义区人民法院于 2017 年 5 月 11 日作出如下判决：（1）被告深圳市欧普实业有限公司于本判决生效后立即停止侵害原告欧普照明股份有限公司注册商标专用权的行为；（2）被告深圳市欧普实业有限公司于本判决生效后立即停止在企业名称中使用"欧普"字号，并于 30 日内办理企业名称变更登记；（3）被告深圳市欧普实业有限公司于本判决生效后立即停止使用"olppe.1688.com"域名；（4）被告深圳市欧普实业有限公司于本判决生效后 10 日内赔偿原告欧普照明股份有限公司经济损失 30 万元及诉讼合理支出 4 万元；（5）驳回原告欧普照明股份有限公司的其他诉讼请求。

一审宣判后，欧普照明股份有限公司、深圳市欧普实业有限公司均不服原审判决，提起上诉。北京知识产权法院于 2018 年 1 月 16 日作出判决：驳回上诉，维持原判。

（三）焦点分析

本案的争议焦点为：（1）深圳欧普公司、山景公司是否侵害了欧普照明公司的注册商标专用权；（2）深圳欧普公司将"欧普"作为企业字号是否构成不正当竞争行为；（3）深圳欧普公司注册"olppe. cn. alibaba. com"及"olppe. 1688. com"的域名是否构成不正当竞争；（4）关于深圳欧普公司、山景公司应承担的民事责任。

1. 被告是否实施了侵害欧普照明公司注册商标专用权的行为

本案中，欧普照明公司在核定使用商品上享有第 1424486 号"欧普 opple 及图"商标、第 4426527 号"欧普"商标、第 4983580 号"OP-PLE"商标及第 7182788 号"欧普"商标的专用权，其合法享有的注册商标专用权应当依法受到保护。我国《商标法》规定，未经商标注册人的许可，在同一种或商品上使用与其注册商标相同的商标的，在同一种商品上使用与其注册商标近似的商标，或者在类似商品上使用与其注册商标相同或者近似的商标，容易导致混淆的，以及销售侵犯注册商标专用权的商品的均是侵害商标权的行为。深圳欧普公司在开关、插座商品图片下文字描述上突出使用"欧普""欧普正品"字样，与欧普照明公司的第 4426527 号"欧普"文字商标、第 1424486 号"欧普 opple 及图"商标、第 7182788 号"欧普"文字商标标识相同或主要部分类似，核定使用的灯类商品在生产部分、销售渠道、消费对象上具有较大的关联性，同时结合第 1424486 号"欧普 opple 及图"商标具有较高的知名度，容易导致相关公众混淆，深圳欧普公司未经许可，在与欧普照明公司注册商标指定使用的商品类似的开关产品上使用与欧普照明公司注册商标近似的商标，在插座产品上不规范使用其已注册商标，容易导致消费者产生混淆误认，侵害了欧普照明公司的注册商标专用权，应承担相应的法律责任。

2. 深圳欧普公司将"欧普"作为企业字号是否构成不正当竞争行为

我国《反不正当竞争法》规定：经营者在市场交易中，应当遵循自愿、平等、公平、诚实信用的原则，遵守公认的商业道德。根据《最高人民法院关于审理注册商标、企业名称与在先权利冲突的民事纠纷案件若干问题的规定》第 4 条："被诉企业名称侵犯注册商标专用权或者构成不正当竞争的，人民法院可以根据原告的诉讼请求和案件具体情况，确定被告承担停止使用、规范使用等民事责任"。本案中，欧普照明公司主要经营的光电照明设备与深圳欧普公司主要经营的电开关、插座等，属于同行业经营者。欧普照明公司在第 11 类商品上的第 1424486 号"欧普 opple 及图"商标的核准注册时间为 2000 年 7 月 21 日，早于深圳欧普公司的企业名称核准注册时间。"欧普"牌灯具于 2005 年 9 月被评为广东省名牌产品，具有较高知名度。深圳欧普公司在注册企业名称时，理应知晓涉案商标及相关企业名称并应采取合理措施予以避让，但其仍然以"欧普"作为企业字号，"搭便车"的主观故意较为明显，容易导致相关公众在深圳欧普公司与欧普照明公司之间错误地建立联系，产生混淆误认，其行为违背了诚信原则和公认的商业道德，已构成不正当竞争。

3. 深圳欧普公司注册"olppe. cn. alibaba. com"及"olppe.1688. com"的域名是否构成不正当竞争

《最高人民法院关于审理涉及计算机网络域名民事纠纷案件适用法律若干问题的解释》第 4 条规定："人民法院审理域名纠纷案件，对符合以下各项条件的，应当认定被告注册、使用域名等行为构成侵权或不正当竞争：（一）原告请求保护的民事权益合法有效；（二）被告域名或其主要部分构成对原告驰名商标的复制、模仿、翻译或音译；或者与原告的注册商标、域名等相同或近似，足以造成相关公众的误认；（三）被告对该域名或其主要部分不享有权益，也无注册、使用该域名的正当理由；（四）被告对该域名的注册、使用具有恶意。"

本案中，在案证据表明，欧普照明公司在涉案域名注册之前已经获准注册第 1424486 号"欧普 opple 及图"商标及第 4983580 号"OPPLE"商标，且第 1424486 号"欧普 opple 及图"商标被评为驰名商标。涉案域名的主要部分"olppe"与欧普照明公司的上述在先商标中的英文"OPPLE"在字母构成上相近，足以造成相关公众误认为涉案域名与欧普照明公司存在某种关联。由于深圳欧普公司未提交任何证据证明其对涉案域名中的"olppe"享有任何权益，也无证据显示其注册、使用该域名具有正当理由，故一审法院认定深圳欧普公司申请注册涉案域名 olppe.1688.com 系出于恶意，构成不正当竞争。

4. 关于深圳欧普公司、山景公司应承担的民事责任

本案中，鉴于山景公司经营的网站上的涉案侵权信息已经不存在，判决其删除相关内容已无必要。深圳欧普公司既实施了侵害商标权的行为，又实施了不正当竞争行为，其应当承担停止侵权及赔偿损失的责任。关于赔偿数额，由于欧普照明公司未提交证据证明其因侵权行为所受损失或者深圳欧普公司因侵权行为所获利益，故一审法院综合考虑涉案商标的知名程度、涉案侵权行为的性质、主观过错程度、经营期限等因素，酌情确定赔偿数额。对合理费用部分，一审法院综合考虑案件公证、调查、到庭情

况，视其合理程度，酌情予以确定。❶

二、法理探究

随着网络和电子商务的发展和应用，网络域名的地位日趋重要，域名不可避免地要与传统的知识产权发生冲突。就目前来看，此类纠纷多集中在商标与域名的冲突上。

域名是互联网中的一个概念。域名注册服务遵循"先申请先注册"原则。域名与 IP 地址是同一问题的两个方面。由于纯数字表示的 IP 地址记忆与使用起来比较麻烦，技术人员在 IP 的基础上又开发出一套符号化的地域方案，即域名系统，其功能在于区别不同的主机和用户。域名是一种由英文字母或者汉字、数字和连接符以及实点构成的因特网上的计算机的地址。一个完整的域名通常由左右两个部分构成：左边是由 TCP/IP 协议种类，右面是由英文中的句点"."依次隔开的一级、二级、三级甚至四级域名所构成的域名代码部分。域名的法律特征主要取决于它的技术特征，包括以下几点：（1）标识性。域名除本身具有网络信息传输的技术性功能外，还具有引导、标示企业或企业所提供的产品或服务来源的功能。尤其是商业性网站，域名是公众识别、区分不同网站服务者最直接、有效的手段。（2）无地域性。由于网络的开放性，导致任何一个国家和地区注册的域名，都可以在其他国家和地区得到承认，因此域名具有无地域性特点。（3）唯一性和排他性。由于域名的无地域性，就决定了在计算机网络上不论注册人是否分属于不同的国家或地区，或不同的行业，都不存在两个完全相同的域名。

（一）域名与商标冲突的主要表现形式

域名与商标的冲突是不可避免的，其表现形式也是多种多样的，归纳

---

❶ 北京知识产权法院（2017）京 73 民终 2055 号民事判决书。

起来主要有以下三大类：第一类是在先注册的域名所有人对在后注册的商标提出争议；第二类是受法律保护的商标权人对在后注册的域名提出争议；第三类是反向域名侵夺。

其中，第二类纠纷就是备受人们关注的所谓"域名抢注"，是域名与商标冲突最外在的表现形式。域名抢注包括善意域名抢注和恶意域名抢注两种类型。

1. 善意域名抢注

善意域名抢注是指注册人注册域名是善意的，其目的不是损害商标权人的合法权益。具体包括两种表现形式。

（1）巧合雷同，也称"偶合"。通常是因为一些注册商标知名度小，域名注册人并不知道其商标，而将其商标注册为域名。包括非商业性善意域名抢注和商业性善意域名抢注两种。如域名注册人以非营利为目的，以自己的名字抢先注册了非商业性个人网站的域名，但其名字恰好是某一公司的注册商标。有些商家以自己的商标或商号或商品的通用名称等英文缩略语在先注册了域名，与现实中的商标权发生冲突，但其主观上并无恶意。

（2）同一域名的标识部分有数个商标权人。即不同的民事主体针对相同的标识在不同的商品或服务范围内各自享有商标权，因注册域名而发生冲突。

善意抢注是合法行为，此时的"域名抢注"实为域名的争先注册，目前在各国都是受到鼓励和支持的。

2. 恶意域名抢注

按照世界知识产权组织所下的定义，"恶意域名抢注"是指域名持有人持有的域名与异议人所持有的商品或服务商标完全一致或极其相似，且域名持有人对域名本身并不享有任何合法的权利和利益，且域名的注册和使用均为恶意。具体分为两种情况。

（1）"只注不用"，也就是不在商品或服务流通领域使用。这类注册人通常将其注册的域名本身视为商品，通过向商标所有人、持有人或其竞争对手出售、出租或转让，以期获得利益。

（2）"既注又用"，也就是盗用。一般是将别人的知名商标注册为自己的域名，即域名或其主要部分构成对他人驰名商标的复制、模仿、翻译或音译而引起的争议。

第三类的反向域名侵夺是指域名注册人注册的域名虽与商标所有人的商标相同或近似，但并没有侵害商标所有人的权益，商标权人却恶意利用域名争议解决程序，对域名注册人进行诉讼威胁或其他骚扰活动。"反向域名侵夺"制度的确立，体现了利益平衡的法律精神，符合公平、诚实信用的法律原则，有利于维护正当域名持有人的合法权益。立法应一方面明确反对域名持有人恶意将他人的商标进行抢注的行为，以维护商标权人的合法利益；另一方面不应当忽视对正当域名持有人利益的保护，善意的域名注册人经过法律的程序取得域名的行为是一种合法的行为，赋予域名持有人主张"反向域名侵夺"的权利，体现出法律对善意域名注册和使用行为的保护，这样的调整方法充分兼顾了正当的域名持有人和商标权人双方的合法利益。反向域名侵夺适用的前提条件是：域名持有人注册或使用域名是善意的，没有恶意抢占、非法牟利，或"搭便车"的主观恶意。相反，商标注册人却存在利用域名争议解决程序，剥夺正当域名持有人所持有的域名的恶意企图。

（二）商标与域名冲突的主要原因

商标与域名冲突的原因是多方面、复杂的，笔者将其概括为以下几个主要原因。

1. 域名和商标各自的特性所决定

域名具有全球性，它在全球性的互联网上有效。而商标则不同，它具有地域性，它只在特定国家或地区受法律保护，而且各国的商标法和商号法都允许不同的生产厂商分别在不同商品类别和不同行业中同时注册名称相同的商标和商号，因为这种情况不会引起市场秩序的混乱。同一商标在不同的国家或地区可能为不同的人所拥有，从而造成商标权权利主体的多重性，域名却具有唯一性，多个商标权权利主体中只能有一个权利主体申请域名注册。在国际互联网上，不可能存在完全相同的两个域名。

在现阶段，域名一方面确实体现了商标或企业名称相联系的某些特征，但又没有全面反映企业名称或商标的标识性，域名在很大程度上还只是商标或商号的简称或缩写，这就必然会导致在传统领域下不被混淆的商标或商号，在域名上却会出现相混淆的局面，不可避免地出现域名与商标权的冲突。

2. 利益驱动与域名观念淡漠的结果

电子商务时代域名不断高涨的商业价值也是引起域名和商标冲突的主要原因。域名不仅具有技术上的功能，而且具有识别功能。在 INTERNET 上，企业的注册商标作为注册域名使用，不仅可以提升该商标的市场价值和公众认知程度，而且该商标的市场价值或公众认识程度将和域名的使用成为不可分割的一体。所以，商家尽量使用商标、商号作为其网络的域名，吸引原有的消费者，扩大网上市场的知名度。而有一些企业，却没有意识到域名的作用和其所具有的巨大经济、商业价值，域名观念淡漠、对名牌的保护力度不够，等到别人"抢注"以后才站出来提异议、谈价格，甚至走上诉讼之路。

3. 法律制度的不健全、不完善

我国目前《商标法》没有对域名作出明确规定，这也就使得对商标权的保护不能当然地延伸到网络虚拟空间中。解决商标与域名冲突方面的立法还只是几个行政法规、规章，而且这些行政法规、规章还存在许多问题，有许多不完善之处。

（1）域名注册制度本身为域名和商标冲突的发生提供了便利条件。全球域名注册机构普遍采用"先申请先注册"的原则。《中国互联网络域名管理办法》也规定：域名注册服务遵循"先申请先注册"原则。现在世界各国的域名注册管理机构多为民间组织，对域名的注册没有行政管理权，大多不负责商标检索，对域名注册也不进行实质审查，为域名和商标冲突的发生埋下了隐患。

（2）域名与商标分别由不同的部门核准注册，进行管理。《中国互联网络域名管理办法》规定，"信息产业部（现已更名为'工业和信息化部'）负责中国互联网络的域名的管理工作"。域名注册管理机构负责运行和管理相应的域名系统。我国《商标法》则规定："国务院工商行政管理部门商标局主管全国商标注册和管理的工作。"域名和商标这一对既区别但又互相联系的矛盾统一体，分属不同的部门来管理，并且两部门均没有对域名使用注册商标的行为制定有效的防预机制和救济制度，这样管理部门从宏观上就无力控制域名与商标权冲突的发生。

（3）对普通知名商标的保护力度不够。在我国，普通知名商标并不享受扩大保护，只有国家认定的"驰名商标"才受到法律的格外关照。到目前为止，根据《驰名商标认定管理办法》被确认为驰名商标的商标数量极其有限，而受到来自虚拟网络空间商标侵权威胁更大的是那些既无扩大保护，又具有相当的市场感召力的普通知名商标。

（4）域名资源的稀缺有限性与域名注册人注册域名数量的无节制性。域名注册的在先注册原则以及它的唯一性特征，使域名成为一种稀缺资源。而法律却对同一域名注册人在 INTERNET 上注册多少个域名没有数量的限制，这进一步加剧了域名与商标权之间的冲突。

（三）域名与商标冲突的法律解决

为了解决域名与商标的权利冲突问题，笔者提出以下几点具体建议。

1. 建立域名防御登记体系

一方面企业应高度重视域名的保护，及时申请自己的域名；如果确系驰名商标，最好注册多个近似的域名，增强防御能力；大型或知名度高的网站，要及时将英文的域名和中文的域名注册为商标。另一方面由国际互联网信息中心和中国互联网络信息中心在国际互联网上建立域名注册防御网址。域名注册申请者提出域名注册申请后，先将其申请注册的域名输入防御网址进行审查，若从中查不到相同或相近似的注册商标，即批准予以注册；如若从中查到相同或相近似的注册商标，则申请人负有证明其域名注册不存在引发域名与商标权利冲突的可能的举证责任，否则，驳回其注册申请。

2. 完善域名注册程序，确立有效的域名注册审查制度

将域名注册的终身制改为续展制，对于域名注册程序采用"双轨制"：一方面保留原有的注册方法，作为域名注册的简易程序；另一方面增设域名注册的严格程序，即申请人可以在申请域名的同时出具有效的法律文件，证明该域名与申请人的商标或商号之间存在严格的联系。采用严格的程序注册的域名还应经过公告，出于保证网络运作效率的考虑，公告期不要太长。

3. 加强对高知名度域名的保护，禁止反向域名侵夺

实践中，将他人域名尤其是知名域名抢注为商标的现象屡屡发生。因此，立法应赋予域名注册人以在先权利人的身份阻止商标的注册或申请撤销该注册商标。同时，要合理限制商标权人的权利，禁止反向域名侵夺。反向域名侵夺实质上就是商标权人滥用其商标专有权而夺取域名注册人域名的行为。禁止反向域名侵夺是对域名权的一种有力保护。

4. 建立完整的网络域名保护体系

域名是因特网中一种集商号、商标于一体的全新的知识产权客体，有学者提出要颁布域名特别法。❶ 笔者建议，在《商标法》的下一次修订中，加入解决域名与商标冲突的规定，如在《商标法》第 57 条增加一项："将他人注册商标恶意注册为域名的"，并且通过强化域名注册组织的责任，建立一套有效的域名纠纷处理机制等其他多种措施来构建域名规制体系。

5. 给予驰名商标反淡化保护，加大普通知名商标的保护力度

一方面，随着国际互联网络的发展，加之域名本身具有的唯一性，有必要在借鉴《美国联邦商标反淡化法》的基础上，通过立法赋予驰名商标

---

❶　于东辉. 关于域名与商标冲突的法律思考［J］. 山东社会科学，2002（4）：89.

权人以反商标淡化来维护其合法权益；另一方面，要加大对普通知名商标的保护力度。知名商标以及未注册的公众熟知的商标，其知名度虽不及驰名商标，但在一定程度上知名就使得其被侵权和被误认的可能性较之普通商标大了许多，尤其在我国大力推行名牌战略的今天，只有给这些未来驰名、今天知名的商标在势必成为未来商业媒介主导的网络空间上以有力的保护，才能防患于未然，才能更加有力地推动民族工业的发展速度。❶

三、延伸阅读案例：恩梯恩（中国）投资有限公司诉上海勃曼公司、斯将利公司等侵害商标权纠纷案

日本 NTN 株式会社自 1995 年起开始在中国注册"NTN"商标，并且进行了续展。2015 年 12 月 21 日，NTN 株式会社与恩梯恩（中国）投资有限公司（以下简称"恩梯恩公司"）签订《商标授权许可合同》，NTN 株式会社授予恩梯恩公司在中国大陆地区无偿使用 NTN 商标的非独占许可权，合同有效期为 5 年，并约定在授权地区发生第三者侵犯 NTN 商标权利的行为以及利用与 NTN 商标相同或类似的商标从事仿冒品的销售行为等任何侵权或不正当竞争的行为时，恩梯恩公司可以自己的名义按照 NTN 株式会社出具的《授权委托书》采取一切必要的法律行为。

张某某为上海勃曼工业控制技术有限公司（以下简称"勃曼公司"）和上海斯将利传动机械有限公司（以下简称"斯将利公司"）的股东。2006 年 12 月 16 日，张某某申请注册了域名"ntn-sh.com"，并取得《国际域名注册证书》。恩梯恩公司主张勃曼公司、张某某、斯将利公司的行为构成侵权，理由如下：首先，恩梯恩公司涉案商标在中国的相关公众中具有较高的知名度。张某某在明知涉案商标具有较高知名度的情况下，没有合理的理由，未经许可将涉案商标作为涉案域名的主体部分予以注册并许可勃曼公司、斯将利公司使用，具有明显恶意。故张某某的行为侵害了恩

---

❶ 孙玉荣. 论域名与商标的冲突及其法律解决［J］. 北京工业大学学报（社会科学版），2006（1）.

梯恩公司的涉案商标权。其次，涉案网站突出使用了涉案商标并模仿恩梯恩公司网站的内容，斯将利公司、勃曼公司的行为具有恶意，属于擅自利用恩梯恩公司良好声誉的不正当竞争行为。最后，勃曼公司、张某某、斯将利公司在本案中分工合作共同实施了被控侵权行为，具有共同过错，应当共同承担连带赔偿责任。

一审法院经审理后认为：张某某注册的域名"ntn-sh. com"的主要部分"ntn"与恩梯恩公司的"NTN"商标相同，足以造成相关公众的误认，具有恶意。张某某为商业目的注册与恩梯恩公司的"NTN"商标相同的域名"ntn-sh. com"，并同意由其担任法定代表人的斯将利公司使用该域名，故意造成与恩梯恩公司提供的产品、服务或者恩梯恩公司网站的混淆，误导网络用户访问其网站，已构成对恩梯恩公司"NTN"商标权的侵害。斯将利公司通过"ntn-sh. com"域名进行相关商品交易的电子商务，并且未经恩梯恩公司同意或授权，在"www. ntn-sh. com"网站上产品介绍、广告宣传中大量使用恩梯恩公司的"NTN"商标，亦侵害了恩梯恩公司的商标权。张某某、斯将利公司应当承担停止侵权（包括注销域名、关闭网站）、赔偿损失、消除影响的民事责任。斯将利公司模仿恩梯恩公司"www. ntn. com. cn"网站网页，并自称NTN代理商的行为，构成对恩梯恩公司的不正当竞争。勃曼公司未履行管理义务，其应当对斯将利公司和张某某的侵权行为，承担相应的民事责任。张某某既是勃曼公司的股东，又是斯将利公司的股东及法定代表人，三者存在密不可分的关系，勃曼公司、张某某、斯将利公司应当共同对上述商标侵权行为以及不正当竞争行为承担法律责任。

勃曼公司、张某某、斯将利公司不服一审判决，向上海知识产权法院提起上诉。二审法院经审理后认为，张某某、勃曼公司、斯将利公司在网址为"www. ntn-sh. com"网站的首页及每页左上方突出使用NTN标识行为，已经造成相关公众对于涉案"www. ntn-sh. com"网站由恩梯恩公司经营或者经恩梯恩公司授权经营的混淆和误认，不属于基于善意目的对涉案"NTN"商标的合理使用，是针对恩梯恩公司实施的虚假宣传等不正当竞争行为。张某某对涉案域名的注册、使用具有恶意，但并无证据证明使用涉案域名"ntn-sh. com"的网站进行了相关商品交易的电子商务，我国

《商标法》规定，未经商标注册人的许可，在同一种商品上使用与其注册商标相同的商标的；未经商标注册人的许可，在同一种商品上使用与其注册商标近似的商标，或者在类似商品上使用与其注册商标相同或者近似的商标，容易导致混淆的，均属侵犯注册商标专用权的侵权行为。张某某、勃曼公司、斯将利公司上述突出使用 NTN 标识的行为，应当认为是在表明网站经营者身份等服务类别上使用"NTN"标识的行为，考虑到本案中恩梯恩公司主张的涉案"NTN"商标核定使用的商品类别与网站经营者身份的服务类别，既不相同亦不类似；相关公众对于涉案"www.ntn-sh.com"网站由恩梯恩公司经营或者经恩梯恩公司授权经营的混淆和误认，属于对服务来源的混淆和误认并非对"NTN"商品来源的混淆和误认，且现有证据显示恩梯恩公司在服务类别上已经注册"NTN"商标，故二审法院认为，张某某、勃曼公司、斯将利公司上述突出使用 NTN 标识的行为，尚不属于对恩梯恩公司享有的"NTN"注册商标的侵权行为，一审法院关于张某某注册涉案域名的行为侵害了恩梯恩公司涉案"NTN"商标的认定有误，依法予以纠正。张某某对涉案域名或其主要部分并不享有权益，亦无注册、使用涉案域名的正当理由，其对涉案域名的注册、使用具有恶意。张某某注册涉案域名后，与勃曼公司、斯将利公司共同建立了使用涉案域名的网站，并在涉案网站上实施了突出使用恩梯恩公司的 NTN 标识、模仿恩梯恩公司网站并自称专业代理 NTN 轴承的虚假宣传等不正当竞争行为，但在上述虚假宣传等不正当竞争行为停止后，涉案网站仍可继续运营，故本案中无须在判决张某某、勃曼公司、斯将利公司停止虚假宣传等不正当竞争行为的同时，再行判决勃曼公司、斯将利公司关闭并停止运营涉案"www.ntn-sh.com"网站。另外，根据二审法院查明的事实，通过互联网已经无法访问"www.ntn-sh.com"网站，可见张某某、勃曼公司、斯将利公司已经通过停止 IP 地址解析，关闭并停止运营涉案网站的方式，停止了上述虚假宣传等不正当竞争行为。故本案中继续判决张某某、勃曼公司、斯将利公司停止虚假宣传等不正当竞争行为已无必要。另外，涉案"ntn-sh.com"域名的注册人已于 2016 年 12 月 14 日变更为 pengzhenni，不再归属于张某某所有，因此在本案中继续判决张某某注销"ntn-sh.com"域名已无必要。对于恩梯恩公司一审中有关张某某立即注销"ntn-sh.com"域

名的诉讼请求，不再予以支持，对一审法院的有关判决依法予以纠正。❶

参考阅读资料

[1] 赵建良. 美国法上域名与商标指示性合理使用之借鉴 [J]. 知识产权, 2015 (9).

[2] 贾磊. 域名侵犯商标权认定研究 [J]. 河南财经政法大学学报, 2018 (1).

[3] 孙玉荣. 论域名与商标的冲突及其法律解决 [J]. 北京工业大学学报 (社会科学版), 2006 (1).

[4] 邓燕辉, 李金娟. 商标侵权与商标冲突的判定 [J]. 人民司法, 2019 (26).

[5] 孙那. 论商标和域名权利冲突的非诉讼纠纷解决模式 [J]. 网络法律评论, 2013 (1).

[6] 阮开欣. 域名与商标的合理使用问题研究——以微信域名案为视角 [J]. 黑龙江省政法管理干部学院学报, 2016 (6).

[7] 苏家成, 汤涛. 网络域名侵害商标权的认定与责任承担 [J]. 人民司法 (案例), 2013 (24).

[8] 黄智刚. 中、美、英商标与域名争议解决办法比较研究 [J]. 科技与法律, 2007 (1).

[9] 朱振华. 新制度经济学视角下美国对域名资源的商标权治理研究[D]. 北京: 北京外国语大学, 2021.

[10] 蒋剑鸣. 互联网域名与商标冲突研究 [M]. 北京: 中国人民公安大学出版社, 2011.

---

❶ 上海市普陀区人民法院民事判决书（2016）沪 0107 民初 12844 号、上海知识产权法院民事判决书（2017）沪 73 民终 289 号。

第三编

专利权、商业秘密

第八章　专利的无效

第一节　发明专利无效

一、典型案例：苹果电子产品商贸（北京）有限公司与国家知识产权局发明专利权无效行政纠纷案[❶]

（一）案情介绍

本案为任某某、孙某与苹果上海公司、苹果北京公司、国家知识产权局发明专利权无效行政纠纷两案中的一案，为涉及"二次锂离子电池或电池组、其保护电路以及电子装置"的发明专利无效问题的纠纷。涉案专利为国家知识产权局于 2005 年 6 月 8 日授权公告的、名称为"二次锂离子电池或电池组、其保护电路以及电子装置"的发明专利，其专利号是 ZL01141615.7，申请日是 2001 年 9 月 28 日，专利权人是任某某、孙某。

苹果贸易公司、苹果商贸公司主张权利要求 1 - 14 中部分或者全部不

---

❶ 北京知识产权法院（2019）京 73 行初 9594 号行政判决书、最高人民法院（2020）最高法知行终 406 号行政判决书。

符合《专利法实施细则》第 20 条第 1 款、第 21 条第 2 款,《专利法》第 26 条第 4 款、第 22 条第 2 款和第 3 款的规定,说明书不符合《专利法》第 26 条第 3 款的规定,因此请求宣告涉案专利全部无效。

本专利授权公告时的权利要求书如下:

1. 提高二次锂离子电池或电池组的容量、平均工作电压和比能量的方法,其特征在于对该单体锂离子电池的充电限制电压大于 4.2V,但不超过 5.8V,单体锂离子电池的正、负极的配比按充电限制电压为 4.2V 时的理论克容量计算在 1:1.0~1:2.5。

2. 如权利要求 1 所述的方法,其特征在于所述充电限制电压在 4.3V~5.2V。

3. 如权利要求 1 所述的方法,其特征在于所述充电限制电压在 4.3V~4.8V。

4. 如权利要求 1-3 中任一项所述的方法,其特征在于所述单体锂离子电池的正、负极的配比按充电限制电压为 4.2V 时的理论克容量计算在 1:1.15~1:2.5。

5. 二次锂离子电池或电池组,其特征在于该单体锂离子电池的充电限制电压大于 4.2V,但不超过 5.8V;其单体锂离子电池的正、负极的配比按充电限制电压为 4.2V 时的理论克容量计算在 1:1.0~1:2.5。

6. 如权利要求 5 所述的二次锂离子电池或电池组,其特征在于所述单体锂离子电池的充电限制电压在 4.3V~5.2V。

7. 如权利要求 5 所述的二次锂离子电池或电池组,其特征在于所述单体锂离子电池的充电限制电压在 4.3V~4.8V。

8. 如权利要求 5-7 中任一项所述的二次锂离子电池或电池组,其特征在于所述单体锂离子电池的正、负极的配比按充电限制电压为 4.2V 时的理论克容量计算在 1:1.15~1:2.5。

9. 如权利要求 5-7 中任一项所述的二次锂离子电池或电池组,其特征在于单体锂离子电池首次过充保护电压大于 4.35V,过充保护释放电压大于 4.15V。

10. 如权利要求 9 所述的二次锂离子电池或电池组,其特征在于所述单体锂离子电池首次过充保护电压大于 4.45V,过充保护释放电压大于 4.25V。

11. 用于权利要求 5 - 10 中任一项的二次锂离子电池或电池组的保护电路，其特征在于其单体锂离子电池首次过充保护电压大于 4.35V，过充保护释放电压大于 4.15V。

12. 如权利要求 11 所述的保护电路，其特征在于其单体锂离子电池首次过充保护电压大于 4.45V，过充保护释放电压大于 4.25V。

13. 以二次锂离子电池或电池组为能源的电子装置，其特征在于该电子装置具有使单体锂离子电池的首次过充保护电压大于 4.35V、过充保护释放电压大于 4.15V 的保护电路。

14. 如权利要求 13 所述的电子装置，其特征在于该电子装置具有使单体锂离子电池的首次过充保护电压大于 4.45V、过充保护释放电压大于 4.25V 的保护电路。

任某某、孙某于 2018 年 8 月 31 日提交了权利要求书全文替换页，苹果贸易公司、苹果商贸公司对此无异议。国家知识产权局经审查，认为该修改符合无效程序中对专利文件修改的相关规定。因此，被诉决定的审查文本为任某某、孙某于 2018 年 8 月 31 日提交的权利要求书以及授权公告文本中的说明书和说明书摘要。

针对本专利，苹果贸易公司、苹果商贸公司于 2018 年 6 月 6 日分别向国家知识产权局提出无效宣告请求，认为权利要求 1～14 不符合《专利法实施细则》第 20 条第 1 款的规定，说明书不符合《专利法》第 26 条第 3 款的规定，请求宣告本专利全部无效。经形式审查合格，国家知识产权局在权利要求 1～12、14 的基础上维持专利权有效。

苹果商贸公司向北京知识产权法院提起诉讼，请求：撤销被诉决定，责令国家知识产权局重新作出无效宣告请求审查决定。北京知识产权法院于 2019 年 8 月 6 日立案受理。

一审法院经审理认为，因权利要求得不到说明书支持，涉案专利权应当全部无效，故判令国家知识产权局重新作出审查决定。

任某某、孙某不服，向最高人民法院提起上诉，请求撤销原审判决。

苹果贸易公司、苹果商贸公司共同答辩称：原审判决认定事实清楚，适用法律法规正确，依法应驳回上诉，维持原判。

国家知识产权局述称：坚持无效决定意见。

（二）法院裁判

最高人民法院经过审理，判决：（1）撤销北京知识产权法院（2019）京 73 行初 9594 号行政判决；（2）驳回苹果电子产品商贸（北京）有限公司的诉讼请求。

（三）焦点分析

本案最重要的焦点问题是，涉案的专利权利要求是否得到了说明书的支持，即符合《专利法》第 26 条第 4 款的规定。❶ 于本案而言，对于不同的数值范围技术特征所限定保护范围的权利要求，如果本领域技术人员通过阅读说明书可以确定各数值范围技术特征之间存在相互对应关系，能够通过有限次实验得到符合发明目的的具体实施方式，而且无须通过过度劳动，即可排除不能实现发明目的的技术方案的，应当认为该权利要求能够得到说明书支持。

对于权利要求 1、5 能否得到说明书支持的问题。权利要求 1 包含"充电限制电压大于 4.2V，但不超过 5.8V"及"正、负极的配比按充电限制电压为 4.2V 时的理论克容量计算在 1∶1.0－1∶2.5"两组不同的数值范围技术特征。虽然权利要求 1 未就该两组数值范围技术特征之间的关系予以明确说明，但本领域技术人员通过阅读本专利说明书中"发明内容"部分关于实现本专利发明目的的手段系"通过提高充电限制电压，并适当调整单体锂离子电池的正、负极的配比"的记载，以及本专利说明书给出的实施例和实施例给出的"当充电限制电压提高到 4.45V 以上后，随着该电压和正负极配比值的提高，可继续提高电池容量、工作电压和重量比能量"启示等内容，可以明确得出权利要求 1 所包含的两组数值范围技术特

---

❶ 《专利法》第 26 条第 4 款规定：权利要求书应当以说明书为依据，清楚、简要地限定要求专利保护的范围。

征之间具有以下对应关系：充电限制电压提高到 4.2V 以上但不超过 5.8V，正负极配比按充电限制电压为 4.2V 时的理论克容量计算限制在 1∶1.0～1∶2.5，且当充电限制电压大于 4.45V 时正负极配比要随着充电限制电压的升高而升高。

在此基础上，本领域技术人员结合本发明申请时"电池循环 300 次容量保持在 60% 即可满足相关行业对电池循环性能的要求"的公知常识，根据本专利说明书及实施例给出的上述指引和启示，判断出符合本发明目的的具体实施方式，并在采取常规的实验手段及有限次的试验情况下便可排除不能实现本发明目的的技术方案，即无须通过过度劳动便可清楚认识到权利要求 1 包含的两组数值范围技术特征在上述对应关系之外的其他数值范围并非权利要求 1 所要保护的内容。因此，权利要求 1 能够得到说明书的支持。同理，权利要求 5 亦能够得到说明书的支持。

综上，权利要求 1、5 能够得到说明书的支持，符合《专利法》第 26 条第 4 款的规定。

对于权利要求 2－4、权利要求 6－8 能否得到说明书的支持。权利要求 2－3 引用权利要求 1，分别进一步限定充电限制电压为 4.3V～5.2V、4.3V～4.8V，权利要求 4 引用权利要求 1－3，进一步限定正负极配比在 1∶1.15～1∶2.5。在权利要求 1 能够得到说明书支持的基础上，权利要求 2－4 也能得到说明书的支持。权利要求 6－8 均涉及二次锂离子电池或电池组，其与权利要求 2－4 的方法对应，基于同样的理由，权利要求 6－8 亦能够得到说明书的支持。

对于权利要求 9－12 能否得到说明书的支持。权利要求 9－12 的附加技术特征限定了首次过充保护电压和过充保护释放电压的数值范围，其直接或间接地引用了权利要求 5。本专利说明书上标第 10 页记载的内容，已公开了权利要求 9－12 要求保护的范围，故权利要求 9－12 能够得到说明书的支持。

对于权利要求 14 能否得到说明书的支持。以数值范围技术特征限定保护范围的权利要求，只限定了一侧端值但未限定另一侧端值的，如本领域技术人员在阅读说明书后可以直接且毫无异议地确定该另一端值，则应认定该权利要求能够得到说明书的支持。权利要求 14 要求保护以二次锂离子电池或电池组为能源的电子装置，具体限定了该电子装置包括的保护电路的首次过充保护电压和过充保护释放电压的数值范围，但只限定了该两电压的下限值，未限定上限值。根据说明书记载的内容可知，关于包含首次过充保护电压、过充保护释放电压的保护电路及包含该保护电路的电子装置系为用于本发明所要求保护的二次锂离子电池或电池组，即包含保护电路的电子装置是为了保护本专利中具有较高充电限制电压的二次锂离子电池或电池组而进行的适应性设计。因此，上述包含保护电路的电子装置的技术方案在实施时，必须与本发明包含充电限制电压技术特征的技术方案相适应。在本发明所要求保护的二次锂离子电池或电池组已公开充电限制电压数值范围的情况下，本领域技术人员在阅读说明书后必然能够直接确定保护电路电压参数的上限值。因此，权利要求 14 能够得到说明书的支持。

二、法理探究

（一）该案的典型价值

专利关系到技术的发展，专利制度及司法情况直接影响创新激励。我国加强专利保护、促进创新的司法实践，凸显出我国在创新型国家建设、知识产权强国建设过程中，对技术进步的大力支持。

具体而言，本案的主要亮点在于法院明确了两组以上不同数值范围共同限定保护范围的权利要求是否能够得到说明书支持的判断标准。在说明书及附图记载的范围内，能够确定该两个以上数值范围之间的对应关系，使本领域技术人员合理确定专利保护范围，应当认为该权利要求得到说明书的支持。❶

---

❶ 参见《最高人民法院知识产权法庭 2020 年 10 件技术类知识产权典型案例》对本案典型意义的介绍。

本案专利技术涉及"二次锂离子电池"，其对我国相关产业的发展也相当重要。本案的判决彰显出知识产权法在实践中对技术创新激励的态度，对维护制度的稳定、保护产业的发展、提升制度的价值具有非常重要的作用。对于树立细化的我国专利法保护标准也有相当大的参考价值。

基于其典型意义，该案被纳入"最高人民法院知识产权法庭 2020 年 10 件技术类知识产权典型案例"。

（二）对《专利法》第 26 条第 4 款的基本理解

1984 年《专利法》第 26 条第 4 款规定"权利要求书应当以说明书为依据，说明要求专利保护的范围"。这一规定在《专利法》1992 年第一次修改、2000 年第二次修改中，均未作变动。2008 年《专利法》第三次修改中被修改为"权利要求书应当以说明书为依据，清楚、简要地限定要求专利保护的范围"。2020 年《专利法》第四次修改未作变动。

2008 年《专利法》第三次修改之所以将之予以细微变动，原因在于："清楚、简要地限定要求专利保护的范围"由 2010 年修改之前的《专利法实施细则》第 20 条第 1 款规定，这种现状使得权利要求的实质内容分别体现在《专利法》和《专利法实施细则》中，《专利法》第 26 条第 4 款不能全面反映对权利要求的实质性要求，也容易使得人们对"权利要求应当以说明书为依据"与"权利要求应当清楚、简要"产生法律位阶不同的结论。❶

对于《专利法》第 26 条第 4 款的规定，清楚、简要是非常关键的，在实践中也经常可能产生由此而发的纷争。这里所谓的"清楚、简要"指的是权利要求书的清楚、简要，与《专利法》第 26 条第 3 款的规定中说明书的"清楚、完整"不同。本款规定中的"清楚"在《专利审查指南》中也有规定上的解读，其规定"权利要求书是否清楚，对于确定发明或者实用新型要求保护的范围是极为重要的。权利要求书应当清楚，一是指每一项权利要求应当清楚，二是指构成权利要求书的所有权利要求作为一个

---

❶　尹新天. 中国专利法详解［M］. 北京：知识产权出版社，2011：366.

整体也应当清楚"。❶ "简要"指的是 "权利要求书应当简要，一是指每一项权利要求应当简要，二是指构成权利要求书的所有权利要求作为一个整体也应当简要。例如，一件专利申请中不得出现两项或两项以上保护范围实质上相同的同类权利要求"。❷ 权利要求书与说明书的撰写在实践中也因此条规定显得异常关键：说明书要为权利要求书提供必要的支持，避免公开不充分也避免权利要求得不到说明书的支持，而且要尽量多地添加实例，为概括得出的权利要求提供足够的支持。❸

通过对本案情况的梳理可以得知，本案要解决的法律问题是，权利要求包括两组以上不同数值范围技术特征的，如何判断其是否能够得到说明书的支持。换言之，本案主要涉及的是《专利法》第26条第4款中专利权利要求书是否得到说明书支持的问题。以下部分对之予以详细展开。

（三）对专利法中权利要求得到说明书支持的解读

之所以要求专利权利要求书需要得到说明书的支持，是因为，说明书与权利要求书不可脱节，前者是对发明或实用新型内容的详细介绍，后者是在说明书记载内容的基础上用构成发明或实用新型技术方案的技术特征来限定专利申请或专利权的保护范围。❹ 简而言之，权利要求书应当以说明书为依据。❺ 在具体判定情形时，应当把握一定的准则：所属技术领域的技术人员阅读说明书及附图后，在申请日不能得到或者合理概括得出权利要求限定的技术方案的，人民法院应当认定该权利要求不符合《专利法》第26条第4款关于"权利要求书应当以说明书为依据"的规定。❻

说明书未充分公开特定技术内容，会导致相应的后果产生。例如，导

---

❶ 参见《专利审查指南》3.2.2对"清楚"的规定，其中还给出了相关例子。

❷ 参见《专利审查指南》3.2.3对"简要"的规定。

❸ 袁颖. 关于中国专利法第二十六条第四款与日本专利法相关规定的比较（上）[J]. 电子知识产权，2012（8）：95–96.

❹ 尹新天. 中国专利法详解 [M]. 北京：知识产权出版社，2011：367.

❺《专利审查指南》规定，"权利要求书应当以说明书为依据，是指权利要求应当得到说明书的支持"。

❻《最高人民法院关于审理专利授权确权行政案件适用法律若干问题的规定（一）》第8条。

致专利申请日有下列情形的，人民法院应当认定说明书及与该特定技术内容相关的权利要求不符合《专利法》第 26 条第 3 款的规定：①权利要求限定的技术方案不能实施的；②实施权利要求限定的技术方案不能解决发明或者实用新型所要解决的技术问题的；③确认权利要求限定的技术方案能够解决发明或者实用新型所要解决的技术问题，需要付出过度劳动的。当事人依据上述未充分公开的特定技术内容，主张与该特定技术内容相关的权利要求符合《专利法》第 26 条第 4 款关于"权利要求书应当以说明书为依据"的规定的，人民法院不予支持。❶

　　于本案而言，争议的焦点问题即为涉案专利的专利权利要求 1－12、权利要求 14 是否符合《专利法》第 26 条第 4 款的规定。其关键问题在于，权利要求书中的每一项权利要求所要求保护的技术方案应当是所属技术领域的技术人员能够从说明书充分公开的内容中得到或概括得出的技术方案，并且不得超出说明书公开的范围。

　　关于权利要求是否得到了说明书的支持，在庭审中对每一权利要求都进行了审查。例如，对于权利要求 1、5 而言：权利要求 1 包含"充电限制电压大于 4.2V，但不超过 5.8V"及"正负极配比按充电限制电压为 4.2V 时的理论克容量计算在 1∶1.0～1∶2.5"两组不同的数值范围技术特征。对于权利要求 1 的疑问是，其未明确说明两组数值范围技术特征之间的关系。但是，依据"本领域技术人员"的标准，"通过阅读本专利说明书"中相关内容，❷ 可以明确得出权利要求 1 所包含的两组数值范围技术特征之间具有以下对应关系：充电限制电压提高到 4.2V 以上但不超过 5.8V，正负极配比按充电限制电压为 4.2V 时的理论克容量计算限制在 1∶1.0～1∶2.5，且当充电限制电压大于 4.45V 时正负极配比要随着充电限制电压的升高而升高。

---

❶　《最高人民法院关于审理专利授权确权行政案件适用法律若干问题的规定（一）》第 6 条。
❷　"发明内容"部分关于实现本专利发明目的的手段系"通过提高充电限制电压，并适当调整单体锂离子电池的正、负极的配比"，本专利说明书给出的实施例和实施例给出的"当充电限制电压提高到 4.45V 以上后，随着该电压和正负极配比值的提高，可继续提高电池容量、工作电压和重量比能量"启示等内容。

进一步而言，本领域技术人员结合本发明申请时的公知常识❶，根据本专利说明书及实施例给出的上述指引和启示，判断出符合本发明目的的具体实施方式，并在采取常规的实验手段及有限次的试验情况下便可排除不能实现本发明目的的技术方案，即无须通过过度劳动便可清楚认识到权利要求1包含的两组数值范围技术特征在上述对应关系之外的其他数值范围并非权利要求1所要保护的内容。

基于以上最高人民法院的分析，权利要求1能够得到说明书的支持，基于同样的逻辑，权利要求5亦能够得到说明书的支持。此即表明，两组以上不同的数值范围技术特征所限定保护范围的权利要求，如果本领域技术人员通过阅读说明书可以确定各数值范围技术特征之间存在相互对应关系，能够通过有限次实验得到符合发明目的的具体实施方式，而且无须通过过度劳动，即可排除不能实现发明目的的技术方案的，应当认为该权利要求能够得到说明书的支持。

另如，对于权利要求14❷而言：权利要求14具体限定了该电子装置包括的保护电路的首次过充保护电压和过充保护释放电压的数值范围——该电子装置具有使单体锂离子电池的首次过充保护电压大于4.45V、过充保护释放电压大于4.25V的保护电路——但只限定了该两电压的下限值，未限定上限值。

根据说明书记载的内容可知，关于包含首次过充保护电压、过充保护释放电压的保护电路及包含该保护电路的电子装置系为用于本发明所要求保护的二次锂离子电池或电池组，即包含保护电路的电子装置是为了保护本专利中具有较高充电限制电压的二次锂离子电池或电池组而进行的适应性设计。因此，上述包含保护电路的电子装置的技术方案在实施时，必须与本发明包含充电限制电压技术特征的技术方案相适应。

基于本发明所要求保护的二次锂离子电池或电池组已公开充电限制电

---

❶ "电池循环300次容量保持在60%即可满足相关行业对电池循环性能的要求"。

❷ 权利要求14：如权利要求13所述的电子装置，其特征在于该电子装置具有使单体锂离子电池的首次过充保护电压大于4.45V、过充保护释放电压大于4.25V的保护电路。

权利要求13：以二次锂离子电池或电池组为能源的电子装置，其特征在于该电子装置具有使单体锂离子电池的首次过充保护电压大于4.35V、过充保护释放电压大于4.15V的保护电路。

压数值范围的情况下，本领域技术人员在阅读说明书后必然能够直接确定
保护电路电压参数的上限值。

基于以上分析，最高人民法院认为，权利要求14能够得到说明书的支
持。这也说明，以数值范围技术特征限定保护范围的权利要求，只限定了
一侧端值但未限定另一侧端值的，如本领域技术人员在阅读说明书后可以
直接且毫无异议地确定该另一端值，则应认定该权利要求能够得到说明书
的支持。

除此之外，最高人民法院还对权利要求2-4、权利要求6-8、权利要
求9-12是否能够得到说明书的支持做了审理，并给予了肯定的结论。

（四）本案的裁判准则及启示

在本案中，最高人民法院知识产权法庭通过审理确定了对数值范围的
技术特征专利保护范围的确定准则。其核心观点体现为：第一，以两组以
上不同的数值范围技术特征所限定保护范围的权利要求，如果本领域技术
人员通过阅读说明书可以确定各数值范围技术特征之间存在相互对应关
系，能够通过有限次实验得到符合发明目的的具体实施方式，而且无须通
过过度劳动，即可排除不能实现发明目的的技术方案的，应当认为该权利
要求能够得到说明书的支持。第二，以数值范围技术特征限定保护范围的
权利要求，只限定了一侧端值但未限定另一侧端值的，如本领域技术人员
在阅读说明书后可以直接且毫无异议地确定该另一端值，则应认定该权利
要求能够得到说明书支持。❶

加强知识产权保护是我国构建创新型国家、提升国家综合国力的重
要举措，在与技术紧密关联的专利领域更是如此。与此同时也应当客观
看待我国的加强知识产权保护现状，尤其是需要意识到——知识产权的
保护加强也有我国内生的需求，因而在知识产权加强保护的过程中，更
应当注重知识产权的平等保护。在系列典型案例中，外国知识产权人的
权利在中国得到了大力的保护，这彰显出知识产权平等保护的精神。本

---

❶ 参见最高人民法院（2020）最高法知行终406号行政判决书的裁判准则。

案也有外国当事人，但是专利权人是中国的主体，因而对于平等保护中外知识产权人的专利具有典范价值。在此也提示各知识产权主体及正当权益人，在受到知识产权挑战时应当勇于拿起法律武器维护自己的合法权利和权益。

三、延伸阅读案例

在传感电子有限责任公司与专利复审委员会、宁波讯强电子科技有限公司发明专利权无效行政纠纷案中，对于是否以说明书为依据，最高人民法院再审认为，《专利法》第26条第4款有关"权利要求应当以说明书为依据"的规定，应当符合《专利法》第1条的立法目的，即在一定期限内授予专利权的目的在于鼓励发明创造，提高创新能力，促进科学技术进步和经济社会发展。一方面，权利人有权在说明书充分公开的具体实施方式等内容的基础上，通过合理概括的方式撰写权利要求，以获得适度的保护范围而不仅仅限于具体实施方式本身，从而给发明创造提供必要、适度的激励。另一方面，权利要求限定的保护范围应当与涉案专利的技术贡献和说明书充分公开的范围相适应，以免过宽的保护范围阻碍科学技术的进步。"权利要求应当以说明书为依据"有利于维护权利人与社会公众的利益平衡，防止专利权侵蚀公有领域，为后续创新保留必要空间。对于被诉决定中有关权利要求1–47是否以说明书为依据的认定，最高人民法院分为以下三种方式分别处理：第一，关于权利要求1–4、6、7、9–12、14–18、20–26、29、30、34、35、37–42、44、46–47，被诉决定认定所述权利要求未能以说明书为依据，不符合《专利法》第26条第4款规定，宣告所述权利要求无效的认定正确。第二，关于权利要求31、33，被诉决定认定该两项权利要求符合《专利法》第26条第4款规定，维持该两项权利要求有效的认定正确。第三，关于权利要求5、8、13、19、27、28、32、36、43和45，被诉决定认定所述权利要求符合《专利法》第26条第4款规定，维持所述权利要求有效的认定错误，对被诉决定中的该部分认定应予部分撤销，由专利复审委员会针对所述权利要求是否符合《专利法》第 26 条第 4 款的规定另行作出审查决定。一审判决错误维持被诉决定，二审判决驳回上诉，均有错误，应予相应撤销。❶

在美国伊莱利利公司诉国家知识产权局专利复审委员会、哈尔滨誉衡药业有限公司、宁波市天衡制药有限公司、江苏豪森药业股份有限公司发明专利权无效行政纠纷案中，最高人民法院也曾指出，权利要求所要求保护的技术方案应当是所属技术领域的技术人员能够从说明书充分公开的内容中得到或概括得出的技术方案，并且不得超出说明书公开的范围。如果权利要求的概括使所属技术领域的技术人员有理由怀疑该上位概括或并列概括所包含的一种或多种下位概念或选择方式不能解决发明所要解决的技术问题，并达到相同的技术效果，则应当认为该权利要求没有得到说明书的支持。❷

参考阅读资料

［1］崔国斌 . 专利法：原理与案例［M］. 北京：北京大学出版社，2016.

［2］楚红杰 . 专利司法实践中的使用环境特征界定探讨［J］. 专利代理，2020（3）.

［3］郭诗琪，负强，陈亮，等 . 专利无效对比文件判定方法研究［J］. 图书情报工作，2021，65（2）.

［4］何伦健 . 专利无效诉讼程序性质的法理分析［J］. 知识产权，2006（4）.

［5］黄丽君 . 二元体制下的权利要求保护范围［J］. 法学杂志，2019，40（1）.

［6］李晓鸣 . 我国专利无效宣告制度的不足及其完善［J］. 法律科学（西北政法大学学报），2021，39（1）.

［7］卢宝锋，王君 . 专利无效程序中对比文件检索策略研究——从专利引

---

❶ 最高人民法院（2016）最高法行再 19 号行政判决书。
❷ 最高人民法院（2009）知行字第 3 号。

文角度探析 [J]. 中国发明与专利，2021，18（5）.

[8] 田丽莉，李新芝. 日韩专利复审无效制度及其借鉴 [J]. 中国发明与专利，2020，17（8）.

[9] 易玲. 专利无效判定及其衔接机制研究 [M]. 北京：法律出版社，2019.

[10] 张迎春. 专利无效诉讼制度的异化及矫正 [M]. 武汉：武汉大学出版社，2019.

[11] 朱理. 专利民事侵权程序与行政无效程序二元分立体制的修正 [J]. 知识产权，2014（3）.

第二节　外观设计专利无效

一、典型案例：江铃控股有限公司与国家知识产权局专利复审委员会、捷豹路虎有限公司、杰拉德·加布里埃尔·麦戈文外观设计专利权无效行政纠纷案❶

（一）案情介绍

涉案专利系名称为"越野车（陆风 E32 车型）"、专利号为ZL201330528226.5的外观设计专利，专利权人是江铃控股有限公司（以下简称"江铃公司"）。针对涉案专利，捷豹路虎有限公司（以下简称"路虎公司"）、杰拉德·加布里埃尔·麦戈文（以下简称"麦戈文"）以涉案专利不符合 2008 年修正的《专利法》第 23 条第 1 款、第 2 款为由分别提出无效宣告请求。

---

❶ 北京知识产权法院（2016）京 73 行初 4497 号行政判决书、北京市高级人民法院（2018）京行终 4169 号行政判决书、最高人民法院（2019）最高法行申 7406 号行政裁定书。

国家知识产权局专利复审委员会认为，涉案专利与对比设计在整体视觉效果上没有明显区别，涉案专利不符合 2008 年《专利法》第 23 条第 2 款的规定，遂以第 29146 号无效宣告请求审查决定，宣告涉案专利权全部无效。江铃公司不服，提起行政诉讼。

北京知识产权法院一审认为，涉案专利与对比设计在前车灯、进气格栅、细长进气口、雾灯、贯通槽、辅助进气口、倒 U 形护板、后车灯、装饰板、车牌区域及棱边等部位存在不同的设计特征，其组合后形成的视觉差异对 SUV 类型汽车的整体外观产生了显著的影响，足以使一般消费者将涉案专利与对比设计的整体视觉效果相区分。相比于相同点，上述不同点对于涉案专利与对比设计的整体视觉效果更具有显著影响，故涉案专利与对比设计具有明显区别。据此，判决撤销被诉决定，并判令专利复审委员会重新作出无效宣告请求审查决定。

专利复审委员会、路虎公司和麦戈文均不服一审判决，提起上诉。北京市高级人民法院二审认为，从整体上观察，涉案专利与对比设计在车身前面和后面形成的视觉效果差异在整体视觉效果中所占的权重要明显低于两者之间相同点所产生的趋同性视觉效果的权重。涉案专利与对比设计相比，二者之间的差异未达到"具有明显区别"的程度，涉案专利不符合 2008 年《专利法》第 23 条第 2 款规定的授权条件，应当予以宣告无效。判决撤销一审判决，并驳回江铃公司的诉讼请求。

江铃公司不服二审判决，向最高人民法院申请再审。

（二）法院裁判

一审北京知识产权法院判决：（1）撤销专利复审委员会作出的被诉决定；（2）专利复审委员会针对路虎公司、麦戈文提出的无效宣告请求重新作出决定。

二审北京市高级人民法院判决：（1）撤销中华人民共和国北京知识产权法院行政判决；（2）驳回江铃控股有限公司的诉讼请求。

再审最高人民法院判决：驳回江铃控股有限公司的再审申请。

（三）焦点分析

本案是关于外观设计专利无效的问题。对于外观设计专利是否无效，也需要对外观设计专利与对比设计进行比较而定。基于此，首先应当明确，外观设计相同或者近似的判断主体为 SUV 外观设计判断主体的一般消费者。《最高人民法院关于审理侵犯专利权纠纷案件应用法律若干问题的解释》第 10 条规定：“人民法院应当以外观设计专利产品的一般消费者的知识水平和认知能力，判断外观设计是否相同或者近似。”本案中，本专利与对比设计的产品均是 SUV 类型汽车，是一种在功能、用途等方面存在共性的、相对独立的汽车类型。由于汽车设计是一项复杂的整体工程，汽车外形的确定要结合汽车的功能设定和审美需求，同时涉及机械工程学、人机工程学、空气动力学以及电子学等多个领域，作为 SUV 外观设计判断主体的一般消费者，基于其对申请日前申请的专利、市场上销售的汽车、汽车广告中披露的信息以及汽车类书籍中公开的在先设计等现有设计状况和对该类汽车常用设计手法的了解，应当知晓该类汽车的产品结构组成、主要部件的功能和设计特点，以及车身三维立体形状、各组成部分的比例和位置关系以及车身表面装饰件的形状、布局等均对整体视觉效果产生不同程度的影响。

在外观设计专利纠纷中，应当明确的是其作为对比设计的对象是否适格。本案中，路虎公司提交的证据 4 中所显示的汽车外观能否作为对比设计，就是关键。2008 年《专利法》第 23 条第 2 款规定的“现有设计或者现有设计特征的组合”，是指申请日以前在国内外为公众所知的设计。据此，判断路虎公司提交的证据 4 能否作为对比设计，关键在于该证据 4 所显示的汽车外观在本专利申请日即 2013 年 11 月 6 日之前是否在国内外为公众所知。证据 4 附件 1 系登记编号为“京 N×××××”的机动车登记证书，该证书显示的机动车系车架号为“SALVA2BG6DH 788274”、车辆品牌为“揽胜极光”的小型越野客车；附件 2、3 系中进汽贸服务有限公司购买厂牌型号为“揽胜极光”、车架号为“SALVA2BG6DH 788274”的越野车的机动车销售统一发票及相应的税收通用缴款书，该发票的开具日期为 2013 年 9 月 25 日；附件 4 系中进汽贸服务有限公司购买"揽胜极光"汽车所签订的销售合同，该合同落款处盖有出卖人北京惠通陆华汽车服务有限公司的销售合同专用章并有买受人中进汽贸服务有限公司授权代表"王学磊"的签字。综合上述证据 4 附件 1-4，可以认定中进汽贸服务有限公司至迟已于 2013 年 9 月 25 日购买了车架号为"SALVA2BG6DH788274"的揽胜极光汽车，并在北京市公安局公安交通管理局进行了注册登记，登记编号为"京 N×××××"。附件 6 所显示的系车牌号为"京 N×××××"的汽车的外观照片及机动车行驶证照片，上述照片拍摄于 2014 年 8 月 12 日，晚于本专利申请日，但是，附件 6 显示的汽车外观可以认定为中进汽贸服务有限公司至迟于 2013 年 9 月 25 日购买时的汽车外观并在国内外为公众所知。综合以上证据及事实，可以认定证据 4 中所显示的汽车外观作为对比设计，并无不当。这也是判断提交证据是否能够证明设计属于现有设计的重点所在。

在确定判断主体、比较对象之后，最核心的问题是，确定本专利与对比设计是否具有明显区别，以对本专利是否无效产生最终的判断依据。若要判断是否具有明显区别，首先就要明确对比方法。在外观设计的判断场合，需要对整体观察、综合判断有一定的认识。在判断本专利与对比设计是否具有明显区别时，两者的全部设计特征均应被考虑。《最高人民法院关于审理侵犯专利权纠纷案件应用法律若干问题的解释》第 11 条明确了授权外观设计区别于现有设计的设计特征相对于授权外观设计的其他设计特征，通常对外观设计的整体视觉效果更具有影响，但是并没有否定在具体判断时要考虑授权外观设计与现有设计的相同点。对本专利外观设计与对比设计的全部设计特征进行整体观察，这必然包含对两者相同点和不同点的考察。于本案而言，汽车各个面对整体视觉效果的影响权重有所不同。汽车的整体造型以及前、侧、后等各个面的设计特征均对整体视觉效果产生影响，至于不同面对整体视觉效果的影响权重，应当根据本专利产品所属汽车类型的特点，在划分设计特征以及将本专利与对比设计的相应特征进行对比的基础上，结合设计空间和现有设计状况，权衡车身各个面对整体视觉效果的影响权重。通过对本专利与对比设计之间的相同点、不同点对整体视觉效果影响权重的分析和对比，可以认定在涉案 SUV 的车身三维立体形状和主要装饰件布局存在较大设计空间的情况下，本专利与对比设计在上述两方面同时存在的相同点尤其是车身侧面和前面的相同及相似之处对整体视觉效果的影响权重最高，其他不容易为一般消费者注意到的较小区别对整体视觉效果的影响权重则明显较小。

二、法理探究

（一）本案的典型意义

外观设计专利是我国专利体系的重要构成部分，其在当代经济发展中不仅有美感创新的蕴含，还有商业秩序中特色发展的体现，对相关行业来讲相当重要。本案作为外观设计专利的典型案例，其典型意义不仅体现于社会对之予以的高度关注、社会影响力较大，还在于该案本身较大的疑难复杂程度，尤其还是汽车行业的外观设计专利的疑难问题，对汽车行业的外观设计发展也具有一定的影响。该案也涉及外国主体，通过审理维护了国内外主体的平等权益，是我国系列涉外知识产权案件审理中加强知识产权保护、营造良好的营商环境的体现。

此外，本案是外观设计专利无效问题司法认定的态度的体现。虽然在相关规定中有对外观设计专利的认定方法具体规定，如采取整体观察、综合判断的方法，另如对判断主体一般消费者的认知，等等，但是在实践中对如何运用相关的比对方法在具体案例中仍然有争议。在本案中，相关判决为明晰规则运用起到了示范作用，对汽车行业的外观设计创新将有长远的影响。

（二）外观设计是否近似的判断主体

在知识产权框架下，相关事实及部分法律问题的判断，需要引入抽象的主体——如公众、相关公众、一般消费者等——来对相关问题进行判定。本案的核心问题是外观设计是否相同或近似判断中一般消费者的知识水平和认知能力。

对于该问题,《最高人民法院关于审理侵犯专利权纠纷案件应用法律若干问题的解释》第 10 条对一般消费者予以了明确规定,其规定:"人民法院应当以外观设计专利产品的一般消费者的知识水平和认知能力,判断外观设计是否相同或者近似。"这也就意味着,不仅要以"一般消费者"为问题的判断主体,而且还有以一般消费者的"知识水平"和"认知能力"为依据。我国《专利审查指南(2010)》也对一般消费者的知识水平和认知能力规定了细化的内容,其第四部分第五章第 4 节规定:"在判断外观设计是否符合专利法第二十三条第一款、第二款规定时,应当基于涉案专利产品的一般消费者的知识水平和认知能力进行评价。不同种类的产品具有不同的消费者群体。"进一步而言,其还规定了作为某种类外观设计产品的一般消费者应当具备的特点:"(1)对涉案专利申请日之前相同种类或者相近种类产品的外观设计及其常用设计手法具有常识性的了解。例如,对于汽车,其一般消费者应当对市场上销售的汽车以及诸如大众媒体中常见的汽车广告中所披露的信息等有所了解。常用设计手法包括设计的转用、拼合、替换等类型。(2)对外观设计产品之间在形状、图案以及色彩上的区别具有一定的分辨力,但不会注意到产品的形状、图案以及色彩的微小变化。"这使得"一般消费者"在具体外观设计的判断中有了较为具象的体现。

本案中,外观设计专利涉及产品是 SUV 汽车,该汽车是一种功能用途相对独特的汽车类型。汽车产品的消费者包括购买者、使用者、销售者、组装维修人员等。❶ 从法律意义上来看,SUV 外观设计判断主体——一般消费者,应当了解相关市场中的外观设计情况。SUV 外观设计中的一般消费者,与专业设计师的专业知识虽然不同,但是其也应当对相关内容有一定的知识水平和认知能力。例如,其应当知晓现有 SUV 设计状况,应当知晓 SUV 的惯常设计手法,这些了解的途径包括申请日前的专利、市场上销

---

❶ 张静洁,包姝晴. 从汽车"撞脸"看外观设计专利保护 [J]. 专利代理,2015(3):89 - 92.

售的 SUV 等汽车、汽车广告中披露的信息、汽车类书籍中公开的在先设计等。另如，其应当知晓 SUV 设计有关的内容，如 SUV 产品结构组成、主要部件的功能和设计特点，车身三维立体形状，各组成部分的比例和位置关系，车身表面装饰件的形状、布局等，因为这些对整体设计视觉效果会产生不同程度的影响。以上外观设计专利"一般消费者"的知识水平和认知能力是应当得到认可的。

与此同时也需要注意，汽车是一种已经发展了一百多年的通用消费品，其设计都是在已有公知技术领域的基础上不断得以完善和改进，进而使得当今汽车外观比以往设计更加美妙绝伦，❶ 一般消费者对外观设计的知识水平和认知能力也在发生变化。因为一般消费者虽然没有设计师的专业知识，但是具有一定的知识水平和认知能力也是现实存在和法律制度的要求，一般消费者对常识性的内容绝非一无所知。

（三）外观设计专利侵权判断中的比对方法

对于外观设计专利是否侵权既要考虑整体观察，也要考虑综合判断。❷所谓的"整体观察"是指从外观设计的整体出发，对其全部设计特征进行整体观察，而不能仅从外观设计的局部出发；"综合判断"是指在考察各设计特征对外观设计整体视觉效果影响程度的基础上，对能够影响整体视觉效果的所有因素进行综合考量，而不能把外观设计的不同部分割裂开来予以判断。基于本专利产品及对比设计产品的一般消费者的知识水平和认知能力，对本专利外观设计与对比设计进行整体观察，综合判断两者的差别对于产品外观设计的整体视觉效果是否具有显著影响，是《专利审查指南》规定的判断外观设计是否具有明显区别的基本方法。

关于对比的对象，在菲亚特奥托有限公司与长城汽车股份有限公司侵犯专利权纠纷案中，法院认为，在外观设计专利侵权判断中，主要是将被

---

❶ 菲亚特奥托有限公司与长城汽车股份有限公司侵犯专利权纠纷案，河北省高级人民法院（2008）冀民三终字第 84 号民事判决书。

❷ 参见《最高人民法院关于审理侵犯专利权纠纷案件应用法律若干问题的解释》第 11 条。

控侵权物与专利的图形或者照片中展示的形状、图案、色彩进行比较，以确定两者是否相同或相近似，具体而言，依据菲亚特公司外观设计专利所展示的图片，与被告长城公司的长城精灵车型比较，其主视图、左视图、右视图、后视图均与菲亚特公司的外观设计专利具有明显的区别，该明显的区别不会导致一般消费者对上述两车型设计的误认。❶ 菲亚特公司上诉中指出，特别强调的是对于一个立体、三维的外观设计，其独特特征最主要是源自其整体的三维造型，而不是单独的某个部位。对此，二审法院认为，外观设计专利权的保护范围以表示在图片或者照片中的该外观设计专利产品为准，只能是用被控侵权的长城精灵汽车实物与涉案外观设计的图片相比较，菲亚特公司提交的《汽车外观与外观专利相近似程度调研报告》，其调研的方法是将被控侵权汽车的网上照片与专利图片加以比对，这种未在时间和空间上留有一定间隔的图与图的比对方法，会使判断者产生视觉保留的效果，从而直接影响判断结果。❷ 经审理最终认为，长城汽车的"长城精灵（GWPERI）"并不对菲亚特"New Panda（新熊猫）"的外观设计构成侵权。❸

　　本案二审中，法院对比对方法做了一定的阐述：判断具体设计特征对整体视觉效果的影响权重，应当基于一般消费者的知识水平和认知能力，从外观设计的整体出发，对其全部设计特征进行整体观察，在考察各设计特征对外观设计整体视觉效果影响程度的基础上，对能够影响整体视觉效果的所有因素进行综合考量。在判断具体特征对整体视觉效果的影响权重时，不能仅根据直观的视觉感知或者根据该特征在外观设计整体中所占比例的大小即贸然得出结论，而应当以一般消费者对设计空间的认知为基础，结合相应设计特征在外观设计整体中所处的位置、是否容易为一般消费者观察到，并结合该设计特征在现有设计中出现的频率以及该设计特征

---

❶ 菲亚特奥托有限公司与长城汽车股份有限公司侵犯专利权纠纷案，石家庄市中级人民法院（2007）石民五初字第00115号民事判决书。

❷ 菲亚特奥托有限公司与长城汽车股份有限公司侵犯专利权纠纷案，河北省高级人民法院（2008）冀民三终字第84号民事判决书。

❸ 菲亚特奥托有限公司与长城汽车股份有限公司侵犯专利权纠纷案，石家庄市中级人民法院（2007）石民五初字第00115号民事判决书、河北省高级人民法院（2008）冀民三终字第84号民事判决书。

是否受到功能、美感或技术方面的限制等因素，确定各个设计特征在整体视觉效果中的权重。对于江铃公司主张的一般消费者对汽车前脸的关注度远高于汽车侧面，汽车前脸在外观显著性识别方面具有优先地位而言，应当作出如下理解：汽车的整体造型以及前、侧、后等各个面的设计特征均对整体视觉效果产生影响，通过对本专利与对比设计之间的相同点、不同点对整体视觉效果影响权重的分析和对比，可以认定在涉案 SUV 的车身三维立体形状和主要装饰件布局存在较大设计空间的情况下，本专利与对比设计在上述两方面同时存在的相同点尤其是车身侧面和前面的相同及相似之处对整体视觉效果的影响权重最高，其他不容易为一般消费者注意到的较小区别对整体视觉效果的影响权重则明显较小。以上即为在本案中"整体观察、综合判断"原则的体现。

对比方法中，着重于相同点和不同点的问题。本案中，不同设计包括前车灯内部构造设计、进气格栅的栅条形状以及贯穿车灯和进气格栅的金属条的有无、雾灯及设置雾灯的贯通槽的形状，以及辅助进气口、倒 U 形板等其他差异。第一，车灯设计。车灯启动状态且被打开时才能被一般消费者感知，该设计特征对于车身前面的视觉效果不当然具有显著影响。第二，进气格栅的栅条形状对整体视觉效果影响较小。第三，贯穿车灯和进气格栅的金属条的有无，进气格栅上设置金属条的设计系现有设计，其特征对整体视觉效果不具有显著影响。第四，关于雾灯及设置雾灯的贯通槽的形状及其所处位置，不易引起一般消费者的注意，且在前脸下部设置贯通槽的设计手法，其对于整体视觉效果的影响权重应当有所降低。第五，关于辅助进气口、倒 U 形板等其他差异部件，从所处位置上不易引起一般消费者的关注，该设计对整体视觉效果不具有显著影响。综合以上考虑，两者在视觉效果上呈现出一定差异，但基于导致视觉效果差异的区别设计特征，或为现有设计所公开或现有设计给出了相同设计手法或一般消费者不易观察到，因此，其对整体视觉效果的影响权重降低。江铃公司还主张，对于改进型设计，重要的是看区别特征是否使得整体外观与对比设计形成明显区别，如果仍然对比相同点和不同点的权重，将使得任何基于对比设计进行的改进无法进行。本专利相对于对比设计的不同点主要是对前车灯、后车灯及与之相关的局部细节进行的改动，并不涉及对三维立体形状和对主要装饰部件布局及显著设计特征的改进，不能使本专利的整体视觉效果明显区别于对比设计。

《最高人民法院关于审理侵犯专利权纠纷案件应用法律若干问题的解释》第 11 条第 1 款规定，人民法院认定外观设计是否相同或者近似时，应当根据授权外观设计、被诉侵权设计的设计特征，以外观设计的整体视觉效果进行综合判断；对于主要由技术功能决定的设计特征以及对整体视觉效果不产生影响的产品的材料、内部结构等特征，应当不予考虑。对于江铃公司指出的"改进型设计重要的是看区别特征是否使得整体外观与对比设计形成明显区别，如果仍然对比相同点和不同点的权重，将使得任何基于对比设计进行的改进无法进行"，涉案专利相对于对比设计的不同点主要是对前车灯、后车灯及与之相关的局部细节进行的改动，并不涉及对三维立体形状和对主要装饰部件布局及显著设计特征的改进，不能使本专利的整体视觉效果明显区别于对比设计，因而该案中江铃公司上述申请再审理由不成立。

本案争议的"悬浮式车顶设计"是对比设计中车顶与车身一部分（侧窗下沿线以上的 ABCD 柱构成的部分）构成的立体形状，系将车顶线前高后低直线倾斜、同时侧窗下沿线由前向后略微上扬的设计，形成视觉上车顶倾斜下降的视觉效果，尽管该设计在一定程度上牺牲了汽车后排的空间，但使得汽车外形在整体上更具运动感，构成对比设计中极为醒目的设计特征。江铃公司主张"悬浮式车顶设计"系惯常设计，但是其提交的证据并不足以证明现有设计中存在与对比设计的线条和比例关系相同的侧窗下沿线以上部位的"悬浮式车顶设计"，因而被认定对比设计所示悬浮式车顶构成其独特设计特征。

因而，在外观设计专利中，不仅要对比对有清楚的认识，还应当以外观设计专利的保护范围为限对外观设计专利予以保护。根据我国《专利法》第 64 条第 2 款规定，"外观设计专利权的保护范围以表示在图片或者照片中的该产品的外观设计为准，简要说明可以用于解释图片或者照片所表示的该产品的外观设计。"❶ 即在司法程序中，当事人提起对方侵权等均以外观设计保护范围为准，对于超越外观设计范围的不应当以外观设计专

---

❶ 《专利法》（2008）第 59 条第 2 款，《专利法》（2020）第 64 条第 2 款。

利权予以保护。

三、延伸阅读

外观设计专利是否相同或近似的判断主体应当是一般消费者。在山东巨明机械有限公司与武汉市知识产权局专利行政裁决纠纷案中，最高人民法院认为，一般消费者对外观设计产品之间在形状、图案以及色彩上的差别具有一定的分辨力，但不会注意到产品的形状、图案以及色彩的微小变化。外观设计专利权的保护范围以表示在图片或者照片中的该产品的外观设计为准，简要说明可以用于解释图片或者照片所表示的该产品的外观设计。人民法院应当以外观设计专利产品的一般消费者的认识水平和认知能力，判断外观设计是否相同或者近似。人民法院认定外观设计是否相同或者近似时，应当根据授权外观设计、被诉侵权设计的设计特征，以外观设计的整体视觉效果进行综合判断。对于主要由技术功能决定的设计特征以及对整体视觉效果不产生影响的产品的材料、内部结构等特征，应当不予考虑。产品正常使用时容易被直接观察到的部位相对于其他部位，以及授权外观设计区别于现有设计的设计特征相对于授权外观设计的其他设计特征，通常对外观设计的整体视觉效果更具影响。被诉侵权设计与授权外观设计在整体视觉效果上无差异的，应当认定两者相同，在整体视觉效果上无实质性差异的，应当认定两者近似。此外，对于设计空间方面，特定产品的设计空间的大小与认定该外观设计产品的一般消费者对同类或者相近种类产品的外观设计的知识水平和认知能力具有密切关联。最高人民法院认为，设计空间大小是一个相对的概念，主要目的是更加准确地确定一般消费者的知识水平和认知能力。❶

---

❶ 最高人民法院（2020）最高法知行终 512 号行政判决书。

参考阅读资料

［1］崔国斌 . 专利法：原理与案例［M］. 北京：北京大学出版社，2016.

［2］冯晓青 . 外观设计专利无效认定研究——以最高人民法院再审的一起典型案件为考察对象［J］. 政法论丛，2017（6）.

［3］管荣齐，陈琨 . 功能性特征的除外情形和限缩性解释——深圳华泽兴业公司、广州同明公司侵害实用新型专利权案［J］. 中国发明与专利，2019，16（8）.

［4］管荣齐，李爱霞 . 外观设计创造性的判断——"陆风越野车"外观设计专利无效案［J］. 中国发明与专利，2019，16（12）.

［5］郭诗琪，贠强，陈亮，等 . 专利无效对比文件判定方法研究［J］. 图书情报工作，2021，65（2）.

［6］何伦健 . 专利无效诉讼程序性质的法理分析［J］. 知识产权，2006（4）.

［7］李晓鸣 . 我国专利无效宣告制度的不足及其完善［J］. 法律科学（西北政法大学学报），2021，39（1）.

［8］卢宝锋，王君 . 专利无效程序中对比文件检索策略研究——从专利引文角度探析［J］. 中国发明与专利，2021，18（5）.

［9］田丽莉，李新芝 . 日韩专利复审无效制度及其借鉴［J］. 中国发明与专利，2020，17（8）.

［10］易玲 . 专利无效判定及其衔接机制研究［M］. 北京：法律出版社，2019.

［11］张迎春 . 专利无效诉讼制度的异化及矫正［M］. 武汉：武汉大学出版社，2019.

第九章　专利侵权判定与赔偿

一、典型案例：瓦莱奥清洗系统公司诉厦门卢卡斯汽车配件有限公司等侵害发明专利权纠纷案❶

（一）案情介绍

法国瓦莱奥公司系"机动车辆的刮水器的连接器及相应的连接装置"的专利权人（专利号为 ZL200610160549.2）。该公司向上海知识产权法院起诉称，卢卡斯公司、富可公司和陈某某未经许可制造、销售、许诺销售的雨刮器产品落入其专利权保护范围，请求判令三被告停止侵权，赔偿损失及制止侵权的合理开支暂计 600 万元。后法国瓦莱奥公司申请法院就卢卡斯公司、富可公司、陈某某是否构成侵害涉案专利权先行做出部分判决，并判令其停止侵权。此外，法国瓦莱奥公司还提出了诉中行为保全（又称"临时禁令"）申请，请求法院责令卢卡斯公司、富可公司、陈某某立即停止侵权行为。

该专利权利要求为：

1. 刮水器的连接器，其用于保证一刮水器臂和一刮水器刷体的一部件

---

❶　上海知识产权法院（2016）沪 73 民初 859 号民事判决书、最高人民法院（2019）最高法知民终 2 号民事判决书。

之间的连接与铰接，所述连接器从后向前纵向嵌在所述刮水器臂的向后纵向弯曲成 U 形的前端部内，并且包括至少一可弹性变形的元件——所述元件把所述连接器锁定在所述刮水器臂的前端部中的嵌入位置上，以及包括两个纵向垂直的侧边，所述侧边设置成容纳在所述刮水器刷体的部件的两个侧翼之间；所述连接器的特征在于，所述连接器通过一安全搭扣锁定在所述刮水器臂中的嵌入位置，所述安全搭扣活动安装在一关闭位置和一开放位置之间，在所述关闭位置，所述安全搭扣面对所述锁定元件延伸，用于防止所述锁定元件的弹性变形，并锁定所述连接器，而所述开放位置可以使所述连接器从所述刮水器臂中解脱出来。2. 如权利要求 1 所述的刮水器的连接器，其特征在于，所述安全搭扣相对所述刮水器刷体的部件活动安装。3. 如权利要求 2 所述的刮水器的连接器，其特征在于，所述安全搭扣相对所述刮水器刷体的部件铰接安装。4. 如权利要求 3 所述的刮水器的连接器，其特征在于，所述安全搭扣绕所述刮水器刷体的部件的一垂直轴铰接安装。5. 如权利要求 4 所述的刮水器的连接器，其特征在于，所述安全搭扣的铰接轴位于所述部件的一侧翼的纵向前端。6. 如权利要求 2 至 5 中任一项所述的刮水器的连接器，其特征在于，通过互补形状的弹性的嵌合结构保证把所述安全搭扣保持在关闭位置。7. 如权利要求 1 至 5 中任一项所述的刮水器的连接器，其特征在于，所述锁定元件是一爪，所述爪从所述连接器的一侧边的纵向前端向前自由且纵向地延伸，并且，它的自由端具有一斜面式或鸟嘴式形状，所述斜面式或鸟嘴式形状向所述连接器内横向延伸，并且，在所述连接器处于嵌入位置时，正对着所述刮水器臂的纵向前端的前表面延伸。8. 如权利要求 7 所述的刮水器的连接器，其特征在于，所述安全搭扣形成一保护罩，所述保护罩在关闭位置面对着所述连接器的锁定爪的自由端的外侧表面延伸。9. 如权利要求 1 至 5 中任一项所述的刮水器，其特征在于，所述搭扣防止所述锁定爪向所述连接器外部横向地变形，因而确保所述连接器不会脱出到所述刮水器臂的前端部之外。10. 连接装置，其将一刮水器刷体连接至一刮水器臂，其特征在于，它包括一按照权利要求 1 至 9 中任一项所述的连接器与一插接在所述刮水器刷体上的部件。

一审法院经审理认为，卢卡斯公司、富可公司构成侵权，应承担相应的民事责任。

卢卡斯公司、富可公司不服一审判决，向最高人民法院提起上诉，请求撤销该判决，改判驳回法国瓦莱奥公司关于停止侵权的诉讼请求。

（二）法院裁判

一审上海知识产权法院于 2019 年 1 月 22 日作出先行判决，判令厦门卢卡斯汽车配件有限公司、厦门富可汽车配件有限公司于判决生效之日起立即停止对涉案发明专利权的侵害。

二审最高人民法院判决：驳回上诉，维持原判。

（三）焦点分析

判断专利是否侵权，核心本质问题就是看被诉侵权行为是否落入专利权人涉案专利的权利要求范围。对于本案而言，判断被诉侵权行为是否落入专利权利要求范围，主要争议在于被诉侵权产品是否具备涉案专利权利要求 1 中的三个技术特征以及权利要求 4、5 中的附加技术特征。第一，关于被诉侵权产品是否具备涉案专利权利要求 1 中"刮水器的连接器，其用于保证一刮水器臂和一刮水器刷体的一部件之间的连接与铰接"的技术特征。上述技术特征为涉案专利的使用环境特征。涉案专利权利要求并未限定刮水器臂必须为"标准的刮水器臂"。被诉侵权产品为机动车辆刮水器，其通过连接器与刮水器臂连接，刮水器臂可随同连接器绕刮水器刷体底座上的水平轴线转动，其连接方式应认定为铰接。被诉侵权产品能够用于权利要求 1 中使用环境特征所限定的使用环境，具备该使用环境特征。第二，关于被诉侵权产品是否具备涉案专利权利要求 1 中"并且包括至少一可弹性变形的元件——所述元件把所述连接器锁定在所述刮水器臂的前端部中的嵌入位置上"的技术特征。被诉侵权产品的一对弹性元件端部的内向弯折（S850、S851 型号）或凸起（S950 型号）可将刮水器臂前弯曲部卡入，从而限定在装配连接位置即嵌入位置，在较小外力作用情况下不易取出，应认定为弹性元件可将连接器锁定在刮水器臂的前端部中的嵌入位置上，具备涉案专利的上述技术特征。第三，关于被诉侵权产品是否具备涉案专利权利要求 1 中"所述连接器通过一安全搭扣锁定在所述刮水器臂中的嵌入位置……在所述关闭位置，所述安全搭扣面对所述锁定元件延伸，用于防止所述锁定元件的弹性变形，并锁定所述连接器"的技术特征。上述技术特征仅仅披露了安全搭扣与锁定元件即弹性元件之间的方向及位置关系，该方位关系并不足以防止锁定元件的弹性变形，本领域普通技术人员仅通过阅读权利要求不能直接、明确地确定实现"防止锁定元件的弹性变形，并锁定连接器"这一功能的技术方案，故上述技术特征属于功能性特征。仅涉案专利说明书第［0056］段中"连接器的锁定由搭扣的垂直侧壁的内表面保证，内表面沿爪外侧表面延伸，因此，搭扣阻止爪向连接器外横向变形，因此连接器不能从钩形端解脱出来"是实现这一功能所不可缺少的技术特征。该部分内容应当被用于限定该功能性技术特征。涉案专利的安全搭扣闭合时，其整体位于一对锁定元件的正前方，整体面对该锁定元件；连接器的锁定由安全搭扣的垂直侧壁内表面保证，安全搭扣的垂直侧壁内表面贴合、卡在锁定元件的外侧表面，并沿锁定元件的爪外侧表面延伸，限制锁定元件向连接器外横向变形，从而起到锁定连接器的功能作用。被诉侵权产品的安全搭扣在关闭位置时虽然并非整体处于一对锁定元件的正前方，但其前部包容并封闭了该锁定元件，安全搭扣的前部也处于锁定元件的正前方，安全搭扣的两侧壁也与锁定元件的两爪平行，可以认定为安全搭扣面对锁定元件延伸。被诉侵权产品安全搭扣的两侧壁内表面设有一对垂直于侧壁的凸起，在安全搭扣处于关闭位置时，该凸起的位置对应在锁定元件的爪的外侧表面，并限制其弹性张开，从而能够锁定连接器。被诉侵权产品与涉案专利都是通过安全搭扣的两垂直侧壁对应锁定元件的爪的外侧表面来阻止爪向连接器外横向变形，两者采用的技术手段基本相同，在防止锁定元件弹性变形、锁定连接器方面的功能效果也相同，且是本领域普通技术人员在被诉侵权行为发生时无须经过创造性劳动就能够联想到的技术方案，故被诉侵权产品具备与涉案专利上述技术特征等同的技术特征。第四，关于被诉侵权产品是否具备涉案专利权利要求 4、5 的附加技术特征。被诉侵权产品的相应技术特征与涉案专利权利要求 4、5 的附加技术特征既不相同也不等同，不具备涉案专利权利要求 4、5 的附加技术特征。综上，被诉侵权产品落入涉案专利权利要求 1 - 3、6 - 10 的保护范围，未落入涉案专利权利要求 4、5 的保护范围。综合以上分析，卢卡斯公司、富可公司实施了销售、许诺销售及共同制造被诉侵权产品的行为，应当承担停止侵害的民事责任。

对于被诉侵权产品是否落入涉案专利权利要求 1 的保护范围，最高人民法院也从侧面做了分析。

（1）关于被诉侵权产品是否具备"刮水器的连接器，其用于保证一刮水器臂和一刮水器刷体的一部件之间的连接与铰接"的技术特征。

第一，关于上述技术特征中"保证一刮水器臂和一刮水器刷体的一部件之间的连接与铰接"的解释。首先，从涉案专利权利要求的上述技术特征文字描述看，其限定了连接器用于保证刮水器臂与刮水器刷体部件之间的连接与铰接，但并未限定刮水器臂和刮水器刷体部件之间直接接触。其次，涉案专利说明书及其附图亦表明，连接器与刮水器刷体部件之间并不需要直接接触。涉案专利说明书第［0043］段和第［0044］段的文字记载以及附图 1 和附图 3 的图示均表明，刮水器臂与连接器连接，连接器与刮水器刷体部件之间铰接，从而通过连接器保证了刮水器臂与刮水器刷体部件之间的连接与铰接。这进一步印证了涉案专利权利要求 1 的上述技术特征并未要求刮水器臂和刮水器刷体部件之间直接接触。

第二，关于上述技术特征是否应解释为必须或者只能用于连接标准的刮水器臂。首先，关于使用环境特征的解释。涉案专利的保护主题是"刮水器的连接器"，但是上述技术特征并未直接限定连接器的结构，而是限定了该连接器与其他部件即刮水器臂、刷体部件等之间的连接关系，实际上限定了该连接器所使用的环境，属于使用环境特征。使用环境特征对于被保护对象的限定程度需要根据个案情况具体确定。一般情况下，使用环境特征应该理解为要求被保护对象可以用于该使用环境即可，不要求被保护对象只能用于该使用环境；但本领域普通技术人员在阅读专利权利要求书、说明书以及专利审查档案后可以明确而合理地得知被保护对象只能用于该使用环境的除外。其次，该使用环境特征不能解释为涉案专利所保护的连接器只能用于连接标准的刮水器臂。涉案专利权利要求并未记载涉案专利所保护的连接器只能用于连接标准的刮水器臂。尽管涉案专利说明书关于发明目的的记载提及"可以把任何类型的刮水器安装在一标准的臂和一标准的连接器上",但并未排除连接非标准的刮水器臂。同时,上述记载仅是涉案专利发明目的的一部分,涉案专利的发明目的还包括"提出一种把连接器固定在刮水器刷体的一个部件上的装置,所述装置可以把连接器锁定在安装位置"。从发明所解决的技术问题及提出的技术方案看,本领域普通技术人员完全可以理解,只要涉案专利所保护的连接器的宽度与刮水器臂相适应,涉案专利技术方案就能够把连接器锁定在安装位置上,并非只能连接标准的刮水器臂。

第三,关于被诉侵权产品是否具备上述使用环境特征。首先,卢卡斯公司和富可公司认可,被诉侵权产品的连接器与刮水器臂连接,连接器和刮水器刷体部件铰接。这本身意味着被诉侵权产品通过连接器实现了刮水器臂与刮水器刷体部件之间的连接与铰接。同时,被诉侵权产品连接器与刮水器臂及刮水器刷体部件之间的连接、铰接关系与涉案专利说明书及相应附图所公开的连接、铰接关系并无不同。其次,涉案专利的上述使用环境特征不能解释为所保护的连接器只能用于连接标准的刮水器臂。只要被诉侵权产品能够用于专利权利要求中使用环境特征所限定的使用环境,即具备该使用环境特征;至于被诉侵权产品是否还可以用于其他使用环境,原则上不影响侵权判定结果。因此,在被诉侵权产品能够实现刮水器臂与刮水器刷体部件之间的连接与铰接的情况下,无论被诉侵权产品是否还可以用于连接非标准的刮水器臂,对本案侵权判定结果并无实质影响。综上,被诉侵权产品具备"刮水器的连接器,其用于保证一刮水器臂和一刮水器刷体的一部件之间的连接与铰接"的技术特征。

(2)关于被诉侵权产品是否具备"并且包括至少一可弹性变形的元件,所述元件把所述连接器锁定在所述刮水器臂的前端部中的嵌入位置上"的技术特征。

第一,关于上述技术特征中的"锁定"一词的解释。首先,权利要求的解释应当结合本领域普通技术人员阅读说明书及附图后对权利要求的理解,不得脱离说明书的语境。涉案专利所要解决的技术问题是减少或者防止机动车刮水器的连接器在外力作用下意外脱出。在这一语境下,本领域技术人员可以理解,当连接器的弹性元件把连接器"锁定"在刮水器臂的前端部中的嵌入位置上时，该"锁定"并非意指完全锁住固定，而是起到一定的封锁、限定作用即可。其次，虽然"所述元件把所述连接器锁定在所述刮水器臂的前端部中的嵌入位置上"和"所述安全搭扣面对锁定元件延伸，用于防止所述锁定元件的弹性变形，并锁定所述连接器"两处均使用"锁定"一词，但并不意味着该两处"锁定"在效果上完全相同。从涉案发明的整体技术方案看，本领域普通技术人员可以理解，刮水器的连接器的锁定由两个方面共同保证：一是利用连接器的弹性元件实施的"锁定"，即连接器的弹性元件"把所述连接器锁定在所述刮水器臂的前端部中的嵌入位置上"；二是利用安全搭扣实施的进一步"锁定"，即"所述安全搭扣面对锁定元件延伸，用于防止所述锁定元件的弹性变形，并锁定所述连接器"。两者共同作用才能实现连接器的最终"锁定"，减少或者防止连接器的意外脱出。其中，安全搭扣实施的"锁定"是在弹性元件实施的"锁定"的基础上进行的，是对弹性元件实施的"锁定"的进一步增强，其最终的锁定效果当然优于仅由弹性元件进行锁定的效果。因此，上述两处"锁定"带来的效果显然是不同的，不可能等效。

第二，关于被诉侵权产品是否具备上述技术特征。首先，被诉侵权的S850、S851型号产品的弹性元件端部向连接器内横向弯折，S950型号产品的弹性元件端部两侧具有凸起，可卡入与弹性元件宽度相适配的刮水器臂前弯曲部，并封锁、限定在刮水器臂前端部的装配连接位置即嵌入位置上。其次，只要被诉侵权产品的弹性元件能够把连接器封锁、限定在与其宽度相适配的刮水器臂前端部的嵌入位置上，就具备涉案专利权利要求的上述技术特征。当被诉侵权产品的弹性元件连接与其宽度不相适配的刮水器臂时，无论是否能够实现"锁定"效果，不影响本案侵权判定结果。最后，被诉侵权产品实际上难以用于与其弹性元件端部宽度不相适配的刮水器臂。瓦莱奥公司的专家辅助人指出，保证安全是刮水器在设计时的重要考虑因素，当刮水器臂与连接器不相适配时会产生晃动，影响刮水效果并可能造成安全隐患。这一意见具有合理性。当被诉侵权产品用于与弹性元件端部宽度不相适配的刮水器臂，特别是当刮水器臂的宽度小于弹性元件端部宽度时，安装后的刮水器臂在使用时必然会出现晃动，影响刮水效果。这种情况显然是应当避免的。被诉侵权的S851型号产品外包装也明确记载"出现颤动，应立即更换雨刮"。因此，被诉侵权产品在实际应用时需要用于与其弹性元件端部宽度相适配的刮水器臂。

综上，被诉侵权产品具备"并且包括至少一可弹性变形的元件，所述元件把所述连接器锁定在所述刮水器臂的前端部中的嵌入位置上"的技术特征。

（3）关于被诉侵权产品是否具备"在所述关闭位置，所述安全搭扣面对所述锁定元件延伸，用于防止所述锁定元件的弹性变形，并锁定所述连接器"的技术特征。

第一，关于上述技术特征是否属于功能性特征。首先，关于功能性特征的界定。根据《最高人民法院关于审理侵犯专利权纠纷案件应用法律若干问题的解释（二）》第8条对功能性特征及其侵权对比方法的明确规定，功能性特征是指不直接限定发明技术方案的结构、组分、步骤、条件或其之间的关系等，而是通过其在发明创造中所起的功能或者效果对结构、组分、步骤、条件或其之间的关系等进行限定的技术特征。如果某个技术特征已经限定或者隐含了发明技术方案的特定结构、组分、步骤、条件或其之间的关系等，即使该技术特征还同时限定了其所实现的功能或者效果，原则上亦不属于上述司法解释所称的功能性特征，不应作为功能性特征进行侵权比对。其次，关于涉案专利权利要求1中"在所述关闭位置，所述安全搭扣面对所述锁定元件延伸，用于防止所述锁定元件的弹性变形，并锁定所述连接器"的技术特征实际上限定了安全搭扣与锁定元件之间的方位关系并隐含了特定结构——"安全搭扣面对所述锁定元件延伸"，该方位和结构所起到的作用是"防止所述锁定元件的弹性变形，并锁定所述连接器"。根据这一方位和结构关系，结合涉案专利说明书及其附图，特别是说明书第［0056］段关于"连接器的锁定由搭扣的垂直侧壁的内表面保证，内表面沿爪外侧表面延伸，因此，搭扣阻止爪向连接器外横向变形，因此连接器不能从钩形端解脱出来"的记载，本领域普通技术人员可以理解，"安全搭扣面对所述锁定元件延伸"，在延伸部分与锁定元件外表面的距离足够小的情况下，就可以起到防止锁定元件弹性变形并锁定连接器的效果。可见，"在所述关闭位置，所述安全搭扣面对所述锁定元件延伸，用于防止所述锁定元件的弹性变形，并锁定所述连接器"这一技术特征的特点是，既限定了特定的方位和结构，又限定了该方位和结构的功能，且只有将该方位和结构及其所起到的功能结合起来理解，才能清晰地确定该方位和结构的具体内容。这种"方位或者结构 + 功能性描述"的技术特征虽有对功能的描述，但是本质上仍是方位或者结构特征，不是前述司法解释所称的功能性特征。

第二，关于技术特征侵权比对。涉案专利权利要求 1 "在所述关闭位置，所述安全搭扣面对所述锁定元件延伸，用于防止所述锁定元件的弹性变形，并锁定所述连接器"这一技术特征既限定了安全搭扣与锁定元件的方位和结构关系，又描述了安全搭扣所起到的功能，该功能对于确定安全搭扣与锁定元件的方位和结构关系具有限定作用。该技术特征并非功能性特征，其方位、结构关系的限定和功能限定在侵权判定时均应予以考虑。本案中，被诉侵权产品的安全搭扣两侧壁内表面设有一对垂直于侧壁的凸起，当安全搭扣处于关闭位置时，其侧壁内的凸起朝向弹性元件的外表面，可以起到限制弹性元件变形张开、锁定弹性元件并防止刮水器臂从弹性元件中脱出的效果。被诉侵权产品在安全搭扣处于关闭位置时，安全搭扣两侧壁内表面垂直于侧壁的凸起朝向弹性元件的外表面，属于涉案专利权利要求 1 所称的"所述安全搭扣面对所述锁定元件延伸"的一种形式，且同样能够实现"防止所述锁定元件的弹性变形，并锁定所述连接器"的功能。因此，被诉侵权产品具备与"在所述关闭位置，所述安全搭扣面对所述锁定元件延伸，用于防止所述锁定元件的弹性变形，并锁定所述连接器"这一技术特征相同的技术特征。一审法院在认定上述特征属于功能性特征的基础上，以被诉侵权产品前部包容锁定元件加局部垂直延伸锁定的手段与涉案专利整体面对锁定元件加局部平行延伸锁定的手段构成等同为由，认定被诉侵权产品具有与上述特征等同的技术特征，比对方法及结论虽有偏差，但并未影响本案侵权判定结果。

第三，关于被诉侵权产品增加的技术特征。被诉侵权产品安全搭扣内前方还设置有一横向挡板（S950 型号）或一对中间连接的凸起（S850、S851 型号），在安全搭扣处于关闭位置时，横向挡板或凸起位于刮水器臂的前方。首先，上述特征系被诉侵权产品增加的技术特征。在被诉侵权产品具备涉案专利全部技术特征的情况下，被诉侵权产品已经利用了涉案专利的技术贡献，该增加的技术特征及其产生的附加技术效果对于专利侵权判定结果不具有实质影响。其次，卢卡斯公司和富可公司所称的被诉侵权产品因增加技术特征所带来的更优技术效果难以成立。如果被诉侵权产品连接器连接与其弹性元件宽度相适配的刮水器臂，此时刮水器臂的向前移动将被弹性元件端部的内向弯折或者凸起阻挡，安全搭扣内前方的横向挡板或凸起不能起到阻挡作用，该增加的技术特征实际上并未产生卢卡斯公司和富可公司所称的技术效果。同时，如果被诉侵权产品连接器连接比其弹性元件宽度更小的刮水器臂，刮水器臂向前移动时，弹性元件端部的内向弯折或者凸起不能发挥锁定作用，安全搭扣内前方的横向挡板或凸起可能会起到一定的阻挡作用。但是如前所述，此时，由于刮水器臂的宽度小于连接器弹性元件的宽度，在使用时必然会产生晃动并影响刮水效果，这种情况应当予以避免。

综上，被诉侵权产品具备"在所述关闭位置，所述安全搭扣面对所述锁定元件延伸，用于防止所述锁定元件的弹性变形，并锁定所述连接器"的技术特征。一审法院认定上述特征属于功能性特征，虽然适用法律有误、技术特征比对方法与结论有所偏差，但并未影响本案侵权判定结果。因此，被诉侵权产品落入涉案专利权利要求1的保护范围，卢卡斯公司和富可公司的行为侵害了涉案专利权。

二、法理探究

（一）本案的典型意义

2018年10月全国人民代表大会常务委员会《关于专利等知识产权案件诉讼程序若干问题的决定》发布，将涉及专利的民事、行政案件的二审审理权集中到了最高人民法院知识产权法庭，这是我国知识产权审判具有划时代意义的重要改革。2019年3月27日，最高人民法院知识产权法庭由庭长罗东川、副庭长王闯等五人组成的合议庭敲响法庭"第一槌"，公开开庭审理了上诉人厦门卢卡斯汽车配件有限公司、厦门富可汽车配件有限公司与被上诉人法国瓦莱奥清洗系统公司等侵害发明专利权纠纷一案，即本案。本案从立案、开庭到结案送达，案件审理过程用时仅 50 天，彰显出最高人民法院知识产权法庭处理上诉二审案件的高效性。该案是我国知识产权审判改革的里程碑，其具有划时代典型价值，具体而言：

第一，从社会影响层面看，本案是最高人民法院知识产权法庭成立后的第一案，该案首次确认了中级人民法院作为一审法院的案件可直接上诉至最高人民法院，对我国知识产权诉讼制度来讲也是重大创新和历史性突破的见证者。❶ 彰显出我国最高人民法院知识产权法庭对技术类知识产权案件二审管辖的优势，该案对社会具有示范作用。

第二，本案在专利侵权案件中功能性特征的认定上给出了明确的标准。"如果专利权利要求的某个技术特征已经限定或者隐含了特定结构、组分、步骤、条件或其相互之间的关系等，即使该技术特征同时还限定了其所实现的功能或者效果，亦不属于《最高人民法院关于审理侵犯专利权纠纷案件应用法律若干问题的解释（二）》第八条所称的功能性特征。"

第三，明确了判令停止侵害部分判决制度和临时禁令制度的关系及首次明确了两种制度并存时的适用条件和规则，具有现实的指导意义。❷ 首次探讨了判令停止侵害的部分判决制度和临时禁令制度的关系，首次明确了两种制度并存时的适用条件和规则，是我国知识产权诉讼制度的重大创新和历史性突破，无疑进一步提升了我国知识产权司法保护力度和司法公信力。

基于该判决的权威性、现实贡献和现实指导价值，该案被评为 2019 年中国法院十大知识产权案件、2019 年十大民事行政案例、最高法院指导案例 115 号案例等。

---

❶ 罗书臻. 最高法知识产权法庭第一案——我国知识产权诉讼制度的重大创新和历史性突破 ［N］. 人民法院报，2020 – 06 – 10.

❷ 罗书臻. 最高法知识产权法庭第一案——我国知识产权诉讼制度的重大创新和历史性突破 ［N］. 人民法院报，2020 – 06 – 10.

（二）专利权利要求的解释及环境特征的认定

权利要求解释的目的是"确定熟练技术人员所理解的申请人原本赋予权利要求的确切含义"，力求确定的是权利要求的客观含义。[1] 权利要求是专利权保护范围的最重要依据，权利要求解释是权利人请求权利保护、制止侵权行为的关键要点，其在专利案件中的重要性不言而喻。对专利权的保护范围而言，根据我国《专利法》第 59 条的规定[2]，发明专利权的保护范围以其权利要求的内容为准，说明书及附图可以用于解释权利要求的内容。这表明两层含义：第一，发明专利权的保护范围确定时首先应当以权利要求书为依据；第二，说明书和附图可以解释权利要求书的内容。进而，据此，专利权利要求及其特定用语的解释，应该根据专利权利要求的记载，结合说明书及附图，从本领域普通技术人员的角度理解，不能脱离说明书及附图而断章取义或者割裂曲解。尤其是在专利司法保护中更是以权利要求的解释为确定专利权保护范围的重点内容。[3]

对于环境特征而言，《最高人民法院关于审理侵犯专利权纠纷案件应用法律若干问题的解释（二）》第 9 条规定："被诉侵权技术方案不能适用于权利要求中使用环境特征所限定的使用环境的，人民法院应当认定被诉侵权技术方案未落入专利权的保护范围。"在司法实践中，虽然被诉侵权技术方案缺少使用环境，但是如果该被诉侵权技术方案"能够"适用于该技术环境，即可认为其落入了专利权范围而被认定侵权。[4] 使用环境特征对于保护对象而言，根据个案具体而定，并不要求被保护对象仅仅只用于该环境。但是在确定保护范围的时候，如果本领域普通技术人员认为被保护对象只能适用于该环境的，那么就以该环境特征为保护范围限制。在本案中，一审法院认为，关于被诉侵权产品是否具备涉案专利权利要求 1 中"刮水器的连接器，其用于保证一刮水器臂和一刮水器刷体的一部件之间

---

[1]　崔国斌. 专利法：原理与案例［M］. 北京：北京大学出版社，2016：589.

[2]　《专利法》2020 年修改后的第 64 条.

[3]　黄丽君. 二元体制下的权利要求保护范围［J］. 法学杂志，2019，40（1）：134 - 140.

[4]　楚红杰. 专利司法实践中的使用环境特征界定探讨［J］. 专利代理，2020（3）：64 - 68.

的连接与铰接"的技术特征为涉案专利的使用环境特征。被诉侵权产品为机动车辆刮水器，其通过连接器与刮水器臂连接，刮水器臂可随同连接器绕刮水器刷体底座上的水平轴线转动，其连接方式应认定为铰接。被诉侵权产品能够用于权利要求1中使用环境特征所限定的使用环境，具备该使用环境特征。在二审中，最高人民法院对涉案的技术特征的使用环境特征做了解释，其认为：涉案专利的保护主题是"刮水器的连接器"，但是上述技术特征并未直接限定连接器的结构，而是限定了该连接器与其他部件即刮水器臂、刷体部件等之间的连接关系，实际上限定了该连接器所使用的环境，属于使用环境特征。该使用环境特征不能解释为涉案专利所保护的连接器只能用于连接标准的刮水器臂。涉案专利权利要求并未记载涉案专利所保护的连接器只能用于连接标准的刮水器臂。尽管涉案专利说明书关于发明目的的记载提及"可以把任何类型的刮水器安装在一标准的臂和一标准的连接器上"，但并未排除连接非标准的刮水器臂。同时，上述记载仅是涉案专利发明目的的一部分，涉案专利的发明目的还包括"提出一种把连接器固定在刮水器刷体的一个部件上的装置，所述装置可以把连接器锁定在安装位置"。从发明所解决的技术问题及提出的技术方案看，本领域普通技术人员完全可以理解，只要涉案专利所保护的连接器的宽度与刮水器臂相适应，涉案专利技术方案就能够把连接器锁定在安装位置上，并非只能连接标准的刮水器臂。

关于被诉侵权产品是否具备上述使用环境特征而言，最高人民法院认为，卢卡斯公司和富可公司认可，被诉侵权产品的连接器与刮水器臂连接，连接器和刮水器刷体部件铰接，被诉侵权产品通过连接器实现了刮水器臂与刮水器刷体部件之间的连接与铰接。同时，被诉侵权产品连接器与刮水器臂及刮水器刷体部件之间的连接、铰接关系与涉案专利说明书及相应附图所公开的连接、铰接关系并无不同。涉案专利的上述使用环境特征不能解释为所保护的连接器只能用于连接标准的刮水器臂。只要被诉侵权产品能够用于专利权利要求中使用环境特征所限定的使用环境，即具备该使用环境特征；至于被诉侵权产品是否还可以用于其他使用环境，原则上不影响侵权判定结果。因此，在被诉侵权产品能够实现刮水器臂与刮水器刷体部件之间的连接与铰接的情况下，无论被诉侵权产品是否还可以用于连接非标准的刮水器臂，对本案侵权判定结果并无实质影响。

（三）专利功能性技术特征及其侵权认定

功能性特征是指对于结构、组分、步骤、条件或其之间的关系等，通过其在发明创造中所起的功能或者效果进行限定的技术特征，[1] 即以功能或效果进行限定的技术特征。[2] 换言之，如果在一项权利要求中不是采用结构特征或者方法步骤特征来限定发明，而是采用零部件或者步骤在发明中所起的作用、功能或者所产生的效果来限定发明，则称为功能性技术特征。[3] 关于功能性技术特征《最高人民法院关于审理侵犯专利权纠纷案件应用法律若干问题的解释（二）》第 8 条对功能性特征及其侵权对比方法作了明确规定。[4] 功能性特征应当将非必要的技术特征排除在外，例如本领域的公知常识或惯用的技术名词等，不作为功能性技术特征。根据该规定，本领域普通技术人员仅通过阅读权利要求即可直接、明确地确定实现涉案的功能或者效果的具体实施方式的，不再认定为功能性技术特征。对于功能性技术特征的侵权判断而言，核心要点是等同原则的适用。所谓的等同原则即"与说明书及附图记载的实现前款所称功能或者效果不可缺少

---

[1] 《最高人民法院关于审理侵犯专利权纠纷案件应用法律若干问题的解释（二）》第 8 条第 1 款。

[2] 王紫炎. 论功能性特征的认定标准及侵权判定 [J]. 专利代理，2020（1）：47－52.

[3] 功能性技术特征的正确解读——福建高院判决郭祥山诉金辉公司侵害发明专利权纠纷案 [EB/OL].（2015－04－23）[2021－06－19]. https：//www.chinacourt.org/article/detail/2015/04/id/1602085.shtml.

[4] 《最高人民法院关于审理侵犯专利权纠纷案件应用法律若干问题的解释（二）》第 8 条规定：

功能性特征，是指对于结构、组分、步骤、条件或其之间的关系等，通过其在发明创造中所起的功能或者效果进行限定的技术特征，但本领域普通技术人员仅通过阅读权利要求即可直接、明确地确定实现上述功能或者效果的具体实施方式的除外。

与说明书及附图记载的实现前款所称功能或者效果不可缺少的技术特征相比，被诉侵权技术方案的相应技术特征是以基本相同的手段，实现相同的功能，达到相同的效果，且本领域普通技术人员在被诉侵权行为发生时无需经过创造性劳动就能够联想到的，人民法院应当认定该相应技术特征与功能性特征相同或者等同。

的技术特征相比，被诉侵权技术方案的相应技术特征是以基本相同的手段，实现相同的功能，达到相同的效果，且本领域普通技术人员在被诉侵权行为发生时无需经过创造性劳动就能够联想到的"。

功能性技术特征侵权的判断可以分为三步：第一步，判断功能性技术特征，即其"功能性"的界定，主要指代技术实现的功能或效果。第二步，功能性技术特征是否被排除，即主要看其是否为真的专利法层面受保护的"技术特征"。例如一些公知的功能性技术特征，那么就不再受专利法的保护，也就属于受保护的排除。第三步，将涉嫌侵权的技术特征与之进行比较，通过比较相同或等同的，构成功能性技术特征的侵权。在本案中，功能性技术特征的识别与侵权判断是核心内容。

专利功能性技术特征的识别对平衡私权与公共利益而言非常重要，所属领域普通技术人员依据专利权利要求的记载即可直接、明确地确定其具体实施方式的被排除在功能性技术特征之外，功能性技术特征以专利说明书、附图中实现该功能或效果所不可缺少的技术特征为准。❶ 在本案中，对于功能性技术特征的识别主要集中于"在所述关闭位置，所述安全搭扣面对所述锁定元件延伸，用于防止所述锁定元件的弹性变形，并锁定所述连接器"的技术特征是否属于功能性特征这一识别问题上。这一技术特征实际上限定了安全搭扣与锁定元件之间的方位关系并隐含了特定结构——"安全搭扣面对所述锁定元件延伸"，该方位和结构所起到的作用是"防止所述锁定元件的弹性变形，并锁定所述连接器"。根据这一方位和结构关系，结合涉案专利说明书及其附图，特别是说明书第［0056］段关于"连接器的锁定由搭扣的垂直侧壁的内表面保证，内表面沿爪外侧表面延伸，因此，搭扣阻止爪向连接器外横向变形，因此连接器不能从钩形端解脱出来"的记载，本领域普通技术人员可以理解，"安全搭扣面对所述锁定元件延伸"，在延伸部分与锁定元件外表面的距离足够小的情况下，就可以起到防止锁定元件弹性变形并锁定连接器的效果。这一技术特征的特点是，既限定了特定的方位和结构，又限定了该方位和结构的功能，且只有

---

❶ 管荣齐，陈琨. 功能性特征的除外情形和限缩性解释——深圳华泽兴业公司、广州同明公司侵害实用新型专利权案［J］. 中国发明与专利，2019，16（8）：111－115.

将该方位和结构及其所起到的功能结合起来理解，才能清晰地确定该方位和结构的具体内容。这种"方位或者结构＋功能性描述"的技术特征虽有对功能的描述，但是本质上仍是方位或者结构特征，不是《最高人民法院关于审理侵犯专利权纠纷案件应用法律若干问题的解释（二）》第8条意义上的功能性特征。这也就表明，功能性特征是指不直接限定发明技术方案的结构、组分、步骤、条件或其之间的关系等，而是通过其在发明创造中所起的功能或者效果对结构、组分、步骤、条件或其之间的关系等进行限定的技术特征。如果某个技术特征已经限定或者隐含发明技术方案的特定结构、组分、步骤、条件或其之间的关系等，即使该技术特征还同时限定了其所实现的功能或者效果，原则上亦不属于《最高人民法院关于审理侵犯专利权纠纷案件应用法律若干问题的解释（二）》第8条所称的功能性特征，不应作为功能性特征进行侵权比对。在本案中，一审法院认为，该特征仅仅披露了安全搭扣与锁定元件之间的方向及位置关系，该方位关系并不足以防止锁定元件的弹性变形，本领域技术人员仅通过阅读权利要求不能直接、明确地确定上述技术特征的方案，因此一审判决将该技术特征认定为功能性特征。二审法院与一审观点不同，认为上述技术特征既限定了特定的方位和结构，又限定了该方位和结构的功能，且只有将方位和结构及其功能结合起来理解，才能清晰地确定该方位和结构的具体内容。二审判决将这种既有方位和结构又有功能的特征限定为"方位或者结构＋功能性描述"的技术特征，并认为这种特征虽然描述了功能，但是本质上仍然是方位或结构特征，这种特征不属于功能性特征。

关于被诉侵权产品是否具备专利说明书中的技术特征的问题，也是判断是否侵权的最重要一步。本案中争议技术特征是"在所述关闭位置，所述安全搭扣面对所述锁定元件延伸，用于防止所述锁定元件的弹性变形，并锁定所述连接器"。涉案专利权利要求1的前述技术特征既限定了安全搭扣与锁定元件的方位和结构关系，又描述了安全搭扣所起到的功能，该功能对于确定安全搭扣与锁定元件的方位和结构关系具有限定作用。前述技术特征并非功能性特征，其方位、结构关系的限定和功能限定在侵权判定时均应予以考虑。具体而言，被诉侵权产品的安全搭扣两侧壁内表面设有一对垂直于侧壁的凸起，当安全搭扣处于关闭位置时，其侧壁内的凸起朝向弹性元件的外表面，可以起到限制弹性元件变形张开、锁定弹性元件并防止刮水器臂从弹性元件中脱出的效果。被诉侵权产品在安全搭扣处于关闭位置时，安全搭扣两侧壁内表面垂直于侧壁的凸起朝向弹性元件的外表面，属于涉案专利权利要求 1 所称的"所述安全搭扣面对所述锁定元件延伸"的一种形式，且同样能够实现"防止所述锁定元件的弹性变形，并锁定所述连接器"的功能。因此，被诉侵权产品具备前述技术特征，落入涉案专利权利要求 1 的保护范围。本案中一审法院和二审法院均认为被诉侵权产品落入了上述特征等同的范围。

（四） 知识产权案件的审理更加注重程序性问题成为趋势

知识产权审判对于程序的问题也越来越重视。程序合法规范成为必不可少的当代司法公正的要求之一。于本案而言，一审中原告向法院提出了行为保全的申请。在一审结束，一审判决被上诉的过程中，一审判决属于尚未生效的状态，核心内容即原审法院虽已作出关于责令停止侵害涉案专利权的部分判决但并未生效，专利权人在二审中继续坚持其在一审程序中的行为保全申请。

参照《最高人民法院关于适用〈中华人民共和国民事诉讼法〉的解释》第 161 条规定❶，对当事人不服原审判决提起上诉的案件，当事人在第一审程序中提出行为保全申请的，在第二审人民法院接到报送的案件之前，由第一审人民法院管辖；在第二审人民法院接到报送的案件之后，应由第二审人民法院管辖；如果情况紧急或者可能给申请人造成其他损害，且第二审法院无法在行为保全申请处理期限内作出终审判决的，应当依法及时对行为保全申请作出处理。本案中，当事人的行为保全已经随着上诉"过渡"到二审法院，因此由二审法院予以管辖。依据上述逻辑，瓦莱奥公司坚持其责令卢卡斯公司、富可公司停止侵害涉案专利权的诉中行为保

---

❶ 《最高人民法院关于适用〈中华人民共和国民事诉讼法〉的解释》第 161 条规定："对当事人不服一审判决提起上诉的案件，在第二审人民法院接到报送的案件之前，当事人有转移、隐匿、出卖或者毁损财产等行为，必须采取保全措施的，由第一审人民法院依当事人申请或者依职权采取。第一审人民法院的保全裁定，应当及时报送第二审人民法院。"

全申请，但是其所提交的证据并不足以证明发生了给其造成损害的紧急情况，且最高人民法院已经当庭作出判决，本案判决已经发生法律效力，另行作出责令停止侵害涉案专利权的行为保全裁定已无必要。故此，在最高人民法院对于瓦莱奥公司的诉中行为保全申请，不予支持。

（五）本案启示

随着我国对知识产权高质量发展的时代需求，专利质量也将得到重点关注，在对权利要求的解释上也发生了潜移默化的变化。在本案中对功能性技术特征的判定上，一审法院与二审法院有着较大的观点分歧，从审理结果上也可看出，提高专利技术类案件的审判等级，可能会对统一知识产权裁判标准带来一定的效果。

与此同时，对于权利人的维权而言，本案也有重要的启示。随着我国知识产权高质量发展的推进，有利于专利权人核心专利发明点的保护也将越来越受到重视，相反对于市场上侵犯他人专利权的行为也决不姑息的态度侧面彰显出知识产权高质量发展的决心。

三、延伸阅读案例

在北京握奇数据系统有限公司与恒宝股份有限公司侵犯发明专利权纠纷案中，原告握奇公司成立于 1994 年 11 月 18 日，经营范围包括开发、生产计算机软件、硬件；开发智能仪器、仪表、网络安全设备、应用系统，计算机系统集成等。应用于金融领域的智能密码钥匙产品，即 USBKey，是该公司的主要产品之一。被告恒宝公司成立于 1996 年 9 月 24 日，经营范围包括制图纸、IC 卡读写机具、电子信息设备及产品、办公自动化设备及产品的开发、制造，承接各类信息系统集成工程及技术服务等。USBKey产品是该公司的主要产品之一。握奇公司是"一种物理认证方法及一种电子装置"发明专利的专利权人，该专利的申请日为 2005 年 9 月 23 日，优先权日为 2005 年 8 月 11 日，授权公告日为 2009 年 9 月 16 日，专利号为

ZL200510105502.1。2015年4月24日，国家知识产权局专利复审委员会就被告恒宝公司提出的宣告涉案专利权无效请求，作出第25806号《无效宣告请求审查决定》，维持涉案专利权全部有效。案发时，该项专利权处于有效状态。涉案专利权利要求书共包含24项权利要求，其中，权利要求1和权利要求16均为独立权利要求。诉讼中，原告握奇公司明确据以起诉被告恒宝公司侵犯其专利权的权利要求1和权利要求16。法院经审理认为，被告恒宝公司制造、销售的涉案USBKey产品以及被告使用该侵权产品进行网上银行转账交易时使用的物理认证方法均落入了原告专利权的保护范围，被告的上述行为构成对原告专利权的侵犯。❶

参考阅读资料

[1] 崔国斌. 专利法：原理与案例 [M]. 北京：北京大学出版社，2016.

[2] 党晓林. 我国专利侵权损害赔偿数额计算方式之探讨 [J]. 知识产权，2017（10）.

[3] 何培育，蒋启蒙. 论专利侵权损害赔偿数额认定的证明责任分配 [J]. 知识产权，2018（7）.

[4] 何晓平. 论专利侵权判定中的逆等同原则 [J]. 知识产权，2011（1）.

[5] 胡海容，石冰琪. 德国知识产权侵权救济对惩罚性赔偿的扬弃分析 [J]. 重庆理工大学学报（社会科学版），2021，35（4）.

[6] 黄丽君. 等同原则的限制性规则——权利要求妨害原则 [J]. 北京理工大学学报（社会科学版），2021，23（1）.

[7] 李捷. 域外专利侵权惩罚性赔偿法律制度研究与借鉴 [M]. 北京：中国政法大学出版社，2018.

[8] 刘友华，陈骞. 我国专利侵权判定原则及其适用研究 [J]. 湖南科技

---

❶ 具体判断落入专利权利权的保护范围，参见北京知识产权法院（2015）京知民初字第441号民事判决书。

大学学报（社会科学版），2014，17（1）.

［9］王翀. 论实施等同原则的体系性制度需求［J］. 政治与法律，2015（5）.

［10］吴汉东. 知识产权惩罚性赔偿的私法基础与司法适用［J］. 法学评论，2021，39（3）.

［11］徐小奔. 论专利侵权合理许可费赔偿条款的适用［J］. 法商研究，2016，33（5）.

［12］徐小奔. 专利侵权获利赔偿中因果关系的认定［J］. 法律科学（西北政法大学学报），2018，36（4）.

［13］徐兴祥. 专利侵权判定研究［M］. 北京：法律出版社，2020.

［14］尹志锋，梁正. 我国专利侵权诉讼赔偿额的影响因素分析［J］. 中国软科学，2015（12）.

［15］张继宏. 美国等同原则的"消亡"对我国专利侵权诉讼的启示［J］. 知识产权，2013（2）.

［16］张玲，纪璐. 美国专利侵权惩罚性赔偿制度及其启示［J］. 法学杂志，2013，34（2）.

［17］张鹏. 日本专利侵权损害赔偿数额计算的理念与制度［J］. 知识产权，2017（6）.

［18］张鹏. 专利侵权损害赔偿制度研究［M］. 北京：知识产权出版社，2017.

［19］郑志柱. 专利等同原则与技术进步［M］. 广州：暨南大学出版社，2019.

［20］朱理. 专利侵权损害赔偿计算分摊原则的经济分析［J］. 现代法学，2017，39（5）.

第十章　商业秘密侵权

一、典型案例：嘉兴市中华化工有限责任公司、上海欣晨新技术有限公司侵害技术秘密纠纷案●

（一）案情介绍

嘉兴中华化工公司与上海欣晨公司共同研发了乙醛酸法生产香兰素工艺，并将之作为技术秘密保护。该工艺实施安全、易于操作、效果良好，相比传统工艺优越性显著，嘉兴中华化工公司基于这一工艺一跃成为全球最大的香兰素制造商，占据了香兰素全球市场约60%的份额。

嘉兴中华化工公司、上海欣晨公司认为王龙集团公司、王龙科技公司、喜孚狮王龙公司、傅某某、王某某未经许可使用其香兰素生产工艺，侵害其技术秘密，故诉至浙江省高级人民法院，请求判令停止侵权，赔偿经济损失及合理开支5.02亿元。

浙江省高级人民法院认定侵权成立，判令：（1）王龙集团公司、王龙科技公司、喜孚狮王龙公司、傅某某立即停止侵害涉案技术秘密的行为，即停止以不正当手段获取、披露、使用、允许他人使用涉案设备图和工艺

● 浙江省高级人民法院（2018）浙民初25号民事判决书、最高人民法院（2020）最高法知民终1667号民事判决书。

管道及仪表流程图记载的技术秘密；该停止侵害的时间持续到涉案技术秘密已为公众所知悉时止。（2）王龙集团公司、王龙科技公司、傅某某自本判决生效之日起10日内连带赔偿嘉兴中华化工公司、上海欣晨公司经济损失300万元、合理维权费用50万元，共计350万元；喜孚狮王龙公司对其中7%即24.5万元承担连带赔偿责任。（3）驳回嘉兴中华化工公司、上海欣晨公司的其他诉讼请求。

浙江省高级人民法院在作出一审判决的同时，作出行为保全裁定，责令王龙科技公司、喜孚狮王龙公司立即停止使用涉案技术秘密，但王龙科技公司、喜孚狮王龙公司并未停止使用行为。

除王某某外，本案各方当事人均不服一审判决，向最高人民法院提出上诉。

嘉兴中华化工公司与上海欣晨公司上诉请求：（1）依法改判原审判决第一项，判令王龙集团公司、王龙科技公司、喜孚狮王龙公司、傅某某、王某某停止以不正当手段获取、披露、使用、允许他人使用原审判决附件2所示设备图和工艺流程图记载的技术秘密；（2）依法改判原审判决第二项，判令王龙集团公司、王龙科技公司、喜孚狮王龙公司、傅某某、王某某赔偿经济损失175 287 031.92元，合理支出2 483 196元，合计177 770 227.92元；（3）判令王龙集团公司、王龙科技公司、喜孚狮王龙公司、傅某某、王某某负担全部诉讼费用。

王龙集团公司、王龙科技公司、喜孚狮王龙公司、傅某某上诉请求：撤销原审判决第一项、第二项，改判驳回嘉兴中华化工公司与上海欣晨公司全部诉讼请求，并负担全部诉讼费用。

（二）法院裁判

最高人民法院知识产权法庭根据权利人提供的经济损失相关数据，综合考虑涉案技术秘密商业价值巨大、侵权规模大、侵权时间长、拒不执行生效行为保全裁定性质恶劣等因素，改判王龙集团公司、喜孚狮王龙公司、傅某某、王龙科技公司及其法定代表人王某某连带赔偿权利人经济损失1.59亿元。同时，法庭决定将本案涉嫌犯罪线索向公安机关移送。

（三） 焦点分析

从知识产权角度来看，本案的焦点问题体现于以下几个方面。

1. 涉案技术信息是否构成技术秘密

《反不正当竞争法》（2017）第 9 条第 3 款规定："本法所称的商业秘密，是指不为公众所知悉、具有商业价值并经权利人采取相应保密措施的技术信息和经营信息。"

本案中，嘉兴中华化工公司与上海欣晨公司涉案技术信息的载体为 287 张设备图和 25 张工艺管道及仪表流程图，经审查，涉案的 287 张设备图和 25 张工艺管道及仪表流程图均构成技术秘密。具体理由如下。

第一，嘉兴中华化工公司和上海欣晨公司的设备图（包括部件图）承载了具有特定结构、能够完成特定生产步骤的非标设备或者设备组合的参数信息，构成相对独立的技术单元，属于技术信息。工艺管道及仪表流程图记载了相关工序所需的设备及其位置和连接关系、物料和介质连接关系、控制点参数等信息，亦为相对独立的技术单元，同样属于技术信息。

第二，嘉兴中华化工公司和上海欣晨公司的设备图和工艺管道及仪表流程图属于不为公众所知悉的技术信息。首先，涉案技术信息是企业自行设计的非标设备及工艺流程参数信息，主要为计算机应用软件绘制、表达的工程图形信息，现有证据不能证明其已经在先公开。其次，对于不同香兰素生产企业而言，其使用的生产设备及连接方式、工艺流程的步骤和控制方法往往基于企业的规模、技术实力、实践经验等具有各自的特点。嘉兴中华化工公司的设备图、工艺管道及仪表流程图的尺寸、结构、材料信息是根据自身生产工艺对参数优选数值的有机组合，需要经过大量技术研发、检验筛选才能够获得。市场上并不存在标准化的成套香兰素工业化生产设备技术图纸以及工艺流程图，涉案技术信息无法从公开渠道获取，也无法通过观察香兰素产品直接获得。最后，根据〔2017〕沪科咨知鉴字第 48 - 1 号《知识产权司法鉴定意见书》的鉴定结论，涉案香兰素生产设备技术图纸在 2015 年 5 月 30 日和 2017 年 8 月 21 日之前分别构成不为公众所知的技术信息。当然，时至今日也没有证据证明上述涉案香兰素生产设备技术图纸已经被公开并为相关公众所普遍知悉。

第三，嘉兴中华化工公司和上海欣晨公司的涉案技术信息具有极高的商业价值。嘉兴中华化工公司系香兰素行业的龙头企业，其投入大量时间和成本研发的生产设备和工艺流程已经实际投入生产，提高了其香兰素产品的生产效率，并为企业形成市场优势、创造可观利润，从而为企业带来经济利益和竞争优势，故涉案技术信息明显具有极高的商业价值。

第四，嘉兴中华化工公司对涉案技术信息采取了相应的保密措施。嘉兴中华化工公司制定了文件控制程序、记录控制程序等管理性文件，对公司重要文件、设备进行管理；由专人对文件的发放、回收进行管理和控制，并规定通过培训等方式向员工公开，表明其具有保密意愿且采取了保密措施。具体到涉案技术信息，嘉兴中华化工公司与上海欣晨公司之间签订的技术开发合同约定有保密条款，嘉兴中华化工公司也制定了《档案与信息化管理安全保密制度》等管理规定，并对职工多次进行保密宣传、教育和培训。傅某某在原审庭审中陈述涉案图纸由专门部门保管，其无法轻易获取。由于上述保密措施，涉案技术信息至今仍未被公开。可见，嘉兴中华化工公司的保密措施与涉案技术信息价值基本相适应，客观上起到了保密效果。

第五，上海欣晨公司对涉案技术信息采取了相应的保密措施。上海欣晨公司管理条例中有关于保密纪律的规定，其与员工的劳动合同中也订有保密条款。上海欣晨公司自2008年起仅为嘉兴中华化工公司一家提供技术服务，自身并不从事实际生产，没有证据表明其在经营中或者与第三方交易中披露过涉案技术秘密，其采取的措施合理且有效。

综上，涉案技术信息系不为公众所知悉、具有商业价值并经权利人采取相应保密措施的技术信息，符合技术秘密的法定构成要件，依法应受法律保护。

2. 王龙集团公司等被诉侵权人是否实施了侵害涉案技术秘密的行为

（1）被诉侵权技术信息与涉案技术秘密相同。

嘉兴中华化工公司与上海欣晨公司主张的技术秘密包括六个秘密点，

涉及 58 个非标设备的设备图 287 张和工艺管道及仪表流程图 25 张。被诉侵权技术信息载体为王龙集团公司等被诉侵权人获取的 200 张设备图和 14 张工艺流程图，经比对其中有 184 张设备图与涉案技术秘密中设备图的结构型式、大小尺寸、设计参数、制造要求均相同，设备名称和编号、图纸编号、制图单位等也相同，共涉及 40 个非标设备；有 14 张工艺流程图与嘉兴中华化工公司的工艺管道及仪表流程图的设备位置和连接关系、物料和介质连接关系、控制内容和参数等均相同，其中部分图纸标注的图纸名称、项目名称、设计单位也相同。同时，王龙科技公司提供给杭特公司的脱甲苯冷凝器设备图、王龙科技公司环境影响报告书附 15 氧化单元氧化工艺流程图虽然未包含在冯某某提交的图纸之内，但均属于涉案技术秘密的范围。鉴于王龙科技公司已在设备加工和环评申报中加以使用，可以确定王龙科技公司获取了该两份图纸。因此，王龙集团公司等被诉侵权人非法获取的技术秘密包括 185 张设备图和 15 张工艺流程图。

（2）涉案技术秘密的侵权使用情况。

经比对，各方当事人确认王龙科技公司提供给杭特公司的设备图中有 37 张与涉案技术秘密的设备图相同，且包含在王龙集团公司等被诉侵权人非法获取的图纸范围内，共涉及 8 个非标设备。关于 2015 年环境影响报告书中的工艺流程图，其中附 15 氧化单元氧化工艺、附 16 氧化单元亚铜回收工序、附 17 脱羧单元工艺流程图分别与嘉兴中华化工公司的氧化工段、亚铜氧化工段、脱羧工段工艺管道及仪表流程图相同；附 20 香兰素结晶和乙醇回收单元工艺流程图与嘉兴中华化工公司的二结及甲醇回收工段流程图相比，仅缺少计量槽和过滤机，两者构成实质性相似；附 18 香兰素萃取流程图与嘉兴中华化工公司的香兰素萃取工段流程图相比，将原有 3 个萃取塔增加为 4 个，由于该两个工段均为多个设备组成的复杂工艺流程，在其他技术信息相同的情况下，减少个别辅助设备或仅增加一个萃取塔对整个工序的工艺流程不足以产生实质性影响，该两个工段工艺流程图与嘉兴中华化工公司的工艺管道及仪表流程图构成实质性相似；附 13 碱化与缩合酸化单元流程图与嘉兴中华化工公司的缩合工段工艺管道及仪表流程图相比，缺少多个缩合塔串联的技术信息；附 14 木酚萃取单元流程图与嘉兴中华化工公司的木酚萃取工段工艺管道及仪表流程图相比，缺少甲苯回收工艺流程信息；附 19 分馏单元流程图与嘉兴中华化工公司的头蒸工段工艺管道及仪表流程图相比，将原有 3 组蒸馏装置增加为 5 组；附 21 辅助工段流程图与嘉兴中华化工公司的硫酸配置工段工艺管道及仪表流程图具有一定差异。

涉案技术秘密的载体为 287 张设备图和 25 张工艺管道及仪表流程图，王龙集团公司等被诉侵权人非法获取了其中的 185 张设备图和 15 张工艺流程图。考虑到王龙集团公司等被诉侵权人获取涉案技术秘密图纸后完全可以做一些针对性的修改，故上述附 13、14、19、21 与涉案技术秘密中的对应技术信息虽然存在些许差异，但根据本案具体侵权情况，完全可以认定这些差异是因王龙集团公司等被诉侵权人在获取涉案技术秘密后进行规避性或者适应性修改所导致，故可以认定上述附 13、14、19、21 依然使用了涉案技术秘密。

王龙集团公司等被诉侵权人实际使用了其已经获取的全部 185 张设备图和 15 张工艺流程图。具体理由如下。

第一，香兰素生产设备和工艺流程通常具有配套性，其生产工艺及相关装置相对明确固定，王龙集团公司等被诉侵权人已经实际建成香兰素项目生产线并进行规模化生产，故其必然具备制造香兰素产品的完整工艺流程和相应装置设备。

第二，王龙集团公司等被诉侵权人拒不提供有效证据证明其对香兰素产品的完整工艺流程和相应装置设备进行了研发和试验，且其在极短时间内上马香兰素项目生产线并实际投产。王龙集团公司自傅某某 2010 年 5 月到岗后即启动香兰素项目，随后又从嘉兴中华化工公司招聘了多名与香兰素生产技术有关的员工，到 2011 年 3 月浙江省宁波市环境保护局批准其香兰素年产量为 5000 吨，再到 2011 年 6 月王龙科技公司开始生产香兰素，王龙科技公司的香兰素生产线从启动到量产仅用了一年左右的时间。与之相比，嘉兴中华化工公司自 2002 年 11 月与上海欣晨公司签订《技术开发合同》等合同，到 2007 年 2 月经浙江省嘉兴市南湖区经济贸易局批复同意扩建年产 1 万吨合成香料（乙醛酸法）新技术技改项目，涉案技术秘密从研发到建成生产线至少用了 4 年多的时间。

第三，王龙集团公司等被诉侵权人未提交有效证据证明其对被诉技术方案及相关设备进行过小试和中试，且其又非法获取了涉案技术图纸，同时王龙科技公司的环境影响报告书及其在向杭特公司购买设备的过程中均已使用了其非法获取的设备图和工艺流程图。综合考虑技术秘密案件的特点及本案实际情况，同时结合王龙集团公司等被诉侵权人未提交有效相反证据的情况，可以认定王龙集团公司等被诉侵权人使用了其非法获取的全部技术秘密。

第四，虽然王龙集团公司、王龙科技公司的香兰素生产工艺流程和相应装置设备与涉案技术秘密在个别地方略有不同，但其未提交证据证明这种不同是基于其自身的技术研发或通过其他正当途径获得的技术成果所致。同时现有证据表明，王龙集团公司等被诉侵权人是在获取涉案技术秘密后才开始组建工厂生产香兰素产品，即其完全可能在获得涉案技术秘密后对照该技术秘密对某些生产工艺或个别配件装置做规避性或者适应性修改。这种修改本身也是实际使用涉案技术秘密的方式之一。

综上，王龙集团公司等被诉侵权人从嘉兴中华化工公司处非法获取的涉案技术秘密，即185张设备图和15张工艺流程图均已被实际使用。

（3）王龙集团公司等被诉侵权人侵害涉案技术秘密的行为情况。

①关于傅某某的被诉侵权行为。

傅某某长期在嘉兴中华化工公司工作，负责香兰素车间设备维修，能够接触到嘉兴中华化工公司的技术秘密。傅某某与王龙集团公司签订《香兰素技术合作协议》，承诺提供香兰素新工艺技术及图纸，并收取了40万元，随后将存有嘉兴中华化工公司技术图纸的U盘经由冯某某转交给王某某。傅某某从嘉兴中华化工公司辞职后即加入王龙科技公司，负责香兰素生产线建设，王龙科技公司在短时间内完成香兰素生产线建设并进行工业化生产，全面使用了嘉兴中华化工公司和上海欣晨公司的设备图和工艺流程图。以上事实足以证明傅某某实施了获取涉案技术秘密及披露给王龙集团公司、王龙科技公司并允许其使用涉案技术秘密的行为。

虽然傅某某拒绝与嘉兴中华化工公司签订保密协议，但其理应知晓嘉兴中华化工公司提出的技术秘密保密要求。而且，傅某某拒签保密协议的理由是其打算辞职，而辞职并非员工拒签保密协议的正当理由。同时，结合傅某某辞职后进入王龙科技公司香兰素车间工作的事实，可以认定傅某某蓄意拒签保密协议。嘉兴中华化工公司制定了文件控制程序、记录控制程序等管理性文件，对公司重要文件、设备进行管理；由专人对文件的发放、回收进行管理和控制；制定《档案与信息化管理安全保密制度》，对员工保守商业秘密提出要求。傅某某知晓或者理应了解并知悉上述管理制度。涉案技术秘密不同于员工在任职期间合法掌握的一般性知识和技能，无论是纸质还是电子版图纸所承载的技术秘密均属于嘉兴中华化工公司的财产，未经嘉兴中华化工公司同意，傅某某无权获取、披露、使用或者许可他人使用。傅某某对此理应知晓，但其仍实施了被诉侵害涉案技术秘密的行为，具有明显的主观恶意。

傅某某实施了以不正当手段获取、披露、允许他人使用涉案技术秘密的不正当竞争行为。同时，根据《侵权责任法》第8条第1款关于"教唆、帮助他人实施侵权行为的，应当与行为人承担连带责任"的规定，傅某某利用涉案技术秘密为王龙科技公司、喜孚狮王龙公司生产香兰素提供帮助，亦构成使用涉案技术秘密的侵权行为。

②关于王龙集团公司、王龙科技公司的被诉侵权行为。

王龙集团公司、王龙科技公司均系从事香兰素生产销售的企业，与嘉兴中华化工公司具有直接竞争关系，应当知悉傅某某作为嘉兴中华化工公司员工对该公司香兰素生产设备图和工艺流程图并不享有合法权利。但是，王龙集团公司仍然通过签订《香兰素技术转让协议》，以向傅某某、冯某某等支付报酬的方式，直接获取嘉兴中华化工公司的涉案技术秘密，并披露给王龙科技公司使用。王龙科技公司雇用傅某某并使用其非法获取的涉案技术秘密生产香兰素，之后又通过设备出资方式将涉案技术秘密披露给喜孚狮王龙公司并允许其继续使用涉案技术秘密。上述行为均侵害了嘉兴中华化工公司与上海欣晨公司的技术秘密。同时，王龙集团公司、王龙科技公司系关联企业，主观上具有共同侵权的意思联络，客观上各自分工并共同实施了获取、披露、使用、允许他人使用涉案技术秘密的行为，共同造成侵害涉案技术秘密的损害后果，构成共同侵权。

③关于王某某的被诉侵权行为。

王龙科技公司系其法定代表人王某某和王龙集团公司专门为侵权成立的企业。首先，从王龙科技公司的成立过程来看，王某某与王龙集团公司成立王龙科技公司主要目的在于生产香兰素。王龙科技公司成立于 2009 年 10 月 21 日，由王某某与王龙集团公司共同出资 10 180 万元成立，王某某任法定代表人。王龙科技公司成立后即以香兰素项目为目标，一直寻求机会。经过一系列运作，王某某于 2010 年 4 月 12 日与前来王龙集团公司的冯某某等人达成《香兰素技术合作协议》。傅某某根据该协议获得 40 万元的对价后立即将记载有涉案技术秘密的 U 盘提供给王某某，并随即向嘉兴中华化工公司提交辞职报告。仅一个月后，傅某某从嘉兴中华化工公司离职并立即加入王龙科技公司香兰素车间工作。其次，从王龙科技公司香兰素项目生产线的筹建过程来看，王龙科技公司在傅某某正式加盟后立即启动香兰素生产线的建设工作，大量订购香兰素生产线的各种设备，在此过程中王龙科技公司还从嘉兴中华化工公司挖走多名精通香兰素生产工艺的员工，这些员工的加入客观上为王龙科技公司香兰素生产线的顺利建成和投产起到了不可忽视的作用。王龙科技公司的香兰素生产线建设完成后随即向有关部门报检报备。2011 年 3 月 15 日浙江省宁波市环境保护局批复同意王龙科技公司香兰素建设项目环境影响报告书，批准香兰素年产量为 5000 吨，同年 6 月王龙科技公司开始生产香兰素。最后，从王龙科技公司成立以来的生产活动来看，虽然王龙科技公司营业执照上记载的经营范围不限于香兰素的生产，但现有证据表明其从成立开始的主要活动都是围绕香兰素开展的，包括香兰素生产线的建设、报检报备、投产及产品的市场投放。由此可见，从其成立过程、香兰素项目筹划过程、香兰素生产线建设过程及其成立以来的活动看，王龙科技公司是专门为实施涉案技术秘密生产香兰素而成立的公司，其成立后也主要从事香兰素产品的制售相关活动，实际上构成以侵权为业的侵权人。

王某某作为王龙科技公司的法定代表人，积极与冯某某等人签订《香兰素技术合作协议》，用现金、股权等方式引诱冯某某、傅某某等人实施泄露涉案技术秘密的侵权行为，并亲自接受傅某某通过冯某某转交的记载有涉案技术秘密的 U 盘。随后，王龙科技公司正式启动了香兰素生产线的建设，在短期内即生产出香兰素产品并投放市场。在这一系列侵权行为实施过程中，王龙科技公司的法定代表人王某某自身积极参与本案被诉侵权行为，其实施的被诉侵权行为既体现了王龙科技公司的意志，也体现了王某某的个人意志。也就是说，王某某个人直接实施了被诉侵权行为，被诉侵权行为也体现了王某某的个人意志。同时，鉴于王某某专门为实施被诉侵权行为成立王龙科技公司，该公司已成为王某某实施被诉侵权行为的工具，且王某某与王龙集团公司、王龙科技公司、喜孚狮王龙公司、傅某某存在密切的分工、协作等关系，可以认定王某某个人亦实施了被诉侵权行为，具体包括以不正当手段获取、披露、使用及允许他人使用涉案技术秘密，并与王龙集团公司、王龙科技公司、喜孚狮王龙公司、傅某某构成共同侵权，依法应承担相应的法律责任。

④关于喜孚狮王龙公司的被诉侵权行为。

喜孚狮王龙公司的前身系2015年11月20日成立的宁波王龙香精香料有限公司。喜孚狮王龙公司确认其自成立起持续使用王龙科技公司作为技术出资的香兰素生产线。基于与王龙科技公司的关联关系，喜孚狮王龙公司应当知悉涉案技术秘密系王龙科技公司通过不正当手段获取，但仍继续使用涉案技术秘密，故其亦构成侵害涉案技术秘密。而且，喜孚狮王龙公司系王龙集团公司、王龙科技公司为侵权实施涉案技术秘密专门成立的公司，其成立及存在的目的就是实施涉案技术秘密生产香兰素产品，故喜孚狮王龙公司实际上亦构成以侵权为业的侵权人。

王龙集团公司等被诉侵权人虽然在原审中主张其香兰素生产技术系自行研发，但是其并未提供任何证据证明该主张。王龙集团公司等被诉侵权人在本案二审过程中提交了硕士论文、化工设备图册、化工设备结构图册、化工制图等证据，拟证明其使用的涉案技术秘密系公知技术。但经审查，上述二审证据均未公开与涉案技术秘密完全相同的技术信息，既不能证明涉案技术秘密已经为公众所知悉，又不能证明被诉技术信息系本领域的公知技术信息。事实上，香兰素生产技术的研发过程需要付出巨大的时间、金钱和人力成本。如果王龙科技公司的技术系自行研发，其应当能够提供设计研发的技术人员、实验数据、设备图纸、费用支出等相关凭证。但是，王龙集团公司、王龙科技公司、喜孚狮王龙公司、傅某某及王某某均未提交合法有效的相关证据。而且，非标设备和工艺流程通常由企业自行设计，不同企业之间的图纸内容完全相同的可能性极低。王龙科技公司使用的设备图和工艺流程图上的设备图示、名称、设备号码与嘉兴中华化工公司高度一致，甚至部分图纸标注的设计单位、特有编号完全相同，且其不能对此作出合理解释。因此，现有证据不能证明被诉技术信息系王龙科技公司等自行研发。

综上，王龙集团公司、王龙科技公司、喜孚狮王龙公司、傅某某及王某某实际实施了侵害涉案技术秘密的行为，依法应承担相应的法律责任。

3. 损害赔偿责任问题

（1）关于责任形式。

王龙集团公司、王龙科技公司、傅某某、王某某以不正当手段获取涉案技术秘密，并披露、使用、允许他人使用该技术秘密的行为，以及喜孚狮王龙公司使用前述技术秘密的行为，均侵害了涉案技术秘密，上述侵权人应当承担停止侵害、赔偿损失的民事责任。

王龙集团公司、王龙科技公司、喜孚狮王龙公司、傅某某及王某某非法获取了嘉兴中华化工公司与上海欣晨公司主张的涉案技术秘密载体287张设备图和工艺管道及25张仪表流程图中的185张设备图和15张工艺流程图。被告应立即停止侵害涉案技术秘密的行为。

（2）关于赔偿数额。

①嘉兴中华化工公司与上海欣晨公司主张的三种赔偿数额计算方式。

第一，按营业利润计算。

根据嘉兴中华化工公司与上海欣晨公司二审提交的证据所采用的计算方法，嘉兴中华化工公司香兰素2011~2017年抽样年平均销售单价与其原审证据78所用方法计算得出的香兰素年销售单价基本持平。如果用王龙集团公司、王龙科技公司及喜孚狮王龙公司生产和销售的香兰素产品数量乘以嘉兴中华化工公司同期香兰素产品销售价格及营业利润率，则嘉兴中华化工公司2011~2017年因王龙集团公司、王龙科技公司及喜孚狮王龙公司实际利用涉案技术秘密的获利分别为：20 223 448元、8 011 844元、16 906 665.60元、13 268 102.60元、13 311 298 元、31 360 977.60元、13 722 073.20元，合计为116 804 409元。嘉兴中华化工公司与上海欣晨公司在二审庭审时主张以此为基数，乘以1.5倍为惩罚性赔偿，得出本案赔偿数额175 206 613.50元，再加上其为制止涉案侵权行为一审合理支出的

2 483 196元及二审合理支出的1 009 020元，合计178 698 829.50元，而嘉兴中华化工公司与上海欣晨公司上诉仅主张177 770 227.92元为赔偿数额。

第二，按销售利润计算。

根据嘉兴中华化工公司与上海欣晨公司原审证据78表明，2011～2017年嘉兴中华化工公司香兰素的销售利润率分别为：18.46%、16.21%、24.51%、13.28%、13.70%、13.77%、13.29%，如果用王龙集团公司、王龙科技公司及喜孚狮王龙公司同期生产和销售的香兰素产品总量乘以嘉兴中华化工公司同期香兰素产品的销售价格及销售利润率，则嘉兴中华化工公司与上海欣晨公司2011～2017年因王龙集团公司、王龙科技公司及喜孚狮王龙公司实际利用涉案技术秘密的获利分别为：28 069 537.60元、23 961 622元、34 880 671.20元、17 780 060.80元、18 218 260元、16 622 042.40元、16 297 261.20元，合计为155 829 455.20元。

第三，按价格侵蚀计算。

根据嘉兴中华化工公司与上海欣晨公司提交的二审新证据2、2-1、2-2、7、7-1及原审证据78、87、89所采用的计算方法，2011～2017年因王龙集团公司、王龙科技公司及喜孚狮王龙公司的侵权及不正当竞争行为对嘉兴中华化工公司香兰素产品的价格侵蚀导致的损害高达790 814 699元。

②本案确定损害赔偿责任需要考虑的因素。

第一，王龙集团公司等被诉侵权人非法获取涉案技术秘密的手段恶劣。王龙集团公司成立于1995年6月8日，是一家专业从事食品添加剂生产的化工企业，主要产品为山梨酸钾；王龙科技公司成立于2009年10月21日。王龙集团公司、王龙科技公司、王某某未实际进行乙醛酸法生产香兰素相关技术的研发工作，也未能通过合法受让等方式合法有效地取得相关技术，即其原本并未掌握相关技术。但是，其明知嘉兴中华化工公司掌握有关乙醛酸法生产香兰素的涉案技术秘密且为全球两大香兰素生产厂家之一，仍采取现金及股权收买等方式，策划、利诱掌握涉案技术秘密的嘉兴中华化工公司员工傅某某到王龙集团公司工作，并在傅某某到王龙集团公司工作后立即上马香兰素项目，其在定制香兰素生产设备时使用的图纸与嘉兴中华化工公司的相应图纸完全相同，甚至嘉兴中华化工公司特有的图纸标号也完全一致，故其非法获取涉案技术秘密的手段显属恶劣。同时，傅某某为个人利益出卖涉案技术秘密，主观恶意极为明显。

第二，王龙集团公司等被诉侵权人非法获取及使用的涉案技术秘密数量较多。根据已经查明事实，涉案技术秘密包括乙醛酸法生产香兰素的287张设备图和25张工艺流程图，王龙集团公司等被诉侵权人非法获取了其中185张设备图和15张工艺流程图，占64.10%。287张设备图中含有60张设备主图，而王龙集团公司等被诉侵权人非法获取了其中41张设备主图，占68.33%。更为关键的是，王龙集团公司等被诉侵权人非法获取了涉案技术秘密中最重要的缩合和氧化步骤设备主图，并实际使用了其中最关键的缩合、氧化和脱羧工段工艺流程图。可见，王龙集团公司等被诉侵权人不仅非法获取了大量记载有涉案技术秘密的图纸，还大量使用了其非法获取的涉案技术秘密，特别是实际使用了其非法获取的涉案技术秘密的关键技术。

第三，王龙集团公司、王龙科技公司、喜孚狮王龙公司明知其行为构成对涉案技术秘密的侵害，仍然持续、大量使用侵害涉案技术秘密的设备及工艺流程生产香兰素产品，故其显然具有侵害涉案技术秘密的恶意。从王龙集团公司、王龙科技公司、王某某自傅某某处获取涉案技术秘密以及王龙科技公司、喜孚狮王龙公司使用涉案技术秘密的过程来看，由于其获取涉案技术秘密的手段恶劣，故其应当认识到其获取和使用涉案技术秘密行为的非法性。嘉兴中华化工公司在意识到其技术秘密可能被侵害后，其采取的系列维权措施也逐渐指向王龙集团公司、王龙科技公司、喜孚狮王龙公司、傅某某及王某某，但王龙集团公司、王龙科技公司及王某某继续实施侵害涉案技术秘密的行为。特别是，在原审法院作出行为保全裁定，责令立即停止侵害涉案技术秘密后，王龙集团公司、王龙科技公司、喜孚狮王龙公司等继续实施侵害涉案技术秘密的行为，不仅表明其主观恶意极深，也显属对法律与司法权威的蔑视。

第四，涉案技术秘密具有较高的商业价值。涉案技术秘密是嘉兴中华化工公司与上海欣晨公司共同自主研发的乙醛酸法制备香兰素新工艺，创造性地采用了化学氧化法。相对于传统的催化氧化法，上述新工艺具有反应条件温和、反应终点更易控制、副反应少的优点，属于创新技术。涉案技术秘密研发完成后，嘉兴中华化工公司于 2005 年完成 3000 吨产能香兰素项目的投产，2007 年生产规模扩建到年产 1 万吨。可见，涉案技术秘密对嘉兴中华化工公司的香兰素生产贡献巨大。王龙集团公司、王龙科技公司在非法获取并实际使用涉案技术秘密后，才成功实现了以极低成本生产香兰素，且其香兰素生产线的设计年产量和实际年产量已达数千吨，产品遍销全球市场并已占据 10% 左右的市场份额，从中攫取了巨大的商业利益，其中涉案技术秘密的非法使用是其获取巨大商业利益的核心和关键。因此，无论对于嘉兴中华化工公司来说，还是对王龙集团公司、王龙科技公司、喜孚狮王龙公司来说，涉案技术秘密均是其香兰素产品占据全球市场份额并创造巨额利润的重要因素。

第五，喜孚狮王龙公司、王龙科技公司均系实际上以侵权为业的公司。自王龙科技公司实施侵害涉案技术秘密生产香兰素以来，嘉兴中华化工公司开始了持续的维权行为。2015 年 11 月 20 日，王龙科技公司以实物方式出资 8000 万元成立宁波王龙香精香料有限公司，主要生产香兰素。2017 年 6 月 22 日，王龙科技公司将其所持有的宁波王龙香精香料有限公司 51% 股权出售给凯美菱科学公司、喜孚狮欧洲股份公司，王龙科技公司以设备和专利等出资占注册资本的 49%，宁波王龙香精香料有限公司的经营范围亦变更为香兰素的研发、生产、销售和交易等。随后宁波王龙香精香料有限公司于 2017 年 7 月 26 日更名为喜孚狮王龙公司。无论是名称变更前的宁波王龙香精香料有限公司，还是名称变更后的喜孚狮王龙公司，均系王龙集团公司、王龙科技公司为实施涉案技术秘密生产、销售香兰素而成立的实际上以侵权为业的公司。王龙科技公司亦系实际上以侵权为业的侵权人。

第六，王龙集团公司等被诉侵权人侵害涉案技术秘密的行为对全球市场形成严重冲击。在王龙集团公司等被诉侵权人实施侵害涉案技术秘密行为前，全球市场上两大公司占据了 90% 左右的市场，香兰素价格也维持了一个相对稳定的水平。王龙集团公司、王龙科技公司等非法获取涉案技术秘密后，从 2011 年 6 月开始生产香兰素并持续至案发，其侵害涉案技术秘密的香兰素生产设备具备年产 5000 吨以上的生产能力，其实际年生产香兰素至少在 2000 吨左右，可以满足全球 10% 的市场需求。同时，王龙集团公司、王龙科技公司、喜孚狮王龙公司对标嘉兴中华化工公司争夺客户和市场，以较低价格销售香兰素产品，对国际、国内的香兰素市场特别是嘉兴中华化工公司的原有市场形成较大冲击。

第七，王龙集团公司等被诉侵权人拒绝提交侵权产品销售数量等证据，存在举证妨碍、不诚信诉讼等情节。在一审中法院曾通知王龙集团公司、王龙科技公司、喜孚狮王龙公司、傅某某、王某某提交侵权产品销售数量方面的证据，但其拒不提交相关证据，王龙集团公司等被诉侵权人在二审仍未提交相关证据。在一审和二审过程中，当法院要求王龙集团公司等被诉侵权人提交其定制生产香兰素产品专用设备的图纸时，其始终声称除了公安机关查获的部分图纸外，其并未向相关设备生产方提供图纸。作为一个年产数千吨香兰素的生产线，如果没有完整的图纸几乎不可能建成完整的生产线。特别是，考虑到涉案香兰素生产线还涉及大量非标设备及王龙科技公司香兰素生产线在短期内完成制造、安装、报检报备、试运行及正式运行投产的事实，王龙集团公司、王龙科技公司、喜孚狮王龙公司、傅某某、王某某有关即便没有设备图纸仍可在短期内制造香兰素相关生产设备的主张，明显不合常理。同时，王龙集团公司、王龙科技公司、喜孚狮王龙公司、傅某某、王某某虽还主张被诉香兰素生产工艺系其自行研发，但始终亦未提供任何有效证据证明该主张。因此，法院认定王龙集团公司、王龙科技公司、喜孚狮王龙公司、傅某某及王某某在本案诉讼中存在举证妨碍及不诚信诉讼情节。

第八，王龙集团公司、王龙科技公司、喜孚狮王龙公司、傅某某拒不执行原审法院的生效行为保全裁定。由于喜孚狮王龙公司已经通过非法手段掌握并实际实施了涉案技术秘密，为及时制止侵害涉案技术秘密的行为，一审法院在作出原审判决的同时，还裁定王龙集团公司、王龙科技公司、喜孚狮王龙公司、傅某某立即停止涉案侵权行为，其在收到该裁定后既未依法申请复议，也未停止侵害涉案技术秘密行为，其被诉侵权行为在二审庭审时仍在持续。

③本案因当事人的诉讼请求等原因难以适用惩罚性赔偿。

从法院查明事实来看，涉案侵权行为本可适用惩罚性赔偿，但因当事人的诉讼请求及新旧法律适用衔接的原因，本案不宜适用惩罚性赔偿，原因如下。

第一，嘉兴中华化工公司与上海欣晨公司在一审及二审中所主张的损害赔偿数额仅计算至 2017 年年底，并未包括自 2018 年之后仍在持续的被诉侵权行为给其造成的损失。

第二，在嘉兴中华化工公司与上海欣晨公司所主张计算损害赔偿数额的侵权行为期间之后，我国相关法律才明确规定符合特定条件的侵害技术秘密行为可以适用惩罚性赔偿。2019 年《反不正当竞争法》明确规定侵害商业秘密案件可以主张惩罚性赔偿，该法于 2019 年 4 月 23 日起施行；《民法典》明确规定侵害知识产权案件可以主张惩罚性赔偿，该法于 2021 年 1 月 1 日起施行。对于 2018 年之后仍在持续的侵害涉案技术秘密行为，嘉兴中华化工公司与上海欣晨公司可以依法另行寻求救济。

④关于本案赔偿数额的确定。

嘉兴中华化工公司与上海欣晨公司主张根据涉案技术秘密被侵害给其造成的损失确定赔偿数额，并提供了三种计算方式分别计算赔偿数额，即按营业利润计算出赔偿数额为 116 804 409 元、按销售利润计算出赔偿数额为 155 829 455.2 元、按价格侵蚀计算出损害赔偿额为 790 814 699 元。其中，第一种计算方式和第二种计算方式采用的嘉兴中华化工公司原审证据 78 等证据真实可靠，计算出的赔偿数额均有一定合理性；第三种计算方式中相关数据和计算方法的准确性受制于多种因素，仅将其作为参考。

王龙科技公司 2011 年获准投产的年产量为 5000 吨的香兰素，2015 年再次申报并获准新建 2 套共 6000 吨香兰素生产装置；王龙集团公司、王龙科技公司曾自述其 2013 年的香兰素产量为 2000 吨；王龙集团公司、王龙科技公司、喜孚狮王龙公司 2018 年 4 月 1 日至 2019 年 3 月 1 日以及 2019 年香兰素产量均超过 2000 吨。嘉兴中华化工公司与上海欣晨公司主张 2011～2017 年王龙集团公司、王龙科技公司及喜孚狮王龙公司实际利用涉案技术秘密每年生产和销售香兰素 2000 吨具有事实依据。最高人民法院亦据此认定王龙集团公司、王龙科技公司及喜孚狮王龙公司于 2011～2017 年实际利用涉案技术秘密每年生产和销售香兰素至少 2000 吨，并据此计算侵权损害赔偿额。同时，嘉兴中华化工公司与上海欣晨公司提供了其营业利润率、销售利润率和价格侵蚀的基础数据。在上述事实和数据的基础上，最高人民法院认为本案具备按照实际损失或者侵权获利计算赔偿数额的基本条件。

综合考虑前述确定损害赔偿责任需要考虑的八项因素，特别是王龙集团公司等被诉侵权人侵权恶意较深、侵权情节恶劣、在诉讼中存在妨碍举证和不诚信诉讼情节，以及王龙科技公司、喜孚狮王龙公司实际上系以侵权为业的公司等因素，最高人民法院依法决定按照香兰素产品的销售利润计算本案侵权损害赔偿数额。由于王龙集团公司、王龙科技公司及喜孚狮王龙公司在本案中拒不提交与侵权行为有关的账簿和资料，无法直接依据其实际销售香兰素产品的数据计算其销售利润。考虑到嘉兴中华化工公司香兰素产品的销售价格及销售利润率可以作为确定王龙集团公司、王龙科技公司及喜孚狮王龙公司香兰素产品相关销售价格和销售利润率的参考，为严厉惩处恶意侵害技术秘密的行为，充分保护技术秘密权利人的合法利益，最高人民法院以嘉兴中华化工公司香兰素产品 2011～2017 年的销售利润率来计算本案损害赔偿数额，即以 2011～2017 年王龙集团公司、王龙科技公司及喜孚狮王龙公司生产和销售的香兰素产量乘以嘉兴中华化工公司香兰素产品的销售价格及销售利润率计算赔偿数额。

按照上述方法计算，王龙集团公司、王龙科技公司及喜孚狮王龙公司 2011～2017 年因侵害涉案技术秘密获得的销售利润为 155 829 455.20 元。该销售利润数额虽高于按照嘉兴中华化工公司营业利润率计算得出的实际损失，但仍大幅低于嘉兴中华化工公司因被诉侵权行为造成价格侵蚀所导致的损失数额，且与本案各侵权人侵害涉案技术秘密的恶性程度、危害后果等具体情节相适应，具有合理性和适当性。

此外，一审法院认定嘉兴中华化工公司与上海欣晨公司为本案原审诉讼支付律师代理费 200 万元，为完成涉案损害赔偿经济分析报告支付 7 万美元，折算为人民币 483 196 元，两项合计 2 483 196 元。嘉兴中华化工公司与上海欣晨公司有关其为制止侵害涉案技术秘密行为原审合理支出 2 483 196 元的主张具有事实依据。嘉兴中华化工公司与上海欣晨公司二审主张其为本案支出了律师代理费 100 万元及公证费用 9 020 元，合计 1 009 020 元，并提交了诉讼代理合同、转账凭证及发票等证据。最高人民法院对 1 009 020 元予以确认。

综合一审、二审情况，嘉兴中华化工公司与上海欣晨公司为本案支出的合理费用共计 3 492 216 元。将二审确定的损害赔偿数额 155 829 455.20 元加上上述合理支出 3 492 216 元，合计为 159 321 671.2 元，尚未超出嘉兴中华化工公司与上海欣晨公司上诉主张的 177 770 227.92 元赔偿总额，故最高人民法院最终确定损害赔偿总额为 159 321 671.20 元。同时，鉴于喜孚狮王龙公司成立时间较晚，嘉兴中华化工公司与上海欣晨公司仅请求其在 7% 的范围内承担损害赔偿责任具有一定合理性，最高人民法院对此予以支持。

二、法理探究

（一）本案的典型意义

商业秘密作为知识产权的重要构成部分，其具有特殊性。但是未公开的、处于保密状态的商业秘密一般也涉及具有重要商业价值的内容，往往是同行业竞争者之间产生争议的核心知识产权。例如本案中，作为研发人之一的嘉兴中华化工公司正是依靠乙醛酸法生产香兰素工艺商业秘密才获得了香兰素领域的成功——全球最大的香兰素制造商、占据香兰素全球市场约 60% 的份额。

本案涉及的商业秘密保护及商业秘密本身的市场重要价值，使得该案颇受关注。最高人民法院对本案审理判决了该法院生效判决中最高额的侵犯商业秘密侵权赔偿——1.59 亿元，引发了社会的广泛讨论。

除了依据法律规定对涉案商业秘密侵权进行高额侵权赔偿的计算外，另外值得关注的是，本案案情实际上也涉及民刑交叉的问题，在民事诉讼中，法院也依法将涉嫌犯罪线索移送公安机关，推进了民事侵权救济与刑事犯罪惩处的衔接，彰显了严格依法保护知识产权、严厉打击恶意侵权行为的鲜明司法态度。

整体而言，在我国当前提升知识产权保护阶段，商业秘密的保护领域也得到了较大的关注。尤其是考虑到本案一审法院作出判决的同时，作出行为保全裁定，责令王龙科技公司、喜孚狮王龙公司立即停止使用涉案技术秘密，但王龙科技公司、喜孚狮王龙公司并未停止使用行为。综合其他考虑，最高人民法院也在判决中彰显出对恶意侵权的打击力度，明确了以侵权为业公司的法定代表人的连带责任。

本案判决之后，得到了社会广泛关注和热议。本案基于典型价值及重大影响力入选"最高人民法院知识产权法庭 2020 年 10 件技术类知识产权典型案例"。

（二）本案的诉讼程序及法律问题

要分析具体商业秘密法律问题之前，于本案而言还需要厘清一些前提性的问题。第一，本案适用 2017 年《反不正当竞争法》。在被诉侵害技术秘密的行为持续期间，我国《反不正当竞争法》进行了两次修改，2017 年的修改和 2019 年的修改分别于 2018 年 1 月 1 日起施行、2019 年 4 月 23 日起施行。一审法院于 2018 年 5 月立案受理本案一审诉讼，其审理的被诉侵权行为发生在《反不正当竞争法》（2019）实施之前。虽然被诉侵害涉案技术秘密行为至二审庭审时仍在继续实施中，即被诉侵权行为作为一个未间断的行为已经持续至《反不正当竞争法》（2019）的实施期间，但鉴于嘉兴中华化工公司与上海欣晨公司仅针对 2019 年《反不正当竞争法》施行前的被诉侵权行为提起原审诉讼，特别是其主张的损害赔偿责任计算期间并不包括自 2018 年持续至二审庭审的被诉侵权行为，且适用《反不正当竞争法》（2017）等当时有效的相关法律足以保护当事人的合法权益，故本案应当依据《反不正当竞争法》（2017）进行审理。这基本遵循了法律的不溯及既往的原则。第二，关于诉讼主体适格的问题，上海欣晨公司有权提起本案诉讼。上海欣晨公司作为涉案商业秘密的共同研发者，根据相关的合同约定，其是商业秘密权利人之一。依据《民事诉讼法》相关规定，其有权利作为原告提起诉讼。第三，程序上关于停止侵害的诉讼请求不适用诉讼时效的规定，侵权损害赔偿的诉讼请求给予侵权行为的持续也未超过诉讼时效。

（三）商业秘密的认定

根据《反不正当竞争法》（2017）的规定，商业秘密，是指不为公众所知悉、具有商业价值并经权利人采取相应保密措施的技术信息和经营信息。● 2019 年《反不正当竞争法》修改，本定义有了些许变动，商业秘密被定义为"不为公众所知悉、具有商业价值并经权利人采取相应保密措施的技术信息、经营信息等商业信息"。● 最大的变化是将商业秘密的类别开放化了，"等"使得商业秘密超越了"技术信息""经营信息"。

关于商业秘密的构成要件，学界和司法界有不同的解读。一般而言，认定商业秘密时需要注意以下方面。

第一，不为公众知悉。权利人请求保护的信息在被诉侵权行为发生时不为所属领域的相关人员普遍知悉和容易获得的，应当认定为"不为公众所知悉"。● 即不为公众所知悉不仅排除所属领域相关人员普遍知悉，还排除容易获得。以下可以认为"为公众知悉"：该信息在所属领域属于一般常识或者行业惯例的；该信息仅涉及产品的尺寸、结构、材料、部件的简单组合等内容，所属领域的相关人员通过观察上市产品即可直接获得的；该信息已经在公开出版物或者其他媒体上公开披露的；该信息已通过公开的报告会、展览等方式公开的；所属领域的相关人员从其他公开渠道可以获得该信息的。● 将为公众所知悉的信息进行整理、改进、加工后形成的新信息，如果不为所属领域相关人员普遍知悉、也不容易获得的，该信息仍然为"不为公众所知悉"。● 第二，经济性，即"具有商业价值"，包括现实的或者潜在的商业价值，这些商业价值能为权利人带来竞争优势。第三，权利人采取了保密措施。所谓的保密措施，一般是指权利人为防止信息泄露所采取的与其商业价值等具体情况相适应的合理保护措施，通常应

● 《反不正当竞争法》（2017）第 9 条第 3 款。
● 《反不正当竞争法》（2017）第 9 条第 4 款。
● 《最高人民法院关于审理侵犯商业秘密民事案件适用法律若干问题的规定》第 3 条。
● 《最高人民法院关于审理侵犯商业秘密民事案件适用法律若干问题的规定》第 4 条第 1 款。
● 《最高人民法院关于审理侵犯商业秘密民事案件适用法律若干问题的规定》第 4 条第 2 款。

当根据商业秘密及其载体的性质、商业秘密的商业价值、保密措施的可识别程度、保密措施与商业秘密的对应程度以及权利人的保密意愿等因素，认定权利人是否采取了相应保密措施。❶

对于何为技术信息、经营信息，我国《最高人民法院关于审理侵犯商业秘密民事案件适用法律若干问题的规定》也做了界定：与技术有关的结构、原料、组分、配方、材料、样品、样式、植物新品种繁殖材料、工艺、方法或其步骤、算法、数据、计算机程序及其有关文档等信息，可以认定为属于技术信息。与经营活动有关的创意、管理、销售、财务、计划、样本、招投标材料、客户信息、数据等信息，可以认定为经营信息。❷

回到本案，涉案技术信息的载体为 287 张设备图和 25 张工艺管道及仪表流程图，要判定涉案行为是否构成商业秘密侵权，首先要看涉案上述技术信息是否构成技术秘密。涉案设备图（包括部件图）及工艺管道及仪表流程图均属于技术信息，且设备图和工艺管道及仪表流程图属于不为公众所知悉的技术信息，涉案技术信息具有极高的商业价值，涉案被研发出的生产设备和工艺流程已经实际投入生产，提高了香兰素产品的生产效率，并为企业带来市场优势、创造可观利润，即为企业带来经济利益和竞争优势。嘉兴中华化工公司对涉案技术信息采取了相应的保密措施，例如嘉兴中华化工公司制定了文件控制程序、记录控制程序等管理性文件，对公司重要文件、设备进行管理，由专人对文件的发放、回收进行管理和控制，并规定通过培训等方式向员工公开，表明其具有保密意愿且采取了保密措施。再如，嘉兴中华化工公司与上海欣晨公司之间签订的技术开发合同约定有保密条款，嘉兴中华化工公司也制定了《档案与信息化管理安全保密制度》等管理规定，并对职工多次进行保密宣传、教育和培训。案中的保密措施与技术信息价值也相当。根据以上几个特征的分析，可以得知本案涉案的技术信息为商业秘密。这为商业秘密侵权判定提供了前提基础。

---

❶ 《最高人民法院关于审理侵犯商业秘密民事案件适用法律若干问题的规定》第 5 条。
❷ 《最高人民法院关于审理侵犯商业秘密民事案件适用法律若干问题的规定》第 1 条。

（四）商业秘密侵权的认定及赔偿

《反不正当竞争法》（2017）对侵犯商业秘密的行为进行了列举，主要包括：（1）以盗窃、贿赂、欺诈、胁迫或者其他不正当手段获取权利人的商业秘密；（2）披露、使用或者允许他人使用以前项手段获取的权利人的商业秘密；（3）违反约定或者违反权利人有关保守商业秘密的要求，披露、使用或者允许他人使用其所掌握的商业秘密；（4）第三人明知或者应知商业秘密权利人的员工、前员工或者其他单位、个人实施（1）～（3）所列违法行为，仍获取、披露、使用或者允许他人使用该商业秘密的，视为侵犯商业秘密。❶被诉侵权人在生产经营活动中直接使用商业秘密，对商业秘密进行修改或改进后使用，或者根据商业秘密调整、优化、改进有关生产经营活动的，一般应当认定为使用商业秘密。2019年《反不正当竞争法》修改过程中，也对侵犯商业秘密的行为进行了完善，修改之后，侵犯商业秘密的行为包括：（1）以盗窃、贿赂、欺诈、胁迫、电子侵入或者其他不正当手段获取权利人的商业秘密；（2）披露、使用或者允许他人使用以前项手段获取的权利人的商业秘密；（3）违反保密义务或者违反权利人有关保守商业秘密的要求，披露、使用或者允许他人使用其所掌握的商业秘密；（4）教唆、引诱、帮助他人违反保密义务或者违反权利人有关保守商业秘密的要求，获取、披露、使用或者允许他人使用权利人的商业秘密；（5）第三人明知或者应知商业秘密权利人的员工、前员工或者其他单位、个人实施本条（1）～（4）所列违法行为，仍获取、披露、使用或者允许他人使用该商业秘密的，视为侵犯商业秘密。❷

于本案而言，首先要确定被诉侵权技术秘密与涉案技术秘密是否相同，然后判断相关被诉侵权人的行为是否构成侵犯他人商业秘密的行为。最高人民法院经过审理认为：第一，经比对，涉案技术秘密的载体为287张设备图和25张工艺管道及仪表流程图，王龙集团公司等被诉侵权人非法

---

❶《反不正当竞争法》（2017）第9条。
❷《反不正当竞争法》（2019）第9条。

获取了其中的 185 张设备图和 15 张工艺流程图。第二，被诉侵权人侵害涉案技术秘密的行为情况。最高人民法院经过审理认为：①傅某某长期在嘉兴中华化工公司工作，负责香兰素车间设备维修，能够接触到嘉兴中华化工公司的技术秘密。傅某某与王龙集团公司签订《香兰素技术合作协议》，随后将存有嘉兴中华化工公司技术图纸的 U 盘经由冯某某转交给王某某。傅某某从嘉兴中华化工公司辞职后即加入王龙科技公司，负责香兰素生产线建设，王龙科技公司在短时间内完成香兰素生产线建设并进行工业化生产，全面使用了嘉兴中华化工公司和上海欣晨公司的设备图和工艺流程图。虽然傅某某拒绝与嘉兴中华化工公司签订保密协议，但其理应知晓嘉兴中华化工公司提出的技术秘密保密要求。涉案技术秘密不同于员工在任职期间合法掌握的一般性知识和技能，无论是纸质还是电子版图纸所承载的技术秘密属于嘉兴中华化工公司的财产，未经嘉兴中华化工公司同意，傅某某无权获取、披露、使用或者许可他人使用。傅某某对此理应知晓，但其仍实施了被诉侵害涉案技术秘密的行为，具有明显的主观恶意。②王龙集团公司、王龙科技公司均系从事香兰素生产销售的企业，与嘉兴中华化工公司具有直接竞争关系，应当知悉傅某某作为嘉兴中华化工公司员工对该公司香兰素生产设备图和工艺流程图并不享有合法权利。但是，王龙集团公司仍然通过签订《香兰素技术转让协议》，以向傅某某、冯某某等支付报酬的方式，直接获取嘉兴中华化工公司的涉案技术秘密，并披露给王龙科技公司使用。王龙集团公司、王龙科技公司系关联企业，主观上具有共同侵权的意思联络，客观上各自分工并共同实施了获取、披露、使用、允许他人使用涉案技术秘密的行为，共同造成侵害涉案技术秘密的损害后果，构成共同侵权。③王龙科技公司系其法定代表人王某某和王龙集团公司专门为侵权成立的企业，其成立后也主要从事香兰素产品的制售相关活动，实际上构成以侵权为业的侵权人。王某某作为王龙科技公司的法定代表人，自身积极参与本案被诉侵权行为，其实施的被诉侵权行为既体现了王龙科技公司的意志，也体现了王某某的个人意志，可以认为王某某个人亦实施了被诉侵权行为，具体包括以不正当手段获取、披露、使用及允许他人使用涉案技术秘密，并与王龙集团公司、王龙科技公司、喜孚狮王龙公司、傅某某构成共同侵权。④喜孚狮王龙公司的前身系 2015 年 11

月 20 日成立的宁波王龙香精香料有限公司。基于与王龙科技公司的关联关系，喜孚狮王龙公司应当知悉涉案技术秘密系王龙科技公司通过不正当手段获取，但仍继续使用涉案技术秘密，故其亦构成侵害涉案技术秘密。而且，其成立及存在的目的就是实施涉案技术秘密生产香兰素产品，故喜孚狮王龙公司实际上亦构成以侵权为业的侵权人。

侵权责任的承担方面，根据《反不正当竞争法》的规定，主要体现为侵权赔偿的问题。《反不正当竞争法》（2017）第 17 条规定："因不正当竞争行为受到损害的经营者的赔偿数额，按照其因被侵权所受到的实际损失确定；实际损失难以计算的，按照侵权人因侵权所获得的利益确定。赔偿数额还应当包括经营者为制止侵权行为所支付的合理开支。经营者违反本法第六条、第九条规定，权利人因被侵权所受到的实际损失、侵权人因侵权所获得的利益难以确定的，由人民法院根据侵权行为的情节判决给予权利人三百万元以下的赔偿。"2019 年《反不正当竞争法》修改，对不正当竞争中的侵权赔偿也做了改变，增加了惩罚性赔偿"经营者恶意实施侵犯商业秘密行为，情节严重的，可以在按照上述方法确定数额的一倍以上五倍以下确定赔偿数额"，提高了法定赔偿的最高额"由人民法院根据侵权行为的情节判决给予权利人五百万元以下的赔偿"。❶

于本案而言，结合案情及原告的主张，根据相关法律适用的规定，并不适用 2019 年修改后《反不正当竞争法》中的惩罚性赔偿，而应当是适用 2017 年《反不正当竞争法》。根据 2017 年《反不正当竞争法》中规定的权利人因被侵权所受到的实际损失、侵权人因侵权所获得的利益、法定赔偿的顺序，原告也结合相关证据提供了相关的计算赔偿的方法。因为被告未提出证据证明原告提出的证据和计算方法不妥，因而结合相关规定，二审法院对原告的计算方法给予了认可，并按照相关规定作出了赔偿额的认定。

---

❶ 《反不正当竞争法》（2019）第 17 条规定："因不正当竞争行为受到损害的经营者的赔偿数额，按照其因被侵权所受到的实际损失确定；实际损失难以计算的，按照侵权人因侵权所获得的利益确定。经营者恶意实施侵犯商业秘密行为，情节严重的，可以在按照上述方法确定数额的一倍以上五倍以下确定赔偿数额。赔偿数额还应当包括经营者为制止侵权行为所支付的合理开支。经营者违反本法第六条、第九条规定，权利人因被侵权所受到的实际损失、侵权人因侵权所获得的利益难以确定的，由人民法院根据侵权行为的情节判决给予权利人五百万元以下的赔偿。"

（五）本案启示

商业活动场合，商业秘密在竞争关系中处于关键地位。无论是竞争的企业之间还是相关员工，在相关活动中需要提高商业秘密保护的意识，避免商业秘密侵权甚至犯罪行为发生。作为商业秘密权利方而言，更应当采取系列措施保护好己方的商业秘密。此外，在商业秘密被侵权的场合需要采取积极主动的措施和诉讼策略，防止商业秘密被进一步泄密，以维护己方因商业秘密而形成的商业竞争优势。

三、延伸阅读案例

在圣美迪诺医疗科技（湖州）有限公司与李某某、章某、湖州艾木奇生物科技咨询服务有限公司、湖州美奇医疗器械有限公司侵害技术秘密纠纷案中，圣美迪诺公司早在 2005 年就生产出"皮下动态葡萄糖监测系统"产品。被告李某某、章某分别曾在原告圣美迪诺公司担任研发部门产品研发副总监、技术部门电子助理工程师职务，二人任职期间均签署保密协议。后章某和李某某共同出资设立湖州艾木奇公司，该公司向国家知识产权局申请名称为"皮下植入式葡萄糖传感器"的实用新型专利。艾木奇公司与其他主体共同设立的美奇公司先后申请获得了名称为"用于葡萄糖传感电极的酶交联机"和"全自动一体式涂膜机"的实用新型专利。圣美迪诺公司因而提起诉讼，认为李某某、章某、艾木奇公司、美奇公司通过使用或公开的方式，共同侵害其涉案技术秘密，请求判令四被告立即停止侵害涉案技术秘密，并连带赔偿其经济损失及合理维权费用。法院经过审理认为，关键问题在于涉案技术秘密是否构成商业秘密、被告是否构成侵犯他人商业秘密。据《司法鉴定报告》结论记载，圣美迪诺公司血糖仪针体涂膜液配方中关键性材料、配比、涂膜顺序及操作流程的综合应用具有独特性，同时，该公司根据其特别的电路设计参数、不同的传感器特性及长期积累的临床数据，在其软件程序中所采用的转换公式、滤波、处理方法、算法、参数及相应的组合也具有独特性，且未在国内外公开文献中述及或被公开，是不为公众所知悉的技术信息，均属于技术秘密。虽然美奇公司血糖值整体算法上与圣美迪诺公司的技术信息存在部分差异，但在认定两项整体技术信息是否构成实质相同时，并不能以在一定范围内单一因素量的变化作孤立判断。在美奇公司所用算法的基本流程、计算公式、参数以及用于回顾式血糖值计算、数据显示的大部分参数相同的情况下，可以综合判断美奇公司实时血糖监测产品的血糖值算法与圣美迪诺公司主张的血糖值算法构成实质相同，四上诉人构成共同侵权。❶

在金某某侵犯商业秘密案中，金某某案发前系温州菲涅尔光学仪器有限公司法定代表人、总经理。温州明发光学科技有限公司成立于1993年，主要生产、销售放大镜、望远镜等光学塑料制品。明发公司自1997年开始研发超薄型平面放大镜生产技术，研发出菲涅尔放大镜（"菲涅尔放大镜"系一种超薄放大镜产品的通用名称）批量生产的制作方法——耐高温抗磨专用胶板、不锈钢板、电铸镍模板三合一塑成制作方法和镍模制作方法。明发公司根据其特殊设计，将胶板、模板、液压机分别交给温州市光大橡塑制品公司、宁波市江东精杰模具加工厂、瑞安市永鑫液压机厂生产。随着生产技术的研发推进，明发公司不断调整胶板、模板、液压机的规格和功能，不断变更对供应商的要求，经过长期合作，三家供应商能够提供匹配的产品及设备。金某某于2005年应聘到明发公司工作，双方签订劳动合同，最后一次合同约定工作期限为2009年7月16日至2011年7月16日。其间，金某某先后担任业务员、销售部经理、副总经理，对菲涅尔超薄放大镜制作方法有一定了解，并掌握设备供销渠道、客户名单等信息。金某某与明发公司签订有保密协议，其承担保密义务，并约定劳动合同期限内、终止劳动合同后两年内及上述保密内容未被公众知悉期内，不得向第三方公开上述保密内容。2011年年初，金某某从明发公司离职，当年3月24日以其他人名义成立菲涅尔公司，金某某为财务负责人。菲涅尔公司成立后随即向上述三家供应商购买与明发公司相同的胶板、模具和液压机等材料、设备，使用与明发公司相同的工艺生产同一种放大镜进入市场销

---

❶ 浙江省高级人民法院（2015）浙知终字第269号民事判决书。

售，造成明发公司经济损失 122 万余元。检察机关在办理侵犯商业秘密犯罪案件时，注重对被告人作无罪辩解情形下对商业秘密构成及侵权的证据审查，形成指控犯罪的证据链。❶ 该案为最高人民检察院第二十六批指导性案例第 102 号案例，供参考。

参考阅读资料

［1］北京市高级人民法院知识产权庭课题组 .《反不正当竞争法》修改后商业秘密司法审判调研报告 ［J］. 电子知识产权，2019（11）.

［2］崔国斌 . 商业秘密侵权诉讼的举证责任分配 ［J］. 交大法学，2020（4）.

［3］崔汪卫 . 商业秘密与雇员知识技能冲突研究 ［M］. 北京：知识产权出版社，2018.

［4］冯晓青，马彪 . 民刑交叉视野下侵犯商业秘密罪边界的检视与厘清 ［J］. 法治社会，2021（3）.

［5］黄武双 . 商业秘密保护的合理边界研究 ［M］. 北京：法律出版社，2018.

［6］孔祥俊 . 商业秘密司法保护实务 ［M］. 北京：中国法制出版社，2012.

［7］李薇薇，郑友德 . 欧美商业秘密保护立法新进展及对我国的启示 ［J］. 法学，2017（7）.

［8］林秀芹 . 商业秘密知识产权化的理论基础 ［J］. 甘肃社会科学，2020（2）.

［9］唐稷尧 . 扩张与限缩：论我国商业秘密刑法保护的基本立场与实现路径 ［J］. 政治与法律，2020（7）.

［10］徐卓斌，张钟月 . 商业秘密侵权案件惩罚性赔偿的适用 ［J］. 法律适用，2021（4）.

---

❶ 最高人民检察院发布第二十六批指导性案例（检例第 102 号）。

［11］周澎．中美商业秘密保护问题及对策研究［J］．法学杂志，2020，41（9）.

［12］孜里米拉·艾尼瓦尔．试论反不正当竞争法修正案的商业秘密条款［J］．科技与法律，2020（2）.